融合型·新形态教材
复旦社云平台 fudanyun.cn

U0731061

普通高等学校学前教育专业系列教材

幼儿园保教实习指导

（第四版）

主　编　王长倩　王　晶

编　写　王长倩　王华军　王　晶

朱智红　唐雪梅　黄培红　谢玉萍

复旦大学出版社

内容提要

本书（全二册）是一本指导学前教育专业学生把所学的理论知识和专业技能运用到幼儿园的实践工作中，并加以梳理、记录和检验，从而锻炼和培养学生实际工作能力的专业实践课程的配套教材。本书分为两个部分：《幼儿园保教实习指导》及配套工作手册《幼儿园保教实习工作手册》，体现了理论与实践相结合的特点。配套手册分别运用于学生保育实习和教育实习阶段，既有操作性、实用性的特点，又利于评价和保存。第四版基于学前教育相关最新法律法规对内容进行了修订；同时增加了"早期教育实习"章节，以适应幼儿园教育托育一体化的最新需求；还为各章配套了微课，帮助学习者进行课前自学和课后复习。

本书配套的课件等资源可以登陆复旦云平台fudanyun.cn下载使用。

复旦社云平台
数字化教学支持说明

　　为提高教学服务水平，促进课程立体化建设，复旦大学出版社建设了"复旦社云平台"，为师生提供丰富的课程配套资源，可通过"电脑端"和"手机端"查看、获取。

【电脑端】

　　电脑端资源包括PPT课件、电子教案、习题答案、课程大纲、音频、视频等内容。可登录"复旦社云平台"（www.fudanyun.cn）浏览、下载。

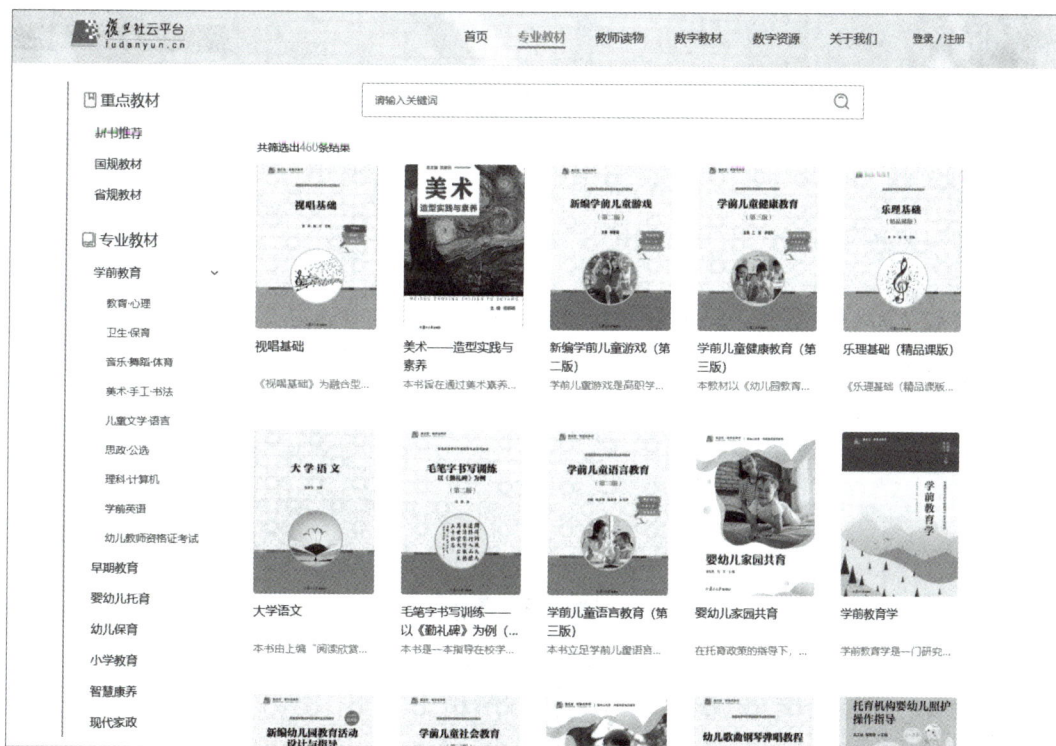

　　Step 1　登录网站"复旦社云平台"（www.fudanyun.cn），点击右上角"登录/注册"，使用手机号注册。

　　Step 2　在"搜索"栏输入相关书名，找到该书，点击进入。

　　Step 3　点击【配套资料】中的"下载"（首次使用需输入教师信息），即可下载。音频、视频内容可点击【数字资源】，搜索书名进行浏览。

📱 【手机端】

PPT 课件、音视频、阅读材料：用微信扫描书中二维码即可浏览。

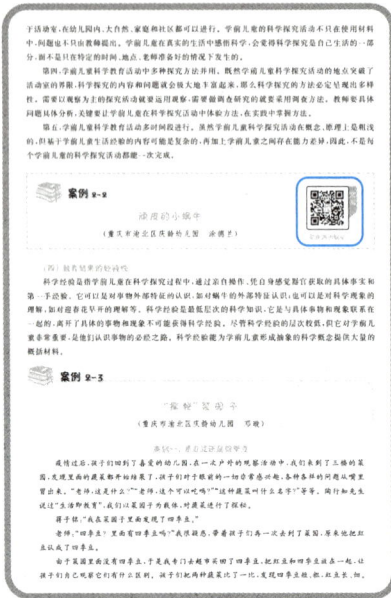

扫码浏览 ➡️

📖 【更多相关资源】

更多资源，如专家文章、活动设计案例、绘本阅读、环境创设、图书信息等，可关注"幼师宝"微信公众号，搜索、查阅。

平台技术支持热线：029-68518879。

"幼师宝"微信公众号

幼儿园保育和教育实习是学前教育专业课程的重要环节。本教材是一门指导学前教育专业学生把所学的理论知识和专业技能运用到幼儿园的实践工作中,并加以梳理和检验,从而锻炼和培养学生实际工作能力的实践性课程教材。其目标是:理解幼儿园保教实习的目的、意义;了解幼儿园保育、教育以及班级工作的任务、注意事项;掌握幼儿园保教实习工作的要求以及组织管理过程;按要求完成各阶段的实习作业,具备初步的幼儿园实际工作能力,为学生不久的将来走上工作岗位打下扎实的基础。

编写者在本教材的编写过程中努力突出以下特点:(1)以培养学生的实际工作能力为本位;(2)以学前教育专业培养目标为依据;(3)以实际、实效、实用为原则。在教材内容编排安排上,分为两部分,第一部分为《幼儿园保教实习指导》,第二部分为《幼儿园保教实习工作手册》。《幼儿园保教实习指导》紧密结合学前教育专业的保育实习和教育实习特点,以教育部颁布的《教师教育课程标准(试行)》及《幼儿园教师专业标准(试行)》为指南,阐述学前教育专业学生和实习指导教师在幼儿园保教实习中所必须具备的基本知识,包括幼儿园保教实习的性质、任务、目标、内容、方法、步骤、考评、管理等各方面。《幼儿园保教实习工作手册》是遵照《幼儿园保教实习指导》的基本要求编写的,对学生提出具体的实习操作要求,同时也科学合理地安排了实习生在保教实习期间所必须完成的基本作业。

幼儿园保教实习是一门实践性、操作性非常强的课程,在本教材的使用过程中,我们对使用者提出以下建议:

1. 对教材进行整体研究,了解其结构,把握各章节之间的关系,同时分析本册与工作手册的契合点,将两部分有机地结合起来使用;

2. 结合教材学习和工作手册的操作,引导学生用学前教育相关理论指导幼儿园实习的各项工作,根据实习的需要认真完成工作手册所提出的实践要求的任务,提高学生保教实际工作能力;

3. 学生在幼儿园保育与教育实习中完成工作手册的作业要求,并由幼儿园指导教师及学校指导教师、班主任对其整个实习工作做出客观、公正的综合性评价。

本教材自 2007 年第一版出版以来,由于适应了当前学前教育专业学生进园实习的需要,并体现了较强的实用性和可操作性,因此出版后一直受到广泛的欢迎。在使用过程中,广大一线教师、学生及实习幼儿园,也提出了进一步完善教材的具体意见。根据广大使用者的意见,并结合复旦大学出版社的建议,我们经过半年多时间的认真工作,对本教材进行了第四版修订。

本次修订,在保持基本内容稳定的基础上,我们主要从以下三个方面进行了修订。第一,由于当前教师资格制度改革已全面推开,提高了幼儿园教师资格准入的门槛,对教师的专业性提出了更高的要求,因此本次修订中增加了部分内容,力求贯彻幼儿园教师资格考试的精神与要求。第二,将原两本配套手册精简为一本。根据学生及实习幼儿园的使用反馈,同时也突显幼儿园工作保教合一的特点,我们将原先的两本手册的内容进行精简,合并为一本,使内容更为精炼合理,也方便学生保管与使用。第三,丰富了教材的内容。在正文中加入"早期教育实习"章节,以适应幼儿园教育托育一体化的最新需求,同时本教材还增加了微课,帮助学生进行自学和课后巩固学习。

本书第四版主编:南京晓庄学院幼儿师范学院王长倩和王晶。具体修订工作分配如下,第一章:王长倩;第二章:南通师范高等专科学校谢玉萍;第三章:徐州幼儿师范高等专科学校唐雪梅;第四章:苏州幼儿师范高等专科学校朱智红;第五章:南通师范高等专科学校黄培红;第六章:南京晓庄学院幼儿师范学院王华军;第七章:南京晓庄学院幼儿师范学院王晶。工作手册主要由南京晓庄学院幼儿师范学院王长倩设计编制。

本书自出版以来,一直受到广大学前教育工作者的支持,希望能继续收到使用者及时的反馈意见,以便使本书更加完善。

编　者

2025 年 3 月

CONTENTS | 目 录

第一章　保教实习概论

在学前教育课程中,教育教学实习是提高学生的职业技能,丰富实践经验,并促进理论与实践相结合的重要环节,有着不可替代的重要性。早在1936年,陈鹤琴先生就在《新实习》中明确指出:"实习是专业训练上必不可少的一门功课。凡是专业性质的学校……对于毕业的学生,都认为非经过实习这门功课不可。""师范生实习,就好比是在读书与教书之间搭起一架桥梁似的",实习是使师范生能迅速适应未来工作的必要条件。在2011年颁布的《教师教育课程标准(试行)》中提出了育人为本、实践取向和终身学习的基本理念,要求"教师教育课程应引导未来教师树立正确的儿童观、学生观、教师观与教育观,掌握必备的教育知识与能力,参与教育实践,丰富专业体验"。并且要"强化实践意识,关注现实问题,体现教育改革与发展对教师的新要求。教师教育课程应引导未来教师参与和研究基础教育改革,主动建构教育知识,发展实践能力;引导未来教师发现和解决实际问题,创新教育教学模式,形成个人的教学风格和实践智慧"。要实现这一目标,就必须扎实做好教育教学实习工作。根据学前教育专业的培养目标,教育实习要面向幼儿园教育,通过教育实习进一步锻炼学生理论联系实际和分析问题、解决问题的能力,让学生了解幼儿园教育与改革的实践,获得教师职业的初步实践经验,为今后顺利走上工作岗位打下良好基础。

微课1

第一节　保教实习的目标

❀ 一、保教实习的含义

根据幼儿园工作的实际情况,学前教育专业的教育实习主要包括幼儿园保育工作实习、教育工作实习和班级工作实习等。因此,我们将学前教育专业所有的实习工作统称为"保教实习",而"教育实习"则专指幼儿园教育工作实习。

保教实习是师范教育的有机组成部分,是培养符合现实和未来教育需要的教师必不可少的重要途径。关于什么是保教实习,目前没有完全统一的界定。张念宏主编的《中国教育百科全书》指出,保教实习是"师范院校学生参加教育、教学实践的学习活动,是体现师范教育特点,培养合格师资的

重要教育环节,是各级师范学校教学中不可缺少的组成部分"。他在《教育学辞典》中还说,保教实习是"师范院校高年级学生到学校进行教育和教学专业训练的一种实践形式……它是师范教育教学计划中的重要组成部分,是培养中小学教师的综合实践环境"。顾明远教授在他主编的《教育大辞典》中指出,保教实习是"各级各类师范院校高年级学生到实习学校进行教育、教学专业实践的一种形式。包括参观、见习、试教、代理或协助班主任工作以及参加教育行政工作等"。从这些文字表述中,可以看出一些基本精神。概括起来说,保教实习是师范院校具有综合性的教育、教学专业实践活动。具体地说,它是按照教育部颁布的师范教育教学计划,在教师指导下,师范生积极主动自觉地运用已获得的教育理论、专业知识和技能,在实习学校中,直接从事教学工作实践和思想品德教育工作实践的一种教育活动。

◎ 二、保教实习的目标

保教实习的目标是指师范生把学到的学前教育的理论知识、专业技能技巧,在幼儿园实际工作中加以应用与检验,以锻炼实际工作能力所要达到的标准。概括起来主要包括以下几个方面的目标。

(一) 树立正确的教育观与职业道德,加快实现专业认同

在实习中,学生们深入学前教育的第一线,与幼儿一起生活、游戏与成长,亲身体验作为一名幼儿园教师的酸甜苦辣,他们"辛苦并快乐着"。学生通过实习能够在较短的时间内进一步了解幼儿与幼儿教育,并在此基础上,端正自己的儿童观、教育观,进一步坚定职业信念,巩固专业思想,从而更快地实现专业认同。而在这一过程中所激发出的对儿童的热爱,将转化为对幼儿教育事业的热情,引导着学生积极投身于今后的专业学习与工作之中。同时,学生也可以在实习过程中了解职业工作规范,在职业道德的养成上学会自律。

(二) 丰富知识,深化理解,促进个人化知识的形成

知识分类学说认为:知识是指个体通过与其环境相互作用后所获得的信息及其组织。它可分为陈述性知识和程序性知识。陈述性知识是指有意识地提取线索,能直接陈述的知识,它主要回答"世界是什么",是一种静态的知识;程序性知识是指无意识地提取线索,需借助某种作业方式,间接推测其存在的知识,它主要是一套操作步骤,回答"怎么办"的问题,是一种动态的知识。完整知识的获得一般经历三个阶段,即新知识习得阶段、转化阶段和运用阶段。新知识习得阶段获得的都是陈述性知识;转化阶段是在陈述性知识的基础上,形成程序性知识的过程;运用阶段是最高级阶段,这一阶段是对问题的解决阶段,主要是程序性知识。从学生的认知发展看,程序性知识是掌握原因、规律、原理方法及熟练运用的知识,是所学知识的重中之重。

在学前教育专业的学习过程中,保教实习作为一门实践课程,其主要目的与意义即在于促进陈述性知识向程序性知识的转化,并在尝试解决实际问题的过程中"学以致用"。学生在实习中进一步深入理解学前教育学、学前卫生学、学前心理学、幼儿园活动设计等学科中所学到的诸多"是什么""为什么"等问题。通过理论联系实际丰富所学知识,进一步形成"个人化的实践知识",同时也产生了个人对学前教育的理论认识,形成"个人化的理论知识"。

(三) 锻炼技能,熟练专业基本功

从事任何一种职业都必须拥有一定的专业技能。根据幼儿身心发展的规律及学前教育的特点,幼儿教师必须掌握多种专业技能。例如:音乐技能、舞蹈技能、绘画技能、制作技能、操作技能、现代教育技术等。每一项技能的形成都要依托专业基本功的训练。在保教实习的过程中,学生的说、写、唱、弹、跳、画、手工制作、现代信息技术的应用等各种专业基本功将在完成保教实习任务中获得整合与提升。

(四) 培养能力,夯实专业发展基础

能力的培养比知识与技能的形成更具有深远意义。针对学前教育的工作特点,保教实习立足于培养学生的教育教学能力、社会交往能力、科研与创新能力等。

教育教学能力主要包括观察能力、语言表达能力、活动设计能力、组织管理能力、应变能力等。社会交往能力主要包括社会适应能力、人际沟通能力、非语言表达能力、自我管理能力等。科研与创新能力主要

包括评价的能力、教育反思的能力、研究与创新的能力等。这些基本能力的养成将有利于学生未来的专业发展。

第二节 保教实习的过程

保教实习是学前教育专业的一门重要的实践课程。其具体工作从流程上来说,主要包括保教实习计划的制订、保教实习内容与形式的确定和保教实习工作在具体实施中的组织与管理。

一、保教实习的计划与安排

(一) 保教实习的课程设置

当前学前教育专业的学制主要有三种:初中起点的五年一贯制专科、高中起点的三年制专科和四年制本科。三种层次学前教育专业的培养目标、课程设置及教材建设等方面应有所区别。根据调查,我们认为目前保教实习课程的设置主要有以下几个方面的问题:在课程总量上,主要存在总量不够、分布过于集中及就业形势的多变性与课程安排的计划性之间的矛盾越来越显著的问题;在形式上,主要存在点式、块式的实践课程设置不连贯及实践课程开设较迟的问题;在内容上,主要存在实践课程与理论课程的联结不够紧密、内容还需向0—3岁早期教育拓展的问题。

因此我们在课程改革中,尝试本着以下三点课程改革指导思想,对这两类专科层次和本科层次学前教育专业保教实习课程进行适当的改革(表1-1、表1-2)。

1. 突出专业化,强化保教实习课程

在学前教育专业课程中,保教实习是提高学生的职业技能,丰富实践经验,并促进理论与实践相结合的重要环节。学前教育专业培养目标应以就业为导向,更应重视教育实践课程的重要价值。根据《教师教育课程标准(试行)》的要求,教育实践课程至少要达到18周。因此,我们在学前教育专业课程方案中要加大保教实习课程的比重,为学生创造更多的实践机会,在职业实践中增强学生的专业意识与专业技能。

表 1-1 五年制学前教育保教实习课程安排的框架

年级	一年级	二年级	三年级	四年级	五年级
保教实习内容	入门教育				
		学前卫生保健			
			学前心理学		
				学前教育学 学前教育研究方法	
			幼儿园活动设计	幼儿园活动设计	幼儿园活动设计
保教实习形式	专题讲座、入园见习、座谈会等	见实习、游戏活动设计、教育调查等	观察记录、访谈、收集个案、见习等	专题讲座、见习与全面教育实习	顶岗实习
课时安排	每学期一次,每次一周	二至四周连续见习	每月一次,每次一天	教育学及教学法:每月一次,每次一天 教育实习:连续六周	下学期全程实习

表 1-2　三年制学前教育保教实习课程安排的框架

学年	一年级		二年级		三年级	
学期	一	二	三	四	五	六
保教实习内容	入门教育					
	学前卫生保健					
		学前心理学				
			学前教育学			
				教育研究方法	幼儿园课程	
				幼儿园活动设计	幼儿园活动设计	幼儿园活动设计
保教实习形式	参观、专题讲座、见实习、观察记录、教育调查等	观察记录、访谈、收集个案、见习等	见实习、游戏活动设计、教育调查等	教育调查、见实习、半日活动设计与组织等	专题讲座、见习与全面教育实习	顶岗实习
课时安排	入门教育为期一天;保育实习连续一周	每月一次每次一天	连续两周	连续两周	连续四周	全程实习

表 1-3　本科高校学前教育保教实习课程安排的框架

学年	一年级		二年级		三年级		四年级	
学期	一	二	三	四	五	六	七	八
保教实习课程	入门教育							
		保育实习						
			教育见习					
				行为观察见习				
					幼儿班级管理见习			
						跟岗研习		
								保教综合实习
保教实习形式和内容	通过参观、观察记录、专题讲座等,了解幼儿园工作的性质、内容和环境,进而明确学习目标和努力方向。	结合《学前卫生学》,体验保育员工作、掌握保育工作的内容、流程及技能技巧。	结合《学前教育学》《儿童发展心理学》,了解与熟悉幼儿心理特征和幼儿园教育基本流程和操作细则。	结合《幼儿行为观察与分析》,了解教师作为观察者的角色,运用观察客观、全面地了解和评价幼儿。	结合《幼儿园课程》,熟悉幼儿园一日活动安排,观察教师组织教育活动,参与幼儿园环境创设。	结合《幼儿园教育活动设计与指导》,尝试设计和组织幼儿园集体教学活动。		结合《学前教育研究方法》,完成毕业论文设计,熟悉幼儿园工作的基本流程和操作细则,积累工作经验。
课时安排	连续一周	连续一周	连续一周	连续一周	连续一周	连续六周		连续八周

2. 加强系统化,形成保教实习课程的良性循环系统

在新的课程方案中,我们将尝试让保教实习课程贯穿各个年级、各门专业理论学科及幼儿园活动设计课程的学习,努力形成连贯的教育实践课程体系。将保教实习课程由点式、块式改为循环式、螺旋式,在内容上逐步深入,层层递进,环环相扣。

3. 体现综合化,促使学生的基本素质、专业理论与实践技能在实践中的统一

我们所提的"综合化",主要指以下两个方面的综合。

(1)专业理论与教育实践的紧密结合。理论必须联系实际,才能始终保持理论的先进性,才能及时反映当前学前教育改革的最新动态,才能更好地指导实践,提升学生教育实践的质量。通过加强实践前、实践中及实践后的有针对性的理论学习与提炼,让学生学会在理论的指导下开展实践,在实践中进一步验证理论,并尝试形成自己的教育理念。对学生而言,这应是一个"在教中学""在学中教"的过程。

(2)"五大领域"教法课程内容的综合。课程的综合化是当前基础教育改革的趋势之一。学前教育"五大领域"教法课程内容既相互联系又相互作用,在教育目标、内容、方式上都呈现出综合化的趋势。为了打好扎实的基础,目前大多数学校学前教育专业课程体系中的教学法课程都是采用分科教学的形式进行。但儿童的生活是综合的,在学前教育实践中综合活动的设计也越来越多。而且,在一个综合活动的设计中更能反映幼儿教师的基本素质,体现其专业理论与教学技能水平。因此,通过教育实践,进行综合课程的教学实践训练就显得尤为重要。

(二)实习幼儿园的选择

在学生最后一学期顶岗实习之前的实习,应选择在教育教学及管理方面比较严谨、富有办学特色的幼儿园进行,为学生了解学前教育的现状、幼儿教师的工作内容与规范要求等打下扎实的基础。其中,以儿童心理学及各科教学法的见实习为主要内容的见实习安排,为使学生对幼儿及各类幼儿园有更广泛的了解,可以扩大实习幼儿园的选择范围。如集体园、农村幼儿园、私立园或亲子园、双语幼儿园、艺术幼儿园等。为了适应就业形势的变化及学生的就业意向,最后一学期的教育实习其性质是全程的顶岗实习。此次实习幼儿园的选择将充分考虑学生的意愿及当时当地的就业形势,在此基础上充分体现灵活性与针对性。

二、保教实习的核心内容与基本形式

《教师教育课程标准(试行)》要求师范生具有教育实践与体验。具体包括:具有观摩教育实践的经历与体验,具有参与教育实践的经历与体验,具有研究教育实践的经历与体验。实际上就是要求学生在实习中将学前教育的知识与能力融会贯通,并加强教育信念与责任。这些要求,是我们明确保教实习的核心内容与基本形式的主要依据。

(一)保教实习的核心内容

在保教实习课程体系中,保教实习的内容随着专业课程的设置及各年级的教学目标及任务的不同而逐步深入。以五年学制为例。一年级时安排入门教育,让新进校的学生对学前教育专业及未来的职场有初步的认识与感性的体验,并在此基础上初步树立职业意识,走出专业认同的第一步。紧接着,开设第一门专业课程《学前卫生学》,并在同一时期安排学生入园进行为期二至四周的幼儿卫生与保健工作见实习,加强理论学习的效果并初步锻炼实际工作的能力。三年级时根据学前心理学课程及幼儿园活动设计课程的教学目标与任务,安排分散见习。四年级时由于学前教育学、学前教育研究方法及幼儿园活动设计等专业课程均已开设,因此保教实习的力度也相应增加。五年级下学期安排全程的顶岗实习,全面深入地进入职场,全方位地锻炼实际工作的能力。

(二)保教实习的基本形式

保教实习的形式是由保教实习的目标与内容决定的。实习的目标与内容不同,因此形式也是多样化的。根据不同阶段保教实习的目标与内容,保教实习的基本形式主要有以下几种。

1. 讲座或座谈会

在正式的保教实习开始前,为让学生了解幼儿园的全面工作及发展现状,可以采取开设专题讲座的形式,请幼儿园园长或往届的毕业生等对学生进行专题的介绍与讲解。如在对学生进行入门教育时,可以带

学生到幼儿园参观并请园长做讲座,也可以请园长等到校开设专题讲座。

2. 见习

见习主要以观察幼儿、听课、参观、现场观摩、访谈、调查等形式进行。一般来说,在各专业课程教学过程中可以适当进行有针对性的见习活动。如学前心理学课程学习中,可以安排学生在幼儿园听课或在观摩幼儿活动时观察幼儿的语言、行为和作品等,以增加对幼儿心理发展特点的感性认识。另外,见习也常用在保教实习的第一阶段,以便实习的顺利进行。见习一般可以分散进行,以增强保教实习工作的针对性与灵活性。

3. 实习

实习与见习最大的不同在于,学生在实习中要亲身投入幼儿园教师的各项工作中去,从幼儿入园到离园,从吃饭到午睡,从半日活动到一日活动等,以一个幼儿园教师的身份开展各项工作。通过实习,学生可以全面深入地了解幼儿,掌握幼儿园教师的工作流程与规范,积累实际工作的经验并锻炼解决实际问题的能力,从而加快专业成长。实习一般应集中进行,以加强保教实习工作的系统性与有效性。

表1-1和表1-2就保教实习的总体安排以及主要内容与形式进行了简要介绍,具体各阶段保教实习的内容与形式将在以后的各章节中详细论述。

三、保教实习的组织与管理

保教实习工作涉及教学管理、学生管理、实训工作管理、后勤工作管理等学校各方面的工作,因此需要统筹安排、精心组织与科学管理。保教实习的组织与管理主要包括以下几个方面的工作。

(一) 成立保教实习的管理机构

保教实习的管理机构主要包括学校实习管理机构和幼儿园的实习管理机构。

1. 学校实习管理机构

主要由分管教学和实习工作的校长(或院长)、主管实习工作的中层领导(系主任或专业负责人)、学校专职或兼职实习指导教师及实习生中的学生干部等组成。分管校长与主管的中层领导构成学校保教实习工作领导小组。

2. 幼儿园的实习管理机构

幼儿园的实习管理机构主要由幼儿园领导和各年龄班的年级组长组成。

(二) 制定相关的管理制度

为确保实习目的的有效达成,促进各部门积极完成各自的职责,在成立完备的管理体制的同时,必须制定科学的管理制度。主要包括以下几个方面的具体制度与规定。

1. 保教实习工作的管理机构与职责分工(图1-1)

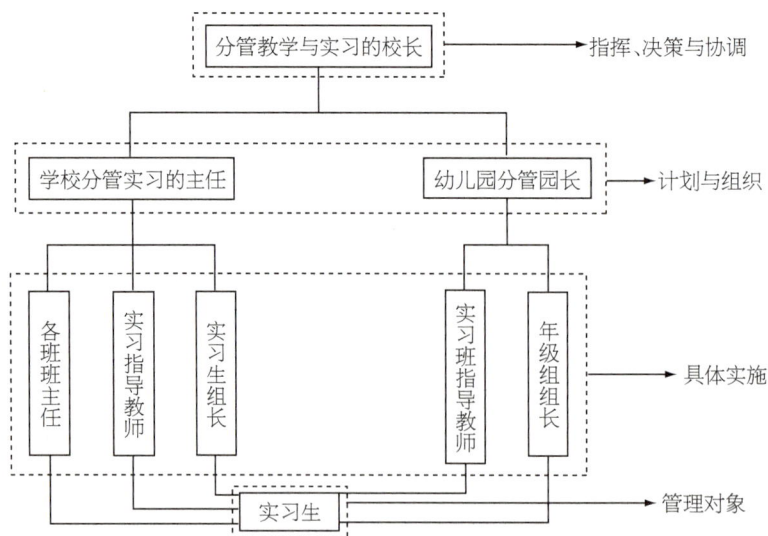

图1-1 保教实习管理机构与职责分工示意图

（1）学校保教实习工作的管理机构与职责分工。分管教学和实习工作的校长是实习管理机构的核心，负责幼儿园实习的指挥、决策与协调等工作，主要包括牵头开展保教实习、建立健全实习基地、编审各年级保教实习工作计划、协调实习中各部门的工作、指导与检查保教实习工作、组织与审核保教实习的评价等。

学校中主管实习工作的中层领导包括教务处主任、实训处主任及院系相关负责人等，直接负责保教实习的各项具体工作，主要负责制订各年级保教实习计划、落实实习基地、与实习幼儿园落实保教实习的具体事宜、全面督促指导实习指导教师完成实习指导任务、及时向校长汇报保教实习工作的情况并提出相关的改革意见等。学校主管实习工作的中层领导是保教实习组织与管理工作的主体，是学校和幼儿园之间联系的纽带。

保教实习指导教师一般由专业课任课教师担任，主要工作职责包括了解幼儿园保育和教育工作的基本内容与方法、掌握实习的方法与步骤、掌握每名实习生的表现及完成实习任务的情况、检查批改实习生的作业、考核实习生的实习成绩、组织保教实习的总结会、及时向领导汇报实习工作情况、研究提高保教实习质量和学校教学质量的改革意见。

各实习幼儿园的实习生中，一般都会根据实习生的数量与实习工作需要安排一至两名学生干部做实习生组长，负责协助实习指导教师完成各项实习任务。他们是保教实习指导教师不可缺少的助手，主要任务是考勤、传达实习要求等通知与意见、组织见习等全体实习生的活动、汇报实习情况等。

（2）幼儿园保教实习工作的管理机构与职责分工。主管幼儿园实习工作的园领导主要负责组织、管理、指导实习工作、与学校主管实习的领导和指导教师相互沟通，为实习计划的确定提供意见与建议，组织实施、检查实习生的表现并进行评价，为学校教学质量的提高提供合理化建议等。

幼儿园的各年级组长和各实习班的教师是实习生的指导教师，其主要职责是了解实习目的和实习计划及内容，为实习生做好各方面工作的示范，指导本班实习生完成各项实习任务，与学校指导教师相互交流，及时反馈实习情况，对实习生的成绩进行考核与评价等。

2. 保教实习指导教师的聘任与考评制度

保教实习指导教师主要由学校内部的指导教师和实习幼儿园的指导教师共同担任。实习指导教师的聘任直接关系到每位实习生实习任务完成的质量，因此应认真把好保教实习指导教师的聘任关，并做好实习指导工作的考核与评价。

（1）聘任原则。一般来说，学校的实习指导教师应选择聘任学前教育专业各专业课程的任课教师。但考虑到实习生的数量与个别指导工作的有效开展，也可选聘有经验、有责任心并熟悉幼儿园工作的其他课程的任课教师。选聘最基本的原则是有幼儿园工作的实践经验或熟悉幼儿园的各项工作，并具有较强的工作责任心。幼儿园的实习指导教师主要由各年级组长和各实习班的教师担任，一般应选聘有较好的文化修养和业务素质，工作能力强，有教学特色的幼儿园骨干教师。

（2）考评制度。保教实习结束后，要对实习指导教师的工作进行考核与评价，还可根据需要进行优秀实习指导教师的评比与奖励。实习指导教师必须明确目标与任务，完成相应的指导工作并做好实习指导情况记录，帮助实习生及时解决问题，同时将实习情况及时反馈给幼儿园领导与学校相关部门。根据指导教师所完成实习指导任务的情况、实习生的反馈及相关部门在检查与监督保教实习时所了解的情况，对实习指导教师的工作进行考评，并评选出优秀实习指导教师。

除了对学校选派的实习指导教师进行考评之外，为了增强幼儿园实习指导教师的积极性、提高实习的有效性，建议幼儿园将实习生的指导工作情况纳入本园教师工作绩效考评的范围，也可将指导实习生开展工作视同指导年轻教师，作为教师晋升职称的考核内容。

3. 保教实习成绩的考核与评价制度

对保教实习成绩的考核与评价是指根据一定的标准，对实习生在实习过程中的各方面表现和完成实习任务的情况进行检查、衡量与评定。公正与积极的评价是促进学生认真对待实习并努力高质量地完成各项实习任务的有效手段。在考核与评价工作的同时，可以开展优秀实习生的评比，以进一步激发学生的工作热情与成就感（具体的考核评价标准与办法参见第六章的相关内容）。

（三）建立实习基地

建立保教实习基地是一项长期的工作，而且直接关系到保教实习的实际效果。因此，这项工作需要得

到分管校长、相关部门的中层干部的高度重视,更需要依托学前教育专业实习指导教师的广泛参与和积极配合。

1. 广泛建立与各级各类幼儿园的合作关系

有效开展各类保教实习,需要有广泛而稳定的实习基地。因为在确定每次保教实习的幼儿园时,要综合考虑多方面的因素。如各阶段保教实习的目标与内容、见实习的具体时间、各幼儿园的工作安排与办园特色等。因此,必须与一批具有不同特点的幼儿园保持合作关系,以便保教实习工作的顺利进行。

2. 重点培养管理规范、教师素质高及有办园特色的实习幼儿园

在广泛建立实习基地的同时,对于那些对实习工作高度重视,能规范管理和严格要求,拥有高素质、志愿指导并有指导能力的教师队伍的幼儿园,应当重点培养,加强联系,力求建立稳固和深入的合作关系。除了在保教实习中的合作之外,建立这样一批高质量的实习基地,也为本校教师深入了解学前教育创建了平台。学校的专业教师可以以参与课题研究,共同研讨教育教学,在幼儿园听课、评课、开课等各种形式深入学前教育的第一线。这样不仅可以促进教师的专业成长,还可以提高学校学前教育专业课程改革的力度与时效性。

3. 建立与实习幼儿园的常规联系制度

要与实习幼儿园建立稳定、深入的合作关系,巩固实习基地,除了在保教实习期间加强与实习基地的联系之外,工作更应做在平时。因此,必须相应地建立与实习幼儿园的常规联系制度。这项工作可以以定人、定期的方式进行。选派教师定点与某个幼儿园保持长期联系,并定期就幼儿园的需求与幼儿园教师的保教工作等各项合作项目进行及时的信息沟通与反馈。

(四) 检查与监督保教实习的过程

从实习时间的长短来看,保教实习主要可分为分散实习与集中实习两种形式。分散实习主要由各科任课教师实施与管理,对实习的内容、要求及评价等全面负责。但时间较长的集中实习则是一项系统工程,必须由实习工作领导小组对保教实习的过程进行全程的监督与检查,以确保各项实习工作有序开展。从保教实习计划的制订、实习生安排、实习过程中情况的沟通与反馈直至实习结束后的总结与实习成绩评定、实习指导教师的考评等,实施全程的检查与监督。

(五) 组织保教实习的总结与评价

在保教实习工作领导小组的指导下,组织保教实习的总结与评价是保教实习工作的最后一个环节,也是保教实习中的一个不可或缺的重要组成部分。及时与恰当的总结和评价可以进一步提高保教实习工作的实际成效,并有利于以后保教实习工作的开展。

保教实习的评价可分为两个部分:对学生的实习成绩的考核与评价和对指导教师的考核与评价。整个考评过程分为三个步骤:① 制定考评标准;② 依据标准进行过程性的考评;③ 综合评定后宣布考评结果并表彰优秀实习生和优秀指导教师。

保教实习工作的评价标准与具体实施办法和程序等详见第六章的相关内容。

第三节　保教实习的方法

保教实习是学前教育专业学生锻炼自己实际工作能力的一个重要途径。在实习过程中,实习生需要运用以下一些方法,将在校期间所学的理论知识和专业技能运用于实践,提升自己的专业能力和水平。

一、观察法

观察是了解幼儿的重要途径,有助于我们熟悉每个幼儿的身体特征,洞察其个性、气质特点,兴趣、能力与需要,把握各个幼儿特有的思考方式、表现方式、交往方式、行为方式等,在此基础上制定出个别化的和具有针对性的教育方案。观察也是改善教育教学的重要基础,通过观察我们可以发现幼儿教育过程中

存在的问题,并通过不断地实践与反思,努力寻找解决问题的对策与方法。此外,在保教实习中,观察还是实习生熟悉幼儿园的环境和规章制度,掌握教育教学实践技能,更快实现从学生角色向教师角色转换的重要手段,无论对幼儿还是对实习生自身的发展来说都有着极为重要的意义和价值。

教育实习中的观察应该是一种以"解读"为导向的仔细察看,它应有明确的目的,通常还要预先制订观察计划,并及时进行观察记录和观察之后的反思。

保教实习中的观察应是在自然情境下进行的,不破坏被观察者的常态,并应尽量避免先入为主的成见,如实、客观地反映现实情况。要分清观察现象是偶发的还是一贯的,表面的还是本质的,片面的还是全面的,还需要有意识有目的地进行长期、连续、反复的观察。

(一) 观察对象

(1) 幼儿。在生活活动、教学活动、游戏活动等一日生活各个环节中观察幼儿身心各方面的发展特点,尤其关注幼儿与教育情境的特殊性。

(2) 原任教师。为了能顺利接替原任教师,衔接、适应带班工作,观察原任教师平日怎样组织活动、处理偶发事件、对待特殊幼儿,近期主要安排了哪些活动、以什么形式开展等,对实习生来说是必不可少的观察内容。

(3) 幼儿园环境。通过观察幼儿园物质环境和人际关系特点,既可了解幼儿教师与幼儿在园活动的物质与心理条件,也可了解该园的办园风格和特点,以此为基础开展教育活动。

(4) 幼儿园的规章制度。既包括幼儿的生活作息制度和各个环节中的常规要求,也包括教师的工作职责和标准,尤其应注意对细节的关注与把握。

(二) 观察方法

总的说来,观察方法主要有以下几种。

(1) 全面观察和点式观察。前者是对基本情况和一般情况的系统、整体考察,后者是对各种具体问题的关注。

(2) 从旁观察和参与式观察。前者观察者不介入观察对象的活动中,后者是观察者在参与活动过程中进行的观察。

(3) 取样观察和评定观察。前者是以时间或事件为单位,对特定行为进行观察。后者是按一定的评价等级或使用核查清单,对预先确定的观察对象的行为等级或行为存在与否进行判断、记录。

(三) 记录方法

观察记录的方法主要有以下几种。

(1) 连续记录法。包括对观察对象在某种场景下某段时间内的所有行为、动作、言谈、表现等进行记录的实况详录;对幼儿和成人发生的有意义事件进行记录的轶事记录;对预先确定的行为表现或事件的完整过程进行记录的事件取样记录。

(2) 频率记录法。对单位时间内行为发生的次数进行记录。

(3) 等级记录法。在观察之后对观察对象较为稳定的行为特性进行评价,归为事先设定的某一等级。

(4) 符号记录法。用预先确定的各种代表符号记录反映观察到的相应行为表现。

(四) 观察步骤

观察通常可以按以下步骤进行。

(1) 明确为什么去观察,制订观察计划。

(2) 根据需要选择一定方法实施观察,并进行记录。

(3) 思考通过观察幼儿的行为、情感、态度等方面的发展,运用专业知识解释观察到的现象,增进对幼儿和教育过程的理解。

(4) 应用观察结果对活动做出即时的或后续的调整,也可用于对他人的汇报,以增加他人对儿童的认识与了解。

二、练习法

幼儿在园一日生活的各个环节包括入园、晨检、自由活动、教学活动、室内游戏、户外活动、收拾整理、

进餐、睡眠、如厕、环节转换、离园等,活动的组织形式分为集体、小组和个别三种。对实习生来说,必须学会如何把教育因素渗透于环境和一日生活中,根据活动性质、目标和幼儿学习的特点选择适当活动形式,组织幼儿开展一日生活。

(一) 创设幼儿园环境

1. 幼儿园物质环境

幼儿园的物质环境是幼儿学习的直接环境,通过创设适宜的物质环境,可激发幼儿的学习动机,促进幼儿各方面的发展。幼儿园的物质环境应该是安全、卫生的,且随着幼儿发展的需要及课程内容的安排不断调整、变化的。实习生在运用在校所学的幼儿园环境创设的技能技巧的过程中,还应注意思考怎样使创设的环境既具有美感、童趣,又富有教育性,并留给幼儿参与创设的空间,让环境与幼儿互动,促进幼儿发展。

(1) 互动墙饰。墙饰是最吸引人注意的幼儿园物质环境之一,应努力思考怎样让每一寸空间都具有教育价值,让每一面墙饰都尽可能与幼儿互动,对幼儿的发展产生积极影响。

① 主题墙饰。一类是与教育活动相呼应的主题墙饰,其随教育活动的产生而产生,并随教育活动的发展而发展,可以利用它来记录和反映幼儿重要的阶段性学习和活动成果。另一类是常规性主题墙饰,记录的是幼儿以值日生角色身份进行的系列相关活动,如"天气预报"。

② 背景墙饰。一种是活动区域的背景墙饰,可以高质量地与幼儿互动,促进幼儿在区域活动中的自主学习和有效发展。例如,可以为幼儿绘制一张幼儿园的大致轮廓图,贴在建构区里,作为该区域的背景墙饰。另一种是盥洗室、午睡室、衣服放置区等功能区的背景墙饰,在营造幼儿园心理氛围和支持幼儿主动学习方面起着重要作用。

(2) 活动区域。活动区是幼儿物质环境的重要组成部分,包括角色游戏区、积木建构区、语言区、美工区、自然角等,应深入研究其主要功能与价值,安排适宜的空间和活动材料,为幼儿的学习进程与发展提供线索。

2. 幼儿园精神环境

幼儿园的精神环境主要是指幼儿园的人际关系及其所产生的精神氛围,它是幼儿心理健康发展的基础,直接影响着幼儿认知、情感、个性和社会性的发展。对实习生来说,尤其需要注意的是通过语言、姿势、表情、动作、行为等与幼儿的充分交流,建立起良好的师幼关系。需要掌握的交流技巧如下。

(1) 交谈时拉近与幼儿的水平和垂直距离,最好蹲下靠近幼儿。

(2) 通过拥抱幼儿、轻轻抚摸幼儿的脑袋或肩背、拉着幼儿的小手、挨近幼儿并排坐着等亲密的身体接触,来强化语言的作用,吸引和维持幼儿的注意。

(3) 使用轻柔、和缓的而不是生气、焦虑的语气和语调与幼儿交谈。

(4) 注意耐心、认真地倾听幼儿的讲话。在与幼儿交往过程中采取关注、接纳、信任、支持、鼓励、肯定的态度,以及满足幼儿需求、给予幼儿自由选择机会、重视幼儿自主性的做法,将为幼儿营造一个宽松、愉快、安全的心理氛围和精神环境。

(二) 进行活动设计

在活动设计中,实习生首先应该注意树立一种整合的观念,这是由知识内容本身的一体性、幼儿心智发展及学习方式的整体性、幼儿身心发展的特点所决定的。

1. 教学活动设计

教学活动设计一般可以按照以下四个步骤进行。

(1) 根据本班幼儿的年度和学期总目标确定某一具体教学活动的目标,注意具体活动目标应切实可行、重点突出、与活动性质相一致,且符合幼儿的年龄阶段特点。

(2) 选择符合幼儿兴趣、源自幼儿生活的内容,找出这些内容与活动目标之间的联系。

(3) 将整个活动的实施过程分成几个环节,逐一设计各个环节,包括材料、场地准备,注意事项,活动延伸和家园配合等。

(4) 根据活动的不同内容、幼儿的个体差异和发展水平以及活动开展的具体情境选择使用一定的教学策略。

2. 区域活动设计

区域活动设计的主要步骤包括以下内容。

（1）根据幼儿的兴趣与需要、幼儿园教育目标、正在开展的教育活动、可利用的器材设备和活动材料、室内外空间结构、幼儿人数等，确定活动区的具体种类，并随幼儿活动需要不断进行调整和变化。

（2）根据各个具体活动区的特点和特殊需要，采取动静分开、开放与封闭相结合的方式进行活动区设置，并根据幼儿的活动需要做出灵活调整。此外，为了安全起见，应注意将各个活动区设置在教师视线范围内。

（3）在活动区中投放安全、卫生，经济、实用，能激发幼儿的兴趣和参与积极性的材料。所投放的材料既应具有一定的稳定性，又应随着活动内容、幼儿兴趣和需要的变化等作出相应的调整。

（4）要使活动区真正成为幼儿自由自主活动的场所，适宜的规则必不可少。可以鼓励幼儿一起参与规则的制定，也可采用环境暗示、讲解说明等方法提醒幼儿遵守规则。

3. 生活活动设计

生活活动对幼儿的发展有着潜移默化的深远影响，进行生活活动设计能避免活动开展的盲目性和随意性。因此，实习生应注意抓住日常生活中的各种机会，根据不同类型生活活动的教育功能和特点、幼儿的年龄特点和发展水平的个体差异，确定目标、制定各个生活环节所必需的合理常规，选择适当的指导方法和顺序，争取家长的配合与支持，有计划、有步骤、有针对性地设计开展生活活动，对幼儿进行多样化教育。

（三）组织各种活动

幼儿一日生活的组织首先需要制定明确而有弹性的工作流程，根据幼儿的年龄和个体差异选择合适的教育形式，寓教育于一日生活的各种活动中。

1. 教学活动的组织

教学活动的展开大致可分为导入、过程、结束三个主要环节。在导入部分采用直观导入策略，也可以采取问题导入或知识联系导入策略。应注意针对活动内容和幼儿年龄特点，启发引导幼儿积极思考，使导入具有趣味性、艺术性和简洁性。在活动过程中可采取制造悬念、情绪感染、利用偶发事件、参与表演、展开竞赛等策略，有效地激发幼儿的学习兴趣，形成活动的高潮。在结束部分则可使用总结归纳、环环相扣、操作练习、延伸扩展等策略。

2. 游戏活动的组织

对于各种类型的游戏活动来说，游戏环境和材料的准备都是组织幼儿开展游戏活动的一个重要的、必不可少的环节与步骤。可以发动幼儿一起准备，以满足幼儿的好奇心，发展幼儿的自主性与创造性，也可借助家长资源为游戏的开展提供人力和物力。此外，为保证幼儿的游戏能充分展开，还需给予幼儿足够的游戏时间与空间，并提供多种途径，帮助幼儿获得游戏展开所需的各种前期经验。在幼儿游戏的过程中，应注意思考干预的必要性、确定干预的时机、把握好干预的节奏，以自身、材料或幼儿同伴为媒介，采用语言或非语言的方法在恰当的时候介入幼儿的游戏活动，使幼儿既能体验到游戏的快乐，又能获得具有教育意义的发展。

3. 生活活动的组织

（1）晨间锻炼。晨间活动中提供给幼儿的活动材料要丰富，时间和空间要宽裕，应注意激发幼儿的活动兴趣，调动多感官和器官的参与，帮助幼儿形成基本的活动常规，并根据幼儿的身体状况和活动兴趣控制适宜的活动量。

（2）进餐。进餐前应以亲切的口吻、热情的态度向幼儿介绍饭菜品种，激发幼儿的食欲。进餐前和进餐过程中注意不大声训斥幼儿，对说笑、撒饭的幼儿轻声进行个别提醒，正确对待不同饭量的幼儿以及有偏食、挑食习惯的幼儿。

（3）喝水、盥洗。定时提醒幼儿喝水，特别提醒患病儿多喝水，教给幼儿喝水的注意事项；教育幼儿节约用水，强化卫生习惯，全面监督，及时督促。

（4）睡眠。睡眠前组织幼儿进行一些安静活动，做好睡眠环境的准备，保持幼儿轻松愉快的心情；区别对待不同幼儿，培养幼儿穿脱衣服、归放鞋袜、独自入睡、按时睡眠和起床的习惯等。

(5)离园。开展多种活动,稳定幼儿情绪;观察了解幼儿,进行个别辅导;开展随机教育,培养自理能力;履行接送手续,与家长沟通幼儿一天在园生活情况;清点整理教室物品,准备次日活动材料。

(四)开展随机教育

除了有目的、有计划的教育活动外,实习生还应留心挖掘教育情境中一些临时性、突发性事件的教育价值,通过倾听幼儿提出的问题或观察发现幼儿潜在的问题,在教学活动中、生活活动中、游戏活动中抓住各种机会开展随机教育。既可以针对具有普遍教育意义的事件进行集体随机教育,也可以就个体的突出问题进行个别随机教育。

(五)进行班级管理

幼儿园一个班级一般由二三十个幼儿组成,科学的班级管理方法是每个保教人员必须掌握的基本工作技能。

1. 规则引导法

这是指用规则引导幼儿行为,使其与集体活动的方向与要求相一致,或确保幼儿自身安全并不危及他人的一种管理方法,其操作要点如下:

(1)规则内容明确,简单易行;

(2)引导幼儿在活动中实践、掌握规则;

(3)教师应保持规则的一贯性。

2. 情感沟通法

这是指通过激发和利用师生间或幼儿间的情感,以及幼儿对环境的情感,来引发或影响幼儿行为的方法,其实施要点如下:

(1)在日常生活和教育活动中应注意观察幼儿的情感表现;

(2)经常对幼儿进行移情训练;

(3)教师保持和蔼可亲的个人形象,言行举止表达积极真切的情感。

3. 互动指导法

这是指幼儿园教师、同伴、环境等相互作用的方法,在运用时应注意以下几点:

(1)根据幼儿身心发展水平、个性特点和活动性质及情境确定如何指导;

(2)根据需要确定指导的合适时机;

(3)指导要有一个合适的度,避免过于笼统或过于细致。

4. 榜样激励法

这是指通过树立榜样并引导幼儿向榜样学习来规范幼儿的行为,从而达到管理目的的方法,使用要领如下:

(1)榜样选择要健康、形象、具体;

(2)榜样的树立要公正,有权威性;

(3)及时对幼儿表现的榜样行为做出反馈。

5. 目标引导法

这是指教师以行为结果作为目标,引导幼儿行为方向,规范幼儿行为方式的方法,使用时应注意以下几点:

(1)目标要明确具体,使幼儿有行为的参照方向;

(2)目标要切实可行,具有吸引力;

(3)目标与行为的联系要清晰可见。

三、评价法

(一)评价幼儿

幼儿的身心发展是密切相关的,教育应该促进人的全面发展。多元智能理论也告诉我们,幼儿的发展是多元的,不同的幼儿会在不同的领域表现出不同的智能强项。因此,我们对幼儿的评价方式也应该是多元的、全面的,应注意避免单一的和孤立的评价,以及过分关注结果而忽略过程的评价。同时,幼儿处于不断发展变化中,实习生还应学会以发展的眼光看待每个幼儿。对幼儿进行评价并不是为了给幼儿贴上"优、良、中、差"的标签划分等级,而是应多对幼儿进行纵向评价、积极评价,少做横向评价、避免消极评价。此外,还应有意识地引导幼儿逐步学会客观、全面地认识和评价自己。

(二)评价教育活动

教育活动评价包括对教育活动方案的评价、对活动实施过程的评价以及对活动效果的评价。它涉及幼儿园教育的基本理念、主要的价值取向、实施过程中各种因素之间的动态关系等。教育活动评价既具有"诊断"功能,又具有"改进"功能,能帮助我们发现教育活动中存在的问题,以此为依据不断调整、完善教育活动。在评价教育活动的过程中,实习生需要运用所学的教育学、心理学等专业知识,结合实践经验积极地进行分析、思考,遵循发展性原则和适应性原则进行评价。

(三)评价自我

除了由指导教师等他人对实习生的表现进行终结性评价外,在实习过程中,实习生还应注意根据幼儿园的一定评价标准,对自我表现进行恰当的价值判断。作为教育教学活动的"当事人",实习生的一些内在信息是别人无从知晓的,通过自我评价可以更全面地反映教育教学过程。同时这种评价可以随时随地进行,既可以是综合性的,也可以是有重点的,便于实习生在此基础上及时调整、改进教育教学。

四、反思法

教育实习中的反思是指实习生有目的、有意识地对自己的教育观念、行为和教育效果等进行反省,在此基础上不断调整、完善自己的教育教学,这是教育改革要求当代教师必须具备的一项基本能力。反思的意义在于它可以帮助实习生梳理自己的日常行为、积累教育经验,并对原始经验进行提炼和升华。只有知道反思,学会反思,不断反思,实习生才有可能更快地在专业素质和能力方面获得成长;只有通过反思这种研究性学习,实习生才可能最终成长为一个专家型的教师,更好地把握教育的价值取向,选择适宜的教育内容和适当的教育方法,促进幼儿的全面发展。

(一)活动前的反思

在实施教学活动之前,实习生可以采用自我提问的方法对活动计划与安排进行反思。例如,我为什么选择这样的教学内容,它对孩子的发展具有什么样的意义? 孩子们是否具有相关的生活经验? 我是否考虑了孩子的兴趣和需要? 我是否预测了孩子们可能出现的各种情况和反应,并思考了应对措施? 材料的准备和活动环节的安排是否符合教育目标,是否注意了所有细节? 等等。

(二)活动过程中的反思

在活动实施的过程中,实习生应注意逐步锻炼自己边观察幼儿的活动情况,边在反思的基础上调整自己教育教学行为的能力。可以思考:孩子为什么会出现这样的反应? 我应该怎样做才能根据孩子的情况进行适当的指导? 原先提供的材料和安排的环节是否有不妥当之处? 我的语言表达是否准确,是否便于孩子理解? 我的要求是否恰当? 等等。

(三)活动结束后的反思

活动结束后,实习生可以将自己的教育教学感受和体会用教育日志的方式记录下来。可以反思:这个活动有哪些成功之处? 还有哪些不足和遗憾? 我对孩子原先的了解以及对情况的预测是否准确? 还可以做出哪些调整和改进? 等等。

实习生首先需要自己动脑筋反思,养成主动思考的习惯。但是受到个人经验和理论水平的局限,仅仅依靠个人的力量进行反思又是不够的,难免会"当局者迷"。因此,在个人进行反思的基础上,实习生可以把自己对某一问题的看法以及处理过程拿出来与小组其他同学分享讨论,也可以就自己感到困惑或为难之处向指导教师请教,通过不同思想的碰撞来拓宽自己看问题的视角和解决问题的思路。

第二章 保教实习的准备

实习准备是确保实习工作顺利开展的重要保证。其涉及面广，内容多。本章重点强调师德修养准备、专业知识准备、专业能力准备和保教实习的心理准备。其中，师德修养的准备是前提；专业知识、专业能力的准备是基础；心理准备是实习取得成功的重要因素。

微课2

第一节 师德修养准备

实习生从事的是幼儿教育事业，担当的是幼儿园教师的角色。因此，必须充分理解与认识幼儿教师这个职业，履行幼儿教师的职责和具备师德修养。

一、依法执教

依法执教的基本要求是：拥护党的基本路线，全面贯彻党的教育方针，自觉学习和遵守《中华人民共和国宪法》《中华人民共和国教育法》《中华人民共和国教师法》《中华人民共和国未成年人保护法》，严格遵守各级教育行政部门和所在幼儿园的各项规章制度。

二、人文关怀

（一）热爱幼儿

热爱幼儿是师德修养的核心和基石，是做好保教工作的前提。

英国哲学家、教育家斯宾塞曾说："野蛮产生野蛮，仁爱产生仁爱。"只有以爱来对待幼儿，才能收到良好的教育效果。幼儿教师工作的对象是活生生的、有情感需求的幼儿，如果没有对幼儿的爱，那么教师的教育行为就会成为机械的操作，甚至产生损伤幼儿情感的负面效应。

师爱，是一种超乎亲缘关系和个人需求、有着崇高目的、充满科学精神的神圣情感。幼儿教师以热忱、慈爱之心关注幼儿的成长，并为之倾注全部心血，是师爱的出发点和归宿。

师爱的内涵是慈严相济，严而有格。苏联教育家赞可夫指出："不能把教师对儿童的爱仅仅设想为用善解、关注的态度对待他们，这种态度当然是需要的，但是对学生的爱，首先应当表现在教师毫无保留地贡献自己的精力、才能和知识，以便在对自己学生的教学和教育上以及他们的精神成长上取得最好的成果。因此，教师对儿童的爱应当同合理的严格要求相结合。"师爱中的严格既不是态度上的严厉，也不是要求上的苛刻，而是一种有分寸、讲艺术的严格。它在要求上是合理的，它在态度上是善意的。

诚然，要让幼儿真切地感受到教师的爱比宣称"我爱学生"要难得多。一则关于师生关系的调查显示：

有约 60％的教师说爱自己的学生,而感受到这种爱的学生仅有 5.6％,另有 47％的学生说"不注意、不知道这种爱",这项调查数据虽不能直接反映幼儿园的师生关系,但同样给予我们启示:造成这种反差的原因是什么? 除了教育对象对"师爱"的理解与体悟上的某些误区外,我们是否将这种爱渗透到了保教活动中并倾注于每一个幼儿呢?

1. 全面了解幼儿

全面了解幼儿是保教工作的起点和关键。俗话说:"知之深,爱之切。"热爱幼儿,就要了解幼儿。只有全面了解幼儿,情感才能沟通,教育才能产生共鸣。实习生要花时间和精力深入到幼儿中去,和他们交流互动,以达到对幼儿的全面了解。

2. 热爱每一个幼儿

教师的教育对象是随机的,是不能由教师选择的,是不会因个人的性格与喜好而加以组合的。教师的爱也应当是无选择的,一视同仁,不分好恶亲疏,不存在任何偏见,不以幼儿发展的差异及速度的快慢为转移。幼儿教师的爱是超越教师个人情感圈子的、博大、平等的爱。

3. 传递爱的信息

幼儿是感性的,教师仅有一颗热爱儿童的心还不够,更重要的是通过各种方式向幼儿传递爱的信息,要让幼儿真真切切地感受到教师的爱。传递方式可归纳为以下几种。

(1) 尊重。尊重幼儿:一是指尊重幼儿的人格,维护幼儿合法权益,平等对待每一位幼儿,不讽刺、挖苦、歧视幼儿,不体罚或变相体罚幼儿;二是指相信幼儿,相信幼儿是一个有潜力、有价值的人,并能尽一切办法让幼儿相信他自己是一个有潜力、有价值的人,要根据他们的特点因材施教,使每一个幼儿的潜能都得到发挥;三是尊重个体差异,幼儿虽然年龄小,但也是独立的个体,有自己独立的人格,有自己独特的愿望和需要,教师要主动了解和满足有益于幼儿身心发展的不同需求,促进幼儿健康成长。

(2) 倾听。心灵渴望表白,尤其是儿童,他们藏不住心里话,掩饰不住真实的感情,有强烈的表现,教师不仅要听,而且要专心致志地聆听幼儿的讲话,倾听他们的心声,从而了解幼儿的心理特点,有的放矢地引导和启发幼儿。教师对幼儿积极倾听的态度,可以使幼儿觉得受到重视并使之肯定自己的价值。

(3) 微笑。情感是教师和幼儿之间相互作用的桥梁和润滑剂,教师愉悦的情绪能使幼儿的情感得到激发,而教师的一颦一笑是最能传递愉快情绪的。因此,教师不要吝啬自己的微笑,要让幼儿从教师的微笑中感受到亲切和信任。

(4) 赞赏。教育教学实践证明:教师对幼儿的表扬、鼓励能激发其求知欲,调动其积极性。赞赏是一种随时随地都可取用但又永远用不完的"动力资源",因此,教师要多用鼓励性的话语激励幼儿,增强幼儿的自信。

(二) 关爱生命

教师是十分特殊的职业,是一项直面生命和提升生命价值的事业。对生命负责,对生命的成长负责,是教师工作无与伦比的独特性和重要性。

1. 尊重生命的尊严与权利

关爱生命最重要的是珍惜生命的尊严和权利,尊重幼儿的人格和幼儿的权利。1959 年,第 14 届联合国大会通过了人类历史上第一个关于儿童权利的广泛性的国际条约《儿童权利宣言》;1989 年 11 月 20 日,161 个国家的代表在联合国大会上通过了《儿童权利公约》(以下简称《公约》);1990 年 9 月 30 日,包括 71 位国家元首和政府首脑在内的 159 个国家的代表在首次世界儿童问题首脑会议上通过了《儿童生存、保护和发展世界宣言》与《1990 年儿童生存、保护和发展世界宣言行动计划》。中国政府庄严地签署了上述文件。《公约》将儿童界定为:18 岁以下任何人。并为他们规定了四条原则:① 儿童最佳利益原则——任何事情凡涉及儿童就必须以儿童发展为重;② 尊重儿童尊严原则;③ 尊重儿童的观点和意见的原则——任何事情如涉及儿童本人,必须认真听取儿童的观点和意见;④ 无歧视性原则——不管儿童社会背景如何,儿童的出身、贫富状况如何,不管男孩还是女孩,正常儿童还是残疾儿童,都应得到平等对待。《公约》明确了儿童"拥有包括生存、发展和充分参与社会、文化、教育生活以及他们个人成长与福利所必需的其他活动的权利"。可见,在幼儿园里,幼儿接受教育是他们的权利,接受保护是他们的权利,幼儿的人格、幼儿的观点和意见、幼儿的自由发展应当受到尊重,这也是他们的权利。

2. 开发生命的潜能

叶澜教授指出：教育最重要的任务是学生潜在可能的发现与开发，由此可见，教育的真正意义在于发现生命价值，发挥生命的潜能，发展生命的个性。美国哈佛大学加德纳的多元智能理论认为：人有八种智能，教育的目的在于启发每一个人潜在的智能。因此，教师要采用有效的方法，有针对性地选择教育策略，激活幼儿的潜力，提升生命的价值。

3. 重视身心健康

幼儿的身心是稚嫩的，需要成人的呵护，教师要重视幼儿的身心健康，将保护幼儿的生命放在首位。

◎ 三、为人师表

为人师表既是社会对幼儿教师的要求，也是幼儿教育本身的要求。一方面，教师是人类灵魂的工程师，不单要以自己的学识和专业技能育人，还要以自己的高尚品格为幼儿做榜样，全方位育人。另一方面，幼儿不仅如饥似渴地汲取教师提供或指引的知识清泉，而且他们的心灵非常敏感，"向师性"强，他们会自觉或不自觉地以教师为仿效的榜样。教师如果将自身高尚的道德和规范的职业行为呈现在幼儿面前，那么就能产生巨大的教育力量。为人师表是教师职业道德区别于其他职业道德的显著标志，是对教师的特殊规范，它有自己独有的特征。

(一) 思想道德

为人师表首先应表现在思想道德方面的表率作用。幼儿教师要将社会对幼儿教师所提的思想道德要求与对幼儿所提的道德要求，在自己的行为中具体化、现实化，让幼儿从教师的言行中受到潜移默化的影响。

(二) 职业纪律

俗话说："没有规矩不成方圆。"任何一种职业都有纪律的要求，即职业纪律。职业纪律是维持职业活动的正常秩序、保证职业责任得以实现的重要措施，它常常表现为规章、制度等形式。教师的职业纪律就是教师在从事教育活动过程中应遵守的规章、条例、守则等，是维持保教活动正常进行的保证，是教师必须遵守而不能违反的纪律。

实习生到幼儿园实习，一定要强化纪律意识，认真学习幼儿园的各项规章制度，并在教育活动中严格执行规章制度。

(三) 仪表仪态

教师的仪表不仅是吸引幼儿的个人外在条件，而且也是对幼儿进行教育的手段，因此教师特别要注重自己的仪表，具体体现在以下几个方面。

1. 举止文雅

(1) 举止温文得体，不失教师风度，一举一动、一言一行成为幼儿的榜样。

(2) 在幼儿园内遇到各种冲突时，以礼相待，不做失礼之事。

(3) 注意个人卫生，办公物品按要求摆放整齐，保持室内清洁，不乱扔废弃物。

(4) 不在幼儿园内吃零食。

2. 仪表端庄

(1) 衣着整洁大方，高雅自然，符合教师形象，不打扮得花枝招展，不追求奇装异服，不穿露、透和过短服装。

(2) 不浓妆艳抹，在幼儿园内不佩戴金银珠宝饰物和其他奇特、大饰物。

(3) 皮革鞋面光洁，其他鞋类干净，幼儿园内不穿高跟鞋。

(4) 不染发，不留奇异发型。

3. 语言文明

(1) 语言谦恭，表情友善和气。

(2) 谈吐文雅，不使用粗俗语言，不恶语伤人。

(3) 说话语气得体、语调适中,说话时要注视对方,以示尊重。

(4) 多用"请""谢谢""对不起"等礼貌用语。

4. 礼貌待人

(1) 真诚待人,接待家长和客人时做到热情主动、笑容可掬。

(2) 同事间相互尊重、和睦相处,不猜忌、不背后议论他人,不传个人隐私。

⊚ 四、密切合作

密切合作有两种含义:一是教师要有与他人沟通和交流的能力与技巧;二是教师要有和他人合作的能力。

(一) 合作对象

(1) 与幼儿合作,《幼儿园教育指导纲要(试行)》(以下简称《纲要》)明确指出:教师应成为幼儿学习活动的支持者、合作者、引导者。教师要以关怀、接纳、尊重的态度与幼儿沟通与交流,在活动中形成合作探究式的师生互动。

(2) 与指导教师合作。要在指导教师的指导和教诲下组织好一日活动,合作管理班级。

(3) 与保育员合作。与保育员之间要相互尊重、相互团结、相互协作,保持教育影响的一致。

(4) 与家长合作。在指导教师的要求下,学习与幼儿家长相互沟通、相互协调的技能。

(5) 与其他实习生合作。实习生之间要共同切磋、商讨实习中遇到的问题,在教具的准备、一日活动的组织、班级管理等方面加强联系、相互配合。实习生之间要正确对待竞争,公平的竞争应该是在保教目标与利益一致基础上的"比学赶帮"、相互促进、共同提高的竞争。要杜绝实习生之间相互排斥、相互拆台的现象。

实习过程中所涉及的人与人的关系还包括与幼儿园领导的关系,与社会有关人员的关系等。实习生在处理实习中的人际关系时,一定要本着合作中求成功、合作中求发展的态度,努力与所有人都成为合作伙伴,为实习的圆满完成做好充分的准备。

(二) 合作准则

1. 相互团结

既然保教工作的成败取决于保教人员集体的劳动成效,那么关心和维护保教集体理应成为保教人员的行为准则。这就要求保教人员要正确处理好个人与个人、个人与集体的关系,热爱保教集体,把自己真正融入集体之中,将自己的聪明才智和特长奉献于集体,同时又依靠集体的帮助提高自身的保教水平。

2. 相互尊重

相互尊重是人与人之间交往的基本原则,也是实习工作顺利开展的前提。在保教实习这样一个系统工程中,学校与实习单位的各相关人员之间必须以相互尊重为前提,通力合作,才能将实习工作做精做细。实习生要尊重学校及实习单位的指导教师,虚心听取指导教师的意见,在指导教师的指导下,按照要求努力做好各项实习工作。实习指导教师也应尊重每一位实习生,在传帮带的过程中,尽心尽力地做好指导工作,严格把关,全面关心实习生的工作与生活。

3. 相互协作

对幼儿的保教工作,不是单独的个人所能承担的,它需要一种"教育合力"来完成。从大的方面讲,需要学校、社会、家庭三方面的"教育合力"实现。就幼儿园本身来讲,它需要全体保教人员共同施加教育影响,相互协调、相互配合,以达成保教目标。对此,陶行知先生曾有过形象的阐述:"每一个活人之塑像,(犹如刀法的交响乐)是这个人来一刀,那个人来一刀,有时是万刀齐发。倘使刀法不合于交响之节奏,那便是处处伤痕,而难以成为真善美之活塑像。在刀法之交响中,投入一丝一毫的杂声,都是中伤整个的和谐。"现代教育依赖的就是交响乐的这种和谐。因此,保教人员间的团结合作,既是实现教育目标的需要,也是保教人员完成工作的必要条件。而保教人员的团结合作本身又是一种教育因素,它将为幼儿树立正确处理人与人之间关系的范例,使他们从保教人员身上"学会共同生活、学会与他人一起生活"。

作为一名实习生,还要加强个人修养,要富有爱心、责任心、耐心和细心;做到乐观向上、热情开朗,有亲和力;善于自我调节情绪,保持平和心态;在实习过程中勤于学习,不断进取。

第二节　专业知识的准备

实习生在进入幼儿园实习时需要具备基本的专业知识。专业知识能引导实习生使其教育实践符合教育规律,教育行为具有科学性、条理性。实习生需要掌握的专业理论知识主要包含以下三个方面。

一、教育法规为保教实习指明科学方向

《幼儿园工作规程》是第一部规范幼儿园内部管理的规章,对加强各级各类幼儿园的管理规范、质量保障发挥了重要作用。

《幼儿园教育指导纲要(试行)》是遵循我国宪法和教育基本法的精神,根据党的教育方针和《幼儿园工作规程》而制定的对全国幼儿园教育进行宏观管理和指导的法律文件。

《3—6岁儿童学习与发展指南》以为幼儿后继学习和终身发展奠定良好素质基础为目标,以促进幼儿体、智、德、美各方面的协调发展为核心,通过提出3—6岁各年龄儿童学习与发展目标及相应的教育建议,帮助教师和家长了解3—6岁幼儿学习与发展的基本规律和特点,建立对幼儿发展的合理期望,实施科学的保育和教育,从而让幼儿度过快乐而有意义的童年。

二、儿童发展理论为保教实习提供科学依据

实习生要做好实习工作,首先要认识和了解儿童,要积极储备儿童发展的知识。了解幼儿身心发展的一般规律和影响因素,熟悉幼儿年龄阶段特征和个体发展的差异性;了解幼儿认知发展、学习方式的特点及影响因素,熟悉幼儿建构知识、获得技能的过程;了解幼儿情感、社会性发展的特点,熟悉幼儿品德和行为习惯形成的过程和规律;了解幼儿期常见疾病、发展障碍、学习障碍的基础知识和应对方法;了解儿童发展的主要理论和儿童发展研究的最新成果。

在实习实践中,实习生如果缺乏这方面的知识,就不能很好地理解幼儿,不能对幼儿在行为中出现的问题进行解释,从而不利于保教工作的正常进行,活动难以达到预期的效果,幼儿也无法在活动中获得身心和谐的发展。

三、学前教育学理论为保教实习提供概念支撑和实践框架

实习生还必须进一步掌握学前教育学的理论知识。通过学前教育学理论的学习,掌握学前教育的一般原理、产生和发展,确立学前教育的基本观念,了解学前教育的实践框架,包括我国幼儿园教育的目标和任务及学前教育的内容、途径和方法等。

其中,学前教育的基本观念指幼儿教师在教育教学中对教育、幼儿以及对教师自身等的基本看法,主要包括教育观、儿童观和教师观。持有怎样的学前教育的基本观念,直接影响学生实习中对待儿童的教育态度和保教行为,甚至影响未来投入教师工作后的状态。

(一) 树立科学的儿童观

儿童观是人们对于儿童的根本看法和态度。在儿童观发展的历史中,传统的儿童观把儿童看作是消极被动的,认为儿童是小大人,是成人传宗接代、光耀门庭以及养老的工具,完全忽略了儿童作为人所具有的主观能动性。20世纪下半叶以来,人们开始用积极主动的观点看待儿童,逐渐形成科学的儿童观。这成为教育工作者开展工作的前提,也是学生实习实践应持有的基本观念之一。儿童观主要包括以下几个方面。

(1) 儿童是人,他们生来具有人的尊严与价值,不论什么种族和性别的儿童都具有一切基本的人权。

(2) 儿童是正在发展中的人,他们有充分的发展潜能,而且存在发展的个别差异,应遵循其身心发展

的规律,充分发掘其潜力。

(3) 儿童期不是为成人准备,它具有自身存在的价值。儿童是独立的个体,应有主动活动、自由活动和充分活动的机会和权利,他们应当拥有快乐的童年。

(4) 儿童是完整的个体,除了健全的身体外,还有丰富的、独特的精神世界,教师必须高度重视其在身体、认知、品德、情感、个性等方面的全面发展。

科学的儿童观要求实习生在实践过程中,不仅要热爱儿童,还必须充分尊重儿童,不能轻视儿童正当的需要,不能任意贬低和抹杀儿童的看法和做法。

(二) 建立现代化的教育观

以科学的儿童观为出发点,实习生应该建立现代化的教育观。教育观是人类对于教育活动认识的结晶,指人们对于教育的一系列问题的认识、看法、立场和态度。现代化的教育观既是实习生从事实践工作的指路灯,使他们能及时对自己的教育实践行为进行教育反思;又是幼儿教育现代化的关键,它涉及幼儿教育的价值观、课程观、教学观与评价观等基本观念。

首先,形成全面发展观。全面发展观指出,教育要促进儿童的全面发展,强调儿童的整体发展而非某一方面的发展,注重儿童的个别差异,因材施教,促进每一个儿童在原有水平上得到充分的发展。

其次,形成整体教育观。整体教育观指出,儿童的发展受家庭、教育机构和社会三大环境的影响,教育应该促进幼儿园与家庭、社会一体化。

建立现代化的教育观要求实习生在实践过程中关注幼儿的个人兴趣和特点,在组织幼儿的活动时不能偏重某一方面而忽略其他;不仅关注幼儿园,而且关注幼儿生活环境中的其他资源,学习把对儿童产生影响的资源合理利用起来,发挥最大的教育效能。

(三) 确立正确的教师观

教师观是对教育者的根本认识和态度,这主要涉及对于教师与学生之间的关系的认识。不同的教师观会产生不同的教育氛围和不同的教育行为。在教育史上,"教师中心说"伴随传统的教育观存在很长时间,它强调教师的权威,学生对教师必须保持一种被动的状态。卢梭的自然主义教育哲学颠覆了"教师中心说",提出了"儿童中心说",指出教育应围绕儿童本性来组织课程、选择教学方法。之后,教育史上形成了各种流派,就教师与学生的关系展开讨论,它们都有其合理的内容,又各有疏忽之处。因此,有机结合各个流派合理的内容,可以从以下三个层面来把握教师和幼儿的关系。

(1) 幼儿与教师的关系首先是人与人的关系。

(2) 幼儿与教师的关系其次是教育者与受教育者的关系。教师需要根据教育目标和儿童发展水平,为儿童创设与其发展相适应的外部条件,启发、引导、指导儿童在与环境的积极交互作用中逐渐发展。

(3) 幼儿与教师的关系还体现在一种高质量的依恋关系。幼儿的身心发展水平和身心发展的特殊需要决定了教师要满足幼儿的生理需要、安全需要、爱的需要等,教师在某种程度上应当成为父母的替代者。

这要求实习生要在幼儿不同类型的活动中,正确处理教师与幼儿的多层关系,及时转换自己的角色,满足幼儿不同的发展需要。

四、五大领域的学习为保教实习提供实践指导

在掌握儿童发展和学前教育基本理论的基础上,实习生还需要掌握健康、语言、社会、科学、艺术五大领域的相关知识,涉及幼儿园教育活动的目标的制定、内容与方法的选择、活动环节的设计以及教师如何进行指导等问题。这为实习生的教育实习提供最直接的实践指导。

实习生的专业理论准备是一个长期的过程,从了解儿童、走进儿童,到确立包括科学的儿童观、现代化的教育观和正确的教师观等学前教育的基本观念,掌握学前教育的一般原则与实践内容,再到幼儿园课程与各领域活动指导的实践性知识,逐渐形成一个有机的专业理论体系。这些专业知识可以指导实习生的保教实习实践,并与其实践相互补充、相互影响,共同构建实习生的教育智慧。

第三节　专业能力的准备

一、幼儿园教师的专业能力要求

《幼儿园教师专业标准(试行)》是国家对合格幼儿园教师专业素质的基本要求,是幼儿园教师实施保教行为的基本规范,是引领幼儿园教师专业发展的基本准则,是幼儿园教师培养、准入、培训、考核等工作的重要依据。其中,对幼儿园教师专业能力的要求涉及七个方面共27条,具体内容如下。

(一) 环境的创设与利用能力

(1) 建立良好的师幼关系,帮助幼儿建立良好的同伴关系,让幼儿感到温暖和愉悦。

(2) 建立班级秩序与规则,营造良好的班级氛围,让幼儿感受到安全、舒适。

(3) 创设有助于促进幼儿成长、学习、游戏的教育环境。

(4) 合理利用资源,为幼儿提供和制作适合的玩教具和学习材料,引发和支持幼儿的主动活动。

(二) 一日生活的组织与保育能力

(1) 合理安排和组织一日生活的各个环节,将教育灵活地渗透到一日生活中。

(2) 科学照料幼儿日常生活,指导和协助保育员做好班级常规保育和卫生工作。

(3) 充分利用各种教育契机,对幼儿进行随机教育。

(4) 有效保护幼儿,及时处理幼儿的常见事故。发生危险情况时优先救护幼儿。

(三) 游戏活动的支持与引导能力

(1) 提供符合幼儿兴趣需要、年龄特点和发展目标的游戏条件。

(2) 充分利用与合理设计游戏活动空间,提供丰富、适宜的游戏材料,支持、引发和促进幼儿的游戏。

(3) 鼓励幼儿自主选择游戏内容、伙伴和材料,支持幼儿主动地、创造性地开展游戏,充分体验游戏的快乐和满足。

(4) 引导幼儿在游戏活动中获得身体、认知、语言和社会性等多方面的发展。

(四) 教育活动的计划与实施能力

(1) 制定阶段性的教育活动计划和具体活动方案。

(2) 在教育活动中观察幼儿,根据幼儿的表现和需要,调整活动,给予适宜的指导。

(3) 在教育活动的设计和实施中体现趣味性、综合性和生活化,灵活运用各种组织形式和适宜的教育方式。

(4) 提供更多的操作探索、交流合作、表达表现的机会,支持和促进幼儿主动学习。

(五) 激励与评价能力

(1) 关注幼儿日常表现,及时发现和赏识每个幼儿的点滴进步,注重激发和保护幼儿的积极性、自信心。

(2) 有效运用观察、谈话、家园联系、作品分析等多种方法,客观地、全面地了解和评价幼儿。

(3) 有效运用评价结果,指导下一步教育活动的开展。

(六) 沟通与合作能力

(1) 使用符合幼儿年龄特点的语言进行保教工作。

(2) 善于倾听,和蔼可亲,与幼儿进行有效沟通。

(3) 与同事合作交流,分享经验和资源,共同发展。

(4) 与家长进行有效沟通合作,共同促进幼儿发展。

(5) 协助幼儿园与社区建立合作互助的良好关系。

(七) 反思与发展能力

(1) 主动收集分析相关信息,不断进行反思,改进保教工作。

(2) 针对保教工作中的现实需要与问题,进行探索和研究。

(3)制定专业发展规划,积极参加专业培训,不断提高自身专业素质。

二、幼儿园教师基本功的要求

参照江苏省教育委员会1996年颁布的《江苏省幼儿教师职业素质基本要求(试行)》的要求,幼儿教师的基本功可概括为"八会",即会说、会写、会画、会唱、会弹、会舞、会做、会用。

(一) 会说

1. 正确使用普通话,并积极指导幼儿说普通话

说好普通话的基本要求是发音准确、口齿清晰、音量适中、语速适度、纯正流利。具体标准为:读准每个音节的声、韵、调,无缺陷音,无发音错误;能正确读出轻声、儿化韵、变调;掌握呼吸、停顿、抑扬、语速、音高、轻重等技能,并能恰当地运用这些技能有表现力地朗读儿童文学作品;掌握口语交流的语速、语调、语言,并能运用流畅、纯正的普通话进行交流;按国家语言文字工作委员会的普通话水平测试要求进行普通话测试,成绩在二级乙等以上。

2. 能用准确、规范的语言组织教育活动

准确、规范是指教师组织教育活动的语言没有科学性错误,语法符合规范。除此以外,幼儿教师的语言还要做到亲切、自然、简洁、清楚、流畅。

(二) 会写

会写是指能写规范、端正的铅笔字、钢笔字和粉笔字,提倡学写毛笔字。

写字的基本标准是:正确、端正、整洁、熟练。"正确"是指字形规范,笔画不多不少,偏旁位置、形状无错误,按笔顺规则书写。"端正"是指字的大小要相称,注意字的间架结构,单一结构的字要注意笔画之间的距离,合字体要兼顾内部结构的均衡。"整洁"要做到运笔自如、姿态灵活、书写迅速。

由于铅笔字、钢笔字、粉笔字、毛笔字所使用的笔的种类不同,因此,除共同的标准外,在执笔方法和书写姿势方面会有所不同。

1. 铅笔字、钢笔字

(1)正确的执笔方法:"三指法"。将拇指、食指与中指第一关节侧面形成一种合力,捏住笔杆下端离笔尖一寸左右的地方,将笔杆的上部斜靠在食指根部,使笔杆与纸面呈45度角左右,用小指和掌侧肌肉在纸面支撑手掌。

(2)正确的书写姿势:胸离桌面一拳,眼离桌面一尺。

2. 粉笔字

(1)正确的执笔方法:捏、抵、垫。"捏"是指大拇指前端和食指前端相对,捏住粉笔;"抵"是指中指的第一关节侧面向上,抵住粉笔;"垫"是指无名指和小指依次自然垫着中指。

(2)正确的书写姿势:两脚自然分开,身体正直,执笔的手臂悬起,悬掌、悬腕、悬肘。

3. 毛笔字

(1)正确的执笔方式:指实、掌虚、笔正、腕平。

(2)正确的书写姿势:头正、身正、臂开、足稳。

(三) 会画

1. 一般的儿童画技能

要掌握儿童画的技能,做到:造型形象可爱;色彩明快,颜色搭配和谐,适合儿童特点;构图合理、夸张、富有童趣。能运用这些技能绘制教学挂图,能在教育活动中进行示范,还能运用这些技能布置环境。

2. 简笔画的技能

能抓住对象特征,以简练的线条熟练地创作出动植物的形象。做到用笔简练、线条流畅、构图舒适、特征准确(可适当夸张变形)。

3. 书写美术字

至少会写黑体、仿宋体两种美术字。做到笔画清晰、大小一致、间架结构均匀。

(四) 会唱

会唱特指会用幼儿的唱歌技能正确、有感情地演唱。幼儿唱歌的基本技能包括：姿势、呼吸、咬字吐字、发声、音准和表情等。

正确的唱歌姿势包括：身体正直、两眼平视、两肩放松、两臂自然下垂，坐时不将椅子坐满、不靠在椅背上等。

正确的发声方法包括：自然地吸气，均匀地吐气，吸气时不耸肩、不发出很大的吸气声，一般不在句子中间换气。

正确的咬字吐字包括：自然、清楚地唱准"字头""字腹""字尾"，做到"字正腔圆"。

音准的要求包括音高和节奏准确。

表情包括歌声、自然的面部表现及随音乐而产生的轻微的身体动作。

(五) 会弹

(1) 认识简谱、五线谱。

(2) 会使用至少一种键盘乐器(钢琴、风琴、手风琴、电子琴)正确、熟练地演奏儿童歌曲。

(3) 能为儿童歌曲准确伴奏。

(4) 能自弹自唱儿童歌曲。

(六) 会舞

(1) 会跳一定数量的幼儿舞蹈，要求动作到位，并能体现幼儿舞蹈的风格特点。

(2) 会编排简单的幼儿舞蹈。

(七) 会做

(1) 能用不同纸材，运用折、剪、撕、粘、染等技能完成动物、植物或日常用品的造型设计与其他装饰。

(2) 能用常用的泥工材料，运用团圆、搓长、压扁、捏泥、抻拉、分泥等技能完成动物、植物或日常用品的造型设计。

(3) 能用各种材料(主要是废旧物品)制作教具、玩具和布置环境。

(八) 会用

(1) 会使用幼儿园的各种图书、资料和教育设施设备。

(2) 掌握和运用现代信息技术。

① 能操作、使用电化教育技术(录像机、投影仪、照相机、电脑等)。

② 能运用 Powerpoint、Authorware、Flash、Photoshop 等应用软件设计并制作教学软件。

③ 能将活动计划制作成电子文档，并且做到字体大小、字间距、行间距清晰合理，排版整齐、内容完整、重点突出。

④ 能从网络资源中查找、撷取有用资料。

实习生还需掌握儿童操及口令，做到口令熟练、使用正确，发音清晰、声音洪亮有力，动作舒展、标准。

第四节　保教实习的心理准备

实习时，学生们要从一名在校学生转变为一名职业人，他们要经历社会角色、生活学习环境等多方面的转变。因此，保教实习之前的心理准备尤为重要。

一、转换角色

社会角色是与人们的某种社会身份相一致的一整套权利、义务的规范与行为模式，是人们对具有特定身份的人的行为期望。包含两层意思：首先，任何一种角色都与一系列行为模式相关，一定的角色必有相应的权利义务；其次，角色也是人们对处于一定社会位置的人的行为期待，例如，一提到教师，就会想到教书育人、诲人不倦等特征。

社会心理学告诉我们,人在生活中要承担很多社会角色。在家里,是子女,是兄弟姐妹;在社会上,是同学,是朋友;在工作上,是同事,是下属。

由于职业文化程度的提高,社会要求每个人按自己的角色行事,对特定的场合下采取什么样的行为有一定的预期。这就需要我们每个人都能经常根据需要变换角色,从而摆正自己的位置,调整好心态,积极应对。作为一名师范生,在实习前仍属于学生角色。教育实习是从学生角色到教师角色的转换尝试。因此,角色转换是实习生活的第一课。

(一) 保持积极心态

初次进入职场,环境发生了很大变化,有了工作的压力,有了职业的责任,有困难、有委屈、有成功、有失败……种种不适应会接踵而来。实习生要做好充分的思想准备,保持积极的心态,调整自己的情绪,积极投入工作,尽快适应环境。

(二) 明确角色行为

每当人生角色开始转换,就会对人对事多一份新的体会和理解,与此同时,也会多承担一份义务与责任。实习生要做好心理准备,尽快适应新的角色,接受幼儿教师角色的规范和行为模式并按照工作角色要求自己,处理好各种关系,努力成为幼儿学习活动的支持者、合作者和引导者。

二、甘于吃苦

实习是一件辛苦的事情,从早到晚上班时间几乎没有休息的时候,制订计划、组织活动、制作教具、准备活动等,每一天都是快节奏地运转。实习生在尝试从事幼儿园保育和教育的实际工作中,会体验"苦"和"累"。那么,实习生应该怎样面对"苦"与"累"呢?

(一) 提高对幼儿教师职业特点的认识

幼儿教师既担负着对幼儿实施全面发展教育的任务,又担负着对幼儿养护、保育、照料生活的任务。在幼儿园,教师不仅要照料幼儿的生活起居、饮食睡眠,还要组织幼儿开展游戏、劳动、散步等各项活动。通过创设与幼儿发展相适应的环境,通过对幼儿一日生活各项活动的组织和指导,促进幼儿的全面发展。可以说,幼儿教师在幼儿园同时担负着妈妈、老师、伙伴等多重角色。角色的多重性决定了教师劳动的繁重性,这是幼儿教师区别于其他教师的特点。

(二) 吃苦为乐,苦中作乐

无论是谁,要想在事业上做出一些成就,首先就要有吃苦耐劳的精神。实习生应做好这方面的心理准备,要善于从对幼儿的辛勤付出中寻找乐趣,体验成功并从中发现自身的价值。要相信:苦尽甘来,只有坚持不放弃,才能收获更多。因此,实习生在实习过程中要主动挑重担,对待工作要一丝不苟,不拈轻怕重,不怕脏和累,要眼勤、手勤、脚勤、嘴巴勤,脏活、累活、重活抢着干。

三、谦虚好学

谦虚是人的美德,作为实习生,要善于学习他人的长处,保持亲切平和的心态,本着积极的态度认真听取他人的意见,有则改之,无则加勉。

(一) 虚心向指导教师学习

在指导教师队伍中,既有资历深、经验丰富的长者,也有正在成长中的同辈,实习生都应给予足够的尊重。对指导教师所提出的批评和意见,要虚心接受并及时改正。即使有不同的看法,也不可以强烈地反驳,仍要以谦和的态度,在最大限度地维护指导教师尊严的前提下进行学术讨论。那种盲目自大、目中无人,当面虚心接受指导、背后仍我行我素的表现是实习中的大忌。

(二) 向其他教师和员工学习

实习是以实践为主的活动,实习生虽经几年的学习,具备了一定的理论积淀,但如何将理论灵活运用于实际,对于实习生来讲并不是件容易的事。而在一线的教师和员工长期与幼儿相处,在实践中积累了丰富的经验并形成了个人的专业优势,因此实习生要用敏锐的眼光去捕捉每个人身上的闪光点,只有吸纳众

人之长,才会使实习大有收获。

(三)向幼儿学习

实习前,实习生对幼儿的理解基本上来自书本上的理论介绍。信息社会的发展,使得幼儿比以往同龄人要懂得更多。实习生很可能会因幼儿的一个又一个稀奇古怪的问题而感到招架不住,很可能会因与幼儿缺乏共同的话题而显得有"代沟"……所以,实习的过程也是进一步增进实习生对幼儿理解的过程,实习生要深入到幼儿的活动中,学会蹲下身来认真聆听幼儿的心声,静下心来观察幼儿的活动,真正读懂幼儿,在与幼儿的交往中学习他们的"真"与"纯",寻找自身知识的盲区,查找自身能力的不足,为继续学习明确目标和方向。与幼儿共成长也是时代赋予幼儿教师的新要求。

四、不怕困难

实习不仅很累,而且会遇到许多意想不到的困难。有的来自活动,有的来自与指导教师的交往,有的来自与同学的合作,有的来自幼儿,有的来自自身。这都需要在实习前做好充分的思想准备。

(一)要做好实习准备工作

实习准备工作越充分,所面临的困难就越少。因此,在实习准备期间,实习生要认真制定每一份计划,不放过计划中的每一个细节,要把可能会出现的困难事先想到,免得措手不及。

(二)要坚定信心

实习中即便遇到再大的困难,也要始终坚信:"没有渡不过的河,没有爬不过的山""走过困难就是成功"。在困难面前,千万不可放弃或退缩,最重要的是坚持,只要不放弃努力,任何困难都将会被克服,因为办法总比困难多。

(三)要学会争取帮助

实习生经验有限,遇到困难时往往不能独当一面,因此,把遇到的困难向指导教师或同学公开,以求得同事的支持和帮助,这是帮助自己战胜困难的有效办法。

五、敢于失败

在人生的奋斗中,每个人都在追求成功,追求完美。但不是说想成功就一定能成功,要成功就必须付出努力。而在这个努力过程中必然会遇到失败和挫折。实习生活对师范生来讲是人生的又一个第一次经历,遇到各种困难是正常现象,关键是要有积极的心态去面对。其实,失败并不可怕,可怕的是自己不敢面对失败,害怕失败、遇到困难就放弃。只要把每一次的失败都看作是新的起点、新的动力,坚持不懈,加倍努力,就一定能成功。

第三章 保育实习

什么是保育？传统的保育主要是指对幼儿的身体方面进行保护和照顾,其实这种理解是很不完整的。随着人们对健康概念认识的日趋完善以及对幼儿生理、心理的深入研究与探讨,有关幼儿保育的概念也在不断地得到扩展和深化。

微课 3

第一节 保育实习的目标与任务

◎ 一、保育实习的内涵

现代保育观认为,保育应包括对幼儿的身体保育和心理保育两个方面,是指成人为幼儿的生长与发展提供必需的、良好的环境和条件,给予幼儿精心的照顾和养育,以保护和促进幼儿正常发育和良好发展。

保育实习,是指各类师范学校学前教育专业学生将幼儿卫生保健的理论知识、专业技能运用于幼儿园实际保育工作中,培养良好的职业道德和修养,树立正确的健康观、保育观、儿童观,掌握保育工作的内容和方法,具备从事幼儿保育工作的能力。

◎ 二、保育实习的目标

(一) 态度目标

(1) 树立正确的健康观、保育观及儿童观。

(2) 充分认识保育工作在幼儿园工作中的地位、作用和教师、保育员应具备的良好素质。

(3) 严格遵守幼儿园各项规章制度和行为规范,遵照保育工作的具体要求,认真学习,勤于思考,做好保育工作。

(二) 认知目标

(1) 将幼儿卫生保健的理论知识、专业技能运用于幼儿园实际保育工作中,掌握保育工作的具体步骤、内容和方法,以及对教师、保育员和幼儿的要求,注意保教结合。

(2) 掌握观察、谈话、记录等了解幼儿的心理表现、幼儿的一日生活的基本方法;掌握幼儿的身心特点和生理、心理保健的措施和方法。

(3) 熟知幼儿园的安全应急预案,掌握意外事故和危险情况下幼儿安全防护与救助的基本方法。

(4) 了解制订实习计划和写实习报告的方法,会制订实习计划和书写实习报告。

(三) 情感目标

热爱幼儿,热爱幼教事业;富有爱心、责任心、耐心和细心;不怕苦、不怕累、不怕脏。

三、保育实习的任务

(一) 掌握幼儿园保育工作的基本内容和特点

在实习中受到深刻的思想教育和道德教育,体验和感受教师职业的光荣感和使命感,增强从事教育工作的事业心和责任感,进一步巩固专业思想。通过接触幼儿、了解幼儿,逐步形成理解幼儿、关心幼儿、尊重幼儿、热爱幼儿的教育观念,并能全身心投入幼儿保育工作。

(二) 培养初步的幼儿保育实际工作能力

《幼儿园教师专业标准(试行)》在基本理念中提出"能力为重",即"把学前教育理论与保教实践相结合,突出保教实践能力;研究幼儿,遵循幼儿成长规律,提升保教工作专业化水平;坚持实践、反思、再实践、再反思,不断提高专业能力"。据此,在幼儿园保育实习中,实习生应当着力培养自身具备初步的幼儿保育实际工作的能力。

1. 了解幼儿园一日生活常规

将所学的幼儿卫生保育理论知识和技能运用于实践,努力为幼儿创设良好的、符合安全与卫生要求的物质环境以及良好的精神环境。努力做好幼儿日常生活的保育工作,例如,科学、合理地安排好幼儿一日的生活,为幼儿提供科学、合理的膳食,对幼儿的进餐、睡眠、穿脱衣服、盥洗、排泄等生活环节给予精心的照顾。注重保教结合,培育幼儿良好的意志品质,帮助幼儿养成良好的生活卫生习惯。

2. 做好教育过程中的保育工作

如注意幼儿的用眼卫生,坐姿是否正确,运动量的大小,活动时间的长短、动静交替等。

3. 做好幼儿卫生保健工作

做好卫生消毒与对病儿的照顾,如每日对幼儿进行晨检等。努力做好安全管理工作,积极锻炼幼儿的身体,如保证幼儿每日户外活动以及户外体育活动的时间,充分利用日光、空气、水等自然因素,有计划地锻炼幼儿的身体,等等。

4. 做好幼儿安全工作

熟知幼儿园的安全应急预案,掌握意外事故和危险情况下幼儿安全防护与救助的基本方法。

5. 做好特殊幼儿的保育工作

如对体弱儿、残疾儿以及有心理问题的幼儿提供特殊的照顾、帮助和指导等。

(三) 培养初步的研究能力

根据实习要求,对幼儿园保育工作的一些重点问题进行调查与分析,掌握通过观察、谈话、记录等了解幼儿的心理表现、幼儿的一日生活的基本方法。

(四) 检验所学知识与技能

通过实习,幼儿师范学校能够全面检验自己的专业办学思想和教育质量,及时获得反馈信息,以便指导学生在以后的学习中查漏补缺,也便于学校改进教育教学工作,提高办学质量,为幼儿园输送优秀人才。

第二节　保育实习的内容与要求

一、制订保育实习计划

中国有句古语:"凡事预则立,不预则废。"一份完善的实习计划,可以使指导教师和实习生掌握实习具体要求,明确实习要达到的目标和每个人的职责与任务。既可避免实习工作顾此失彼,又可减少盲目性,这是完成实习实践教学和保证实习教学质量的前提。保育实习计划应包括学校保育实习计划和个人保育实习计划。

(一) 学校保育实习计划

学校保育实习计划是学校整体教学计划的组成部分,既有特殊性,又与本专业教学计划紧密关联。因此,在制订学校学前教育专业教学计划和实践课程时,要全盘考虑,与整体教学计划相吻合。学校保育实习计划是属于全局性的长期计划。

(二) 个人保育实习计划

个人保育实习计划是学校保育实习计划的具体化。制订个人计划要有正确的指导思想,实习目标要明确,采用的步骤、方法与措施要得当;每次实习计划既要全面又要突出重点,突出本次实习所要完成的任务与内容,做到抓住关键、有所侧重、以点带面。每次实习计划还要定时、定量、定质、定人,也就是说,不但要明确任务和内容,还要确定完成各项任务与内容的时间和保证质量的措施,每项实习内容参与的人员等,这样才能有利于执行,便于检查。

二、幼儿的日常保育

(一) 幼儿一日活动中的保育

《幼儿园教师专业标准(试行)》中指出,"一日生活的组织与保育"是幼儿园教师应具备的专业能力之一,即"合理安排和组织一日生活的各个环节,将教育灵活地渗透到一日生活中。科学照料幼儿日常生活,指导和协助保育员做好班级常规保育和卫生工作"。幼儿园一日活动的主要环节包括来园和离园、盥洗、进餐、睡眠、户外活动、教学活动、游戏活动等。根据保育的性质、任务和保教结合的原则,我们对幼儿园一日活动各环节中的保育工作内容提出了具体要求,作为保育实习中考评标准的依据。

1. 来园与离园

来园是幼儿一日集体活动的开始,也是保育工作最紧张的环节之一。教师和保育员在短暂的时间里要做好保育工作,使幼儿愉快来园,家长放心工作。其具体工作内容和要求如下。

(1) 开窗通风,做到室内外空气流通,光线充足,做好室内外清洁卫生工作。

(2) 做好幼儿生活用品的安放及毛巾、水杯消毒工作(图 3-1)。指导培养中、大班幼儿轮流做好值日生,学会分发摆放和收拾餐具、抹桌子等力所能及的劳动。

(a)　　　　　　　　　　　　　　(b)

图 3-1　幼儿生活用品的安放

(3) 热情接待幼儿家长,与家长做好交接手续。观察幼儿来园精神状况,做好笔录,如有异常,及时与保健医生取得联系。

(4) 指导幼儿学会用礼貌用语打招呼,保持良好的情绪(图 3-2)。观察幼儿的精神面貌,舒缓幼儿的不安情绪,做好个别幼儿的工作。

(5) 指导并帮助幼儿穿脱、整理服装鞋帽,养成良好的习惯(图 3-3)。

图 3-2　幼儿来园常规

图 3-3　幼儿的服装鞋帽整齐摆放

（6）提醒幼儿每天要衣着整洁,主动愉快地接受晨检,插放标记牌或卡。

（7）清点人数,做好点名记录。

离园是幼儿一日集体生活的结束,也是保育工作的最后环节。其主要的工作内容和要求有:

（1）主动热情地接待家长,介绍幼儿在园的表现和生活健康情况,与家长及时沟通,特别是在饮食、健康上有异常情况的幼儿,要向家长详细反馈有关情况;

（2）指导幼儿收拾好玩具,摆放好桌椅,将穿来的衣服、戴的帽子等穿戴好;

（3）布置和提醒幼儿回家后的活动和要做的事情;

（4）亲手将幼儿交给孩子的家长,不得将幼儿交给陌生人;

（5）提醒幼儿在离开时要与老师、小朋友打招呼;

（6）清点人数,做好交班记录;

（7）幼儿全部离园后,要认真检查本班的门窗、水电是否关闭,将活动室的环境打扫干净。

2. 盥洗

幼儿的盥洗包括大小便、洗手、洗脸等。通过盥洗活动,培养幼儿掌握正确的洗手、洗脸等方法,使之养成饭前、便后、手脏时主动清洗的好习惯;培养幼儿良好的大小便习惯;养成幼儿整洁有序的生活习惯和独立生活能力。其具体工作内容和要求如下。

（1）做好盥洗前的准备工作,放好肥皂、消毒毛巾和卫生纸。盥洗后毛巾要洗净、消毒。

（2）保持地面干燥,防止幼儿滑倒。

（3）同幼儿一起进入盥洗室,对幼儿盥洗进行具体指导。引导幼儿按顺序(打开水龙头,把手洗湿,抹上肥皂,将肥皂放回原处,洗手,关水龙头,把手擦干)洗手、洗脸,洗完后擦干,不弄湿地面。提醒幼儿节约用水(图 3-4)。

图 3-4　幼儿盥洗

（4）允许幼儿按需要随时大小便。饭前、外出、入睡前提醒幼儿上厕所，注意让幼儿养成定时排便的习惯。

（5）幼儿如厕时，要观察并给予帮助，逐步培养幼儿独立如厕的能力。对能力较弱和便脏衣裤的幼儿应给予热心的关怀、帮助和鼓励，保护幼儿的自尊心。

（6）注意培养幼儿养成良好的卫生习惯。

3. 进餐

幼儿在园中的进餐包括早餐、午餐，吃水果、点心等。饮食是保证幼儿身体健康的重要前提。因此，教师和保育员一定要组织好幼儿的进餐（图 3-5）。其内容和要求如下。

图 3-5　幼儿愉快地进餐

（1）饭前半小时应安排幼儿进行室内较安静的活动。饭后宜轻微活动，如组织 10—15 分钟的散步活动。

（2）餐前消毒餐桌，准备餐具。

（3）餐前组织幼儿洗手，安静入座。

（4）放些轻松、和谐的音乐，让幼儿愉快进餐。

（5）教育、指导幼儿正确用餐、文明用餐：不挑食，细嚼慢咽，注意桌面、地面、衣服整洁，不剩饭菜。

（6）根据幼儿饭量大小随时添饭，不催促幼儿。

（7）幼儿进餐时不要批评幼儿，以免影响幼儿进餐时的情绪。

（8）指导幼儿餐后收拾个人餐具，擦嘴、漱口。

（9）为幼儿提供随时喝水的条件。

（10）餐后做好清洁工作。

4. 睡眠

睡眠主要是指幼儿在园时的午睡，对恢复幼儿身体各器官的机能、保证幼儿充足的睡眠和健康有重要意义。教师和保育员的主要工作内容和要求是：

（1）入寝前，拉上窗帘，适当开窗，保持室内空气流通，为幼儿创设安静、舒适的睡眠环境。

（2）提醒幼儿睡前小便，安静进入卧室。

（3）指导帮助幼儿有顺序地穿脱衣服，将其摆放在固定地方。

（4）巡回观察幼儿睡眠情况，帮助幼儿盖好被子，纠正不正确睡姿，发现异常，及时处理。

（5）护理和安慰个别幼儿入睡。

（6）注意睡眠期间起床如厕的幼儿安全保护，对尿床的幼儿要耐心地安慰，并帮助清洗干净，不要讽刺、挖苦幼儿。

（7）起床后整理好卧室，使幼儿逐步学会整理床铺（图 3-6）。

（8）帮助幼儿整理仪表，注意对幼儿自理能力的培养。

图 3-6　幼儿起床后学习整理床铺

（9）对在睡眠时犯错误的幼儿，要耐心地说服教育，以鼓励为主，严禁体罚或变相体罚幼儿。

5. 户外活动

户外活动是指一切室外活动，主要包括早操、室外体育锻炼、游戏、散步等（图 3-7）。根据《幼儿园工作规程》规定，幼儿每天户外活动时间不得少于两小时。《3—6 岁儿童学习与发展指南》中也明确指出："保证幼儿的户外活动时间，提高幼儿适应季节变化的能力。幼儿每天的户外活动时间一般不少于两小时，其中体育活动时间不少于 1 小时，季节交替时要坚持。气温过热或过冷的季节或地区应因地制宜，选择温度适当的时间段开展户外活动，也可根据气温的变化和幼儿的个体差异，适当减少活动的时间。"

(a)

(b)

(c)

(d)

图 3-7　幼儿户外活动

户外活动时间最易发生意外事故,教师和保育员要对幼儿的安全和身体健康做周密细致的保育工作,具体内容和要求如下。

(1) 根据季节和气候情况,确定到户外的时间及长短。

(2) 做好户外活动场地布置和运动器械等的安全检查、准备工作。

(3) 根据气候条件和幼儿体质状况,提醒和帮助幼儿穿脱衣服。

(4) 体育锻炼前,帮助幼儿整理好衣着,包括提好裤子、系好衣扣、鞋子提好、鞋带系好,以免活动时绊倒发生危险。

(5) 散步时要叮嘱幼儿不要私自脱离集体,教师和保育员一前一后照顾幼儿,并随时清点人数。

(6) 体育活动时要备好干毛巾,供幼儿擦汗,对体弱的幼儿要进行特殊照顾。

(7) 锻炼时要注意观察幼儿身体情况,如有幼儿身体不适,应及时处理。

(8) 保育与教育相结合,要经常对幼儿进行安全教育,增强幼儿的安全意识和自我保护能力。

(9) 如发生意外事故,要立即处理,不要隐瞒和拖延。

6. 教学活动

幼儿是身心发展的统一整体,所以幼儿园的保育和教育应是密不可分的,教学活动虽以教学为主,但也包含着保育工作的内容。教学活动中主要的保育工作内容与要求如下。

(1) 教学内容、时间要符合幼儿的生理、心理特点,选材符合本班幼儿年龄特点,容量适当;教学时间不宜过长(小班 10—15 分钟、中班 20—25 分钟、大班 25—30 分钟)。

(2) 幼儿使用的各种笔、绘画颜料、橡皮泥等应不含有毒物质(图 3-8)。笔杆外的涂料应具有不易脱落、不溶于水的特点;笔杆的粗细、长短以及轻重,都应适合于不同年龄阶段幼儿手部肌肉、关节以及骨骼发育的特点,以便幼儿使用起来较省力、自然和协调。

(a)

(b)

图 3-8　幼儿使用的各种笔、颜料和油泥

（3）教学用的图片,其画面应较大,色彩明快、鲜艳与和谐,并具有一定的对比和反差。应对儿童读物定期进行消毒,可以使用紫外线消毒,也可以在日光下进行翻晒。

（4）应把握好幼儿使用笔绘画以及使用眼看书的时间,不宜使幼儿手部和眼部过于疲劳,帮助幼儿学习和掌握正确的学习姿势(图3-9)。

（5）保育员协助教师做好各项教学准备工作,给幼儿以必要的个别指导。

（6）教学中要注意动静交替、室内和室外相结合。

（7）教学过程中对犯错误的幼儿要耐心细致地说服教育,严禁体罚或变相体罚幼儿。

（a）

（b）

图 3-9　幼儿阅读、绘画

7. 游戏活动

游戏是幼儿的基本活动,同样也包括教育与保育的内容(图3-10)。游戏活动中的保育工作内容与要求主要有以下几项。

（a）

（b）

（c）

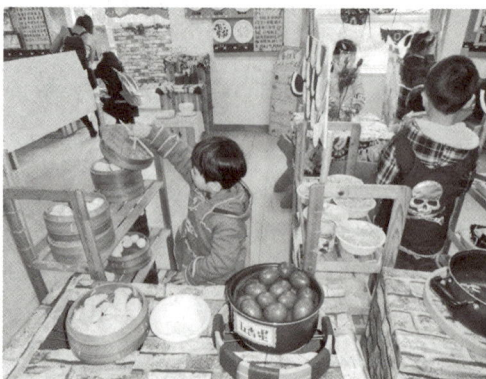
（d）

图 3-10　幼儿游戏活动

（1）保育员协助教师预先做好活动准备，户外活动前提醒幼儿如厕，并检查着装。

（2）游戏活动的形式、内容要适合幼儿的生理、心理特点。

（3）尊重幼儿意愿，开展游戏活动，保证充足的游戏活动时间和空间。

（4）注意观察幼儿，参与幼儿游戏，积极引导，激发幼儿共同游戏。

（5）掌握活动量，使幼儿活动量适中。

（6）对游戏的场地和设备做周密细致的安排和检查，排除一切不安全因素。

（7）正确看待和处理游戏活动中发生的冲突，注意培养幼儿的交往能力和独立解决问题的能力，保护幼儿的自尊心。

以上七项保育工作是幼儿园一日活动的主要环节，也是学生在保育实习中的主要实践内容。在执行过程中要注意保教结合的原则，把幼儿良好行为习惯的培养贯穿在幼儿园一日生活的全过程中。

（二）幼儿膳食的配制

我们对幼儿园膳食配制提出了以下原则，作为保育实习中观察、分析所在园提供膳食是否合理的依据。

1. 提供合理的、营养平衡的膳食

（1）膳食应多样化。为了保证幼儿的健康，促进幼儿的生长发育，应让幼儿摄取多种食物，以获得丰富的营养和充足的热能。幼儿膳食应贯彻食物多样性的原则，主、副食搭配，粗、细粮结合，荤、素食结合，尽可能保证每天摄取五大类食物：谷类、肉蛋鱼类、豆类及其制品、蔬菜与水果类、热能性食品，以使幼儿获得充足的营养（图3-11）。

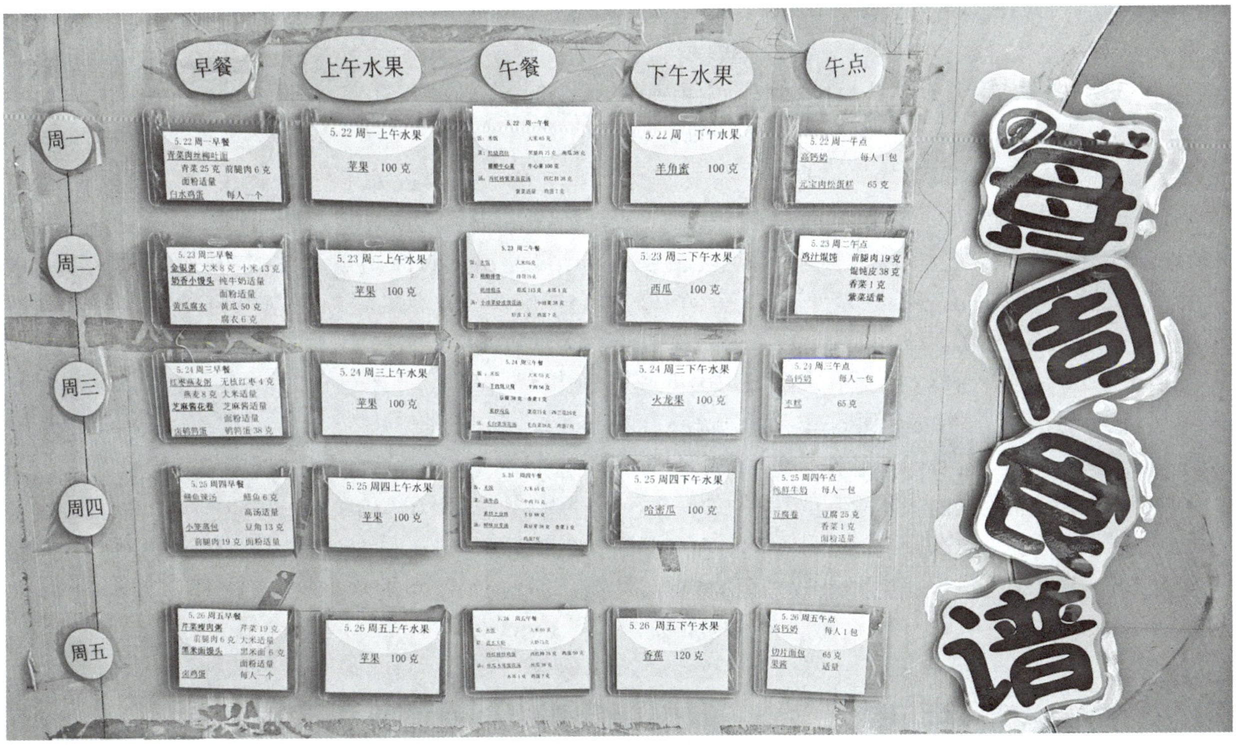

图 3-11　幼儿园每周食谱

（2）膳食的搭配要合理。食物之间的合理搭配、平衡营养是幼儿膳食配制的一条重要原则。各种营养素供热占总热能的百分比是：蛋白质类 10%—15%，脂肪类 25%—35%，碳水化合物类 50%—60%。三餐之间的搭配是：早餐高质量；中餐高质量、高热量；晚餐清淡易消化。

2. 烹制方法应适合幼儿的年龄特点与喜好

烹制时注重方法，应做到菜品细烂软嫩，色香味美，花样多，以增进幼儿的食欲。

3. 讲究饮食卫生

提供给幼儿的食物、膳食制作过程、餐具等均应符合卫生标准。例如,选择新鲜的膳食原料,不用腐败的食材,工作人员应注意个人卫生,餐具应及时清洗消毒,厨房及其设备应保持清洁卫生,等等。

(三) 幼儿健康生活的习惯和能力的培养

幼儿园保育工作不仅应确保幼儿的生命安全与健康,促进其生长发育,增强其体质,同时也要培养幼儿保持和增进健康的初步能力,使其养成健康生活和安全生活必要的习惯和态度,提高幼儿的生活自理能力,促进幼儿掌握正确的生活常识,纠正或改善幼儿的不良生活习惯。《3—6岁儿童学习与发展指南》在"健康"领域中"生活习惯与生活能力"方面,提出三个子目标及其相应的教育建议。

目标1是"具有良好的生活与卫生习惯",相应的教育建议有如下几点。① 让幼儿保持有规律的生活,养成良好的作息习惯。如:早睡早起、每天午睡、按时进餐、吃好早餐等。② 帮助幼儿养成良好的饮食习惯。如:合理安排餐点,帮助幼儿养成定点、定时、定量进餐的习惯。帮助幼儿了解食物的营养价值,引导他们不偏食不挑食,少吃或不吃不利于健康的食品;多喝白开水,少喝饮料。吃饭时不过分催促,提醒幼儿细嚼慢咽,不要边吃边玩。③ 帮助幼儿养成良好的个人卫生习惯。如:早晚刷牙、饭后漱口。勤为幼儿洗澡、换衣服、剪指甲。提醒幼儿保护五官,如不乱挖耳朵、鼻孔,看电视时保持3米左右的距离等。④ 激发幼儿参加体育活动的兴趣,养成锻炼的习惯。如:为幼儿准备多种体育活动材料,鼓励他选择自己喜欢的材料开展活动。经常和幼儿一起在户外运动和游戏,鼓励幼儿和同伴一起开展体育活动。和幼儿一起观看体育比赛或有关体育赛事的电视节目,培养他对体育活动的兴趣。

目标2是"具有基本的生活自理能力",相应的教育建议为:① 鼓励幼儿做力所能及的事情,对幼儿的尝试与努力给予肯定,不因其做不好或做得慢而包办代替。② 指导幼儿学习和掌握生活自理的基本方法,如:穿脱衣服和鞋袜、洗手洗脸、擦鼻涕、擦屁股的正确方法。③ 提供有利于幼儿生活自理的条件,如:提供一些纸箱、盒子,供幼儿收拾和存放自己的玩具、图书或生活用品等;提供给幼儿的衣服、鞋子等要简单实用,便于穿脱。

目标3是"具备基本的安全知识和自我保护能力",相应的教育建议如下。① 创设安全的生活环境,提供必要的保护措施。如:要把热水瓶、药品、火柴、刀具等物品放到幼儿够不到的地方,阳台或窗台要有安全保护措施,要使用安全的电源插座,等等。在公共场所要注意照看好幼儿,幼儿乘车、乘电梯时要有成人陪伴,不把幼儿单独留在家里或汽车里,等等。② 结合生活实际对幼儿进行安全教育。如:外出时,提醒幼儿要紧跟成人,不远离成人的视线,不跟陌生人走,不吃陌生人给的东西;不在河边和马路边玩耍;要遵守交通规则;等等。帮助幼儿了解周围环境中不安全的事物,提醒幼儿不做危险的事。如:不触摸热水壶,不玩火柴或打火机,不摸电源插座,不攀爬窗户或阳台等。帮助幼儿认识常见的安全标识,如:小心触电、小心有毒、禁止下河游泳、紧急出口等。告诉幼儿不允许别人触摸自己的隐私部位。③ 教给幼儿简单的自救和求救的方法。如:记住自己家庭的住址、电话号码、父母的姓名和单位,一旦走失时知道向成人求助,并能提供必要信息;遇到火灾或其他紧急情况时,知道要拨打110、120、119等求救电话。可利用图书、音像等资料对幼儿进行逃生和求救方面的教育,并运用游戏方式模拟练习。幼儿园应定期进行火灾、地震等自然灾害的逃生演习。

◎ 三、幼儿心理卫生保健

(一) 幼儿常见的心理问题

1. 口吃

口吃俗称结巴,是一种常见的言语节律障碍。主要表现为说话时不自主地重复、延长或阻滞,而使得说话不流利。口吃的儿童往往伴有易兴奋、情绪不稳定、胆小、恐惧、紧张等神经现象。受到同伴或亲友的嘲笑后会变得自卑、孤僻及有其他情绪障碍,如食欲缺乏、遗尿等。

造成口吃的原因,主要有以下几个方面:

(1) 突然的精神刺激因素,如火警、地震、亲人死亡等引起惊吓,事后极易发生口吃;

（2）父母在幼儿学说话时过于急躁,作过多矫正,或恐吓或逼迫孩子说话,导致幼儿说话时紧张而发生口吃;

（3）由于幼儿爱模仿,常因模仿他人的口吃而口吃。

预防与矫治:

（1）消除引起幼儿精神紧张的各种因素,成人应用平静、柔和的语气与幼儿说话,引导幼儿不要着急、慢慢地说,不要对幼儿口吃现象进行指责或过于纠正;

（2）成人应注意周围的环境,尽可能避免幼儿因口吃而遭到周围人的嘲笑或模仿;

（3）较严重的口吃儿童需要言语治疗,由专门的语言治疗师指导儿童进行言语训练。

2. 攻击性行为

攻击性行为,是指有意伤害他人身体或心理的行为。幼儿攻击性行为多见于男孩。

幼儿攻击性行为产生的主要原因有如下几个方面。

（1）家庭教育不当。家长对幼儿溺爱,造成幼儿任性、霸道;家长的错误引导或常用惩罚的方式对待幼儿,为幼儿起到了不良的示范作用。

（2）幼儿没有掌握交往技能。如当共同使用玩具、用具时不懂得分享,往往喜欢独占;当需要向别人借东西时,不懂得先征得别人的同意。这样的幼儿当发生冲突时,可能用攻击性行为来保护自己。

（3）幼儿好模仿。如果幼儿生活的环境中经常有攻击性行为出现,或经常观看有暴力行为的电视节目,幼儿会去模仿、学习。

预防与矫治:

（1）家长应改变家庭教育的方式,对幼儿进行正确的引导和教育,不能简单粗暴地对待幼儿,应为幼儿提供一个温暖、宁静、祥和的生活环境;

（2）托幼园所也应该调整好班级中的人际关系,帮助幼儿学习如何与他人相处,如何调节自己的情绪,如何对待挫折等;

（3）对于攻击性行为较严重的幼儿,可以采用相应的心理治疗。

3. 焦虑症

儿童焦虑症的表现为敏感、多虑、缺乏自信。

焦虑症的发生是由于父母或其他亲人平时溺爱或苛刻,儿童本身又多敏感、易紧张,一旦受入托、生病或父母经常吵架甚至闹离婚等因素刺激,容易诱发此症。

对有焦虑症的幼儿,保教人员要倍加呵护、耐心引导、细心照顾,遇事不苛求、多鼓励,尽快让幼儿对保教人员建立信任感,逐渐消除其紧张心理。同时注意培养幼儿的坚强意志,克服其焦虑症。

4. 吸吮手指、咬指甲

吸吮手指对婴儿来说是一种正常现象,随着年龄的增长,此行为会逐渐自行消失。但如果在幼儿期仍保留着吸吮手指的习惯,则应该视其为一种心理问题。

对吸吮手指的幼儿,不要恐吓或强行阻止,以免引起幼儿产生紧张情绪和逆反心理。父母、保教人员应给予幼儿关心和爱护,组织丰富的游戏活动,转移其注意力,消除压力,使幼儿在心理上获得安全感和满足感。

咬指甲多见于3岁以上儿童,多发生在幼儿情绪紧张、焦虑不安的状态下。幼儿咬指甲的行为一旦形成习惯,即使不处于紧张状态,幼儿也会经常地表现出这一行为。对待咬指甲的幼儿,成人要消除其紧张心理,正确引导,帮助幼儿勤剪指甲,培养幼儿良好的卫生习惯。

（二）幼儿的心理保健

心理保健即心理卫生。幼儿期,是人的一生中身心各方面发展最迅速、最重要的时期。因此,在幼儿成长过程中,保教人员应重视幼儿的心理卫生,加强对幼儿的心理保健,尽可能避免幼儿出现心理问题,这对于幼儿心理的健康发展是十分重要的。幼儿心理发展的状况,不仅仅是评价儿童生长发育的重要指标,而且是衡量其健康的一个重要依据。幼儿的健康指的是,不仅没有疾病,体格健壮,还要有健康的心理,能与人和睦相处,有顽强的适应环境的能力。

1. 幼儿心理卫生的总目标

按照儿童心理发展的规律和特征,在家庭和社会的影响下,通过教育、训练及采取预防措施,培养幼儿健康的心理行为、良好的性格、顽强的适应能力和融洽的人际关系,增进幼儿身心健康,预防心理偏倚的发生。

2. 幼儿心理保健要求

(1)活动组织形式应符合幼儿的心理发展特点。学龄前儿童神经系统发育特点是,随着大脑的发育,大脑皮质的兴奋和抑制功能不断加强,但抑制功能仍很差,兴奋过程占优势,表现为幼儿容易兴奋、好动,各种心理活动都带有很大的不稳定性和随意性,注意力不易集中,易受外界干扰。

心理保健工作要求保教人员适当地安排教育活动。幼儿上课的时间不宜太长,注意动静交替。游戏是最适合这一时期儿童的活动内容,因为游戏的特点最符合儿童的心理,因此,教师可通过不同类型的游戏活动,使幼儿心理过程得到丰富,个性得到培养,语言和思维得到发展,各种随意动作得到训练,身体各器官功能得到协调发展。

(2)教学方法、手段应符合幼儿的心理发展特点。学龄前儿童观察、记忆、思维、想象等方面的认知发展特点是,无意注意占优势,有意注意正在逐步形成,思维方式以具体形象思维为主,有意记忆和有意想象初步发展等。在教育中教师使用的方法、手段应符合幼儿的认知发展特点,切忌小学化倾向。家长的期望值不要过高,否则超出幼儿生理和心理的承受能力和范围,会使幼儿难以接受。若强迫其接受,则会使其因精神紧张而造成心理压力,极易产生心理障碍,出现逃避、不服从,甚至毁物、自残等行为问题。

(3)帮助幼儿学会调整自己的情绪。幼儿期,儿童社会情感的发展还没有完善,对情绪的控制能力不强,容易出现波动。有意识地对幼儿情绪的自我调控方面进行培养,对于幼儿心理健康的维护、心理素质的提高具有极其重要的意义。

《3—6岁儿童学习与发展指南》在"健康"领域的"身心状况"方面,提出目标之一为促进幼儿"情绪安定愉快",在相应的"教育建议"中明确提出:"帮助幼儿学会恰当表达和调控情绪。如:成人用恰当的方式表达情绪,为幼儿做出榜样。如生气时不乱发脾气,不迁怒于人。成人和幼儿一起谈论自己高兴或生气的事,鼓励幼儿与人分享自己的情绪。允许幼儿表达自己的情绪,并给予适当的引导。如幼儿发脾气时不硬性压制,等其平静后告诉他什么行为是可以接受的。发现幼儿不高兴时,主动询问情况,帮助他们化解消极情绪。"幼儿在生活中必然会产生一些不良情绪,这些情绪如果压抑下来得不到及时的宣泄,时间长了会导致身体和心理的疾病。家长和教师要进行合理疏导,教会幼儿一些及时释放不良情绪、减轻内心压力的方法,如:倾诉、运动、放声歌唱、睡觉等。

引导幼儿形成乐观、向上、开朗、自信的良好心态,经常保持情绪愉快,积极、热情地参与各种活动并从中获得乐趣,学会自我鼓励、自我安慰,喜欢参加竞争活动,对成功或失败反应适度,失败时不情绪低落,成功时也不欣喜若狂。

(4)帮助幼儿形成积极的自我概念。自我概念是指个体对自己的认识和评价。幼儿期是个性形成的重要时期。这一时期的幼儿,由于受其认识能力的局限,常常还不能客观地认识和评价自己,他们往往是根据他人,尤其是成人对自己的态度和评价来认识和评价自己的。而且,成人对幼儿的态度、评价还会影响到同伴对自己的评价。而这一时期的幼儿已开始具有一定的自尊心,他们渴望得到同伴的尊重、赞赏和喜爱。因此,成人对待幼儿的态度以及对幼儿所做的评价,都需要十分慎重。

家长和教师应该尊重幼儿,把幼儿当成一个平等的个体来对待,对幼儿的评价必须客观、公正,要注意自己的评价对幼儿的影响。

(5)帮助幼儿学习社会交往技能。幼儿在与成人和同伴的交往中,逐渐能够学会识别他人的情绪体验,推断他人的处境,解决与他人的矛盾冲突,以适当的方式达到自己的交往目的。许多幼儿在交往中表现出不恰当的交往行为,往往不是故意的,而是缺乏相应的交往技能。帮助幼儿学习社会交往技能有利于幼儿将来更好地适应各种环境,协调好与他人和集体的关系。

引导幼儿从小学会尊重他人、帮助他人,这也是人际交往的重要内容。引导幼儿尊重老师和长辈;尊重他人的劳动成果,不故意破坏别人的作品;见面主动问好,不随便插话,不取笑别人,不无理取闹;关心、帮助同伴,体验帮助别人给自己带来的快乐。

(6)帮助幼儿形成良好的个性。个性是指一个人的整体心理面貌,即具有一定倾向性的各种心理特征的总和。学前期是个性开始形成时期,因此,保教人员要有意识地影响幼儿良好个性的发展,注意培养幼儿良好的个性品质,如勇敢、独立、坚持、友爱、自信等。性格是个性的核心,保教人员应有意利用各种教育机会,培养幼儿活泼开朗、乐观向上、遇到困难不退缩、面对挫折不懈怠的积极向上的性格特点。

四、幼儿生理卫生保健

(一)幼儿常见病的预防

1.上呼吸道感染(上感)

上感是由细菌或病毒引起的鼻咽部炎症。体弱儿常反复发生上感。

(1)主要症状

① 上感症状因个体差异而轻重不同。鼻塞、流鼻涕、打喷嚏、咳嗽、乏力,可有发热,一般经 3—7 天可自愈。部分患儿有食欲缺乏、呕吐、腹泻、腹痛等消化道症状。

② 可能诱发急性化脓性中耳炎、扁桃体炎、气管炎、支气管炎等。

(2)预防

主要加强体格锻炼,多组织幼儿到户外活动,增强抵抗力。组织幼儿户外活动时,穿戴不宜过暖,并引导幼儿学会根据季节变化和活动时出汗情况,增减衣服。合理安排饮食,保证幼儿的营养需要。活动室和卧室应经常通风,保持空气新鲜。避免带幼儿去人员密集的公共场所。

2.腹泻

腹泻是由感染、饮食不当、腹部受凉、贪吃冷食冷饮等多种原因造成的消化道综合征,是我国婴幼儿最常见的疾病之一。

(1)主要症状

① 腹泻症状轻的,食欲不振,偶有呕吐,大便次数增多,但每次大便量不多,大便稀薄或带水。

② 腹泻严重者多因肠道内感染所致。起病急,一日泻十数次,有较明显的脱水、电解质紊乱等症状,如发热、精神烦躁或萎靡等。

(2)预防

合理喂养、膳食均衡。要悉心照料幼儿,避免腹部着凉。要做好日常饮食卫生工作,养成良好的卫生习惯,注意生活用品的消毒。室内温度保持适度,经常通风。对感染性腹泻幼儿,要做好消毒隔离工作,防止交叉感染。

3.急性结膜炎

急性结膜炎俗称"红眼病",是由病毒或细菌引起的传染性眼病。一般春夏季多见。

(1)主要症状

细菌性结膜炎一般常有脓性及黏性分泌物,眼睛怕光、疼痛、有异物感。病毒性结膜炎症状略轻,眼分泌物多为水样。

(2)预防

教育幼儿不要用手揉眼;手绢、毛巾等要专用,用后煮沸消毒;勤洗手,用流动水洗脸。成人为患儿滴过眼药后须认真用肥皂洗手。急性结膜炎传染性很强,要做好消毒、隔离工作,以免交叉感染。

4.龋齿

残留在口腔中的食物残渣在乳酸杆菌的作用下发酵产酸,腐蚀牙釉质,就形成了龋齿。

(1)主要症状

当受到冷、热、酸、甜等刺激时龋齿都会感到疼痛,而且,当龋洞扩大到牙髓时,会经常发生剧痛。

(2)预防

① 提醒幼儿少吃含糖量高的食品,饮食多样化,并应摄取充足的钙。

② 培养幼儿早晚刷牙、饭后漱口的习惯。

③ 带幼儿定期检查牙齿。至少每半年检查一次,以便及时发现问题,及时治疗。

5. 肥胖症

肥胖症是指皮下脂肪积聚过多,体重超过相应身高应有体重的20%。肥胖会影响儿童的心理、生理正常发育。

(1) 主要症状

① 食欲特别旺盛,食量超过一般幼儿,喜欢淀粉、油脂类食品。

② 体格发育较正常幼儿迅速,智力正常,性发育正常。

③ 体脂聚集以乳房、腹部、臀部、肩部尤为显著。

④ 易患扁平足。

(2) 预防

① 控制饮食。改变饮食习惯,少吃或不吃高糖、高脂食物,多吃含粗纤维、较清淡的食物。少食多餐,不要吃得过饱,少吃零食。

② 增加运动量。每次运动应坚持一定时间,15分钟到1小时;以跳绳、慢跑等不剧烈的活动为宜。

6. 近视

近视是由于眼睛的屈光力同眼轴长度不相适应造成的。

(1) 主要病因

没有注意用眼卫生。

(2) 预防

① 画画时,要坐姿端正,眼睛与画纸之间保持一定距离。

② 不在阳光下或过暗处看书、画画。

③ 不在走路、乘车时看书,因为身体晃动时会导致眼与书的距离经常变化,极易造成视觉疲劳。

④ 看电视、上网应限制时间。小班每次不超过15分钟,中班不超过20分钟,大班不超过30分钟。

(二) 幼儿常见传染病的预防

1. 水痘

水痘是由水痘疱疹病毒引起的呼吸道传染病。

(1) 主要症状

潜伏期10—21天,发病初期1—2天多有低热,随后出现皮疹。皮疹出现顺序为头皮→面部→躯干→四肢。起初为红色丘疹,1天左右变为水疱,3—4天后水疱干缩,变为痂皮,痂皮脱落,一般不留瘢痕。皮疹分批出现,丘疹、水疱、痂皮可同时存在,皮肤瘙痒。

(2) 预防

保持幼儿活动室、睡眠室空气流通。少带幼儿到公共场所,避免让幼儿接触患者。发现病儿应及时隔离、治疗,隔离至皮疹全部干燥、结痂,没有新皮疹出现方可回班。接触者检疫21天。病儿停留过的房间开窗通风3小时。

2. 风疹

风疹是一种症状较轻的急性病毒性呼吸道传染病。

(1) 主要症状

潜伏期10—21天,常以低热、全身不适及皮疹起病,可伴有咽痛、轻咳和流涕。浅表淋巴结多有肿大且伴有轻度触痛。皮疹于发热后很快出现,呈充血性斑丘疹,多见于面部和躯干部。皮疹2—3日消退,一般不遗留色素沉着。患者一般全身症状轻微。

(2) 预防

可注射风疹疫苗。其他同水痘预防。

3. 流行性感冒

流行性感冒简称流感,是由流行性感冒病毒引起的急性呼吸道传染病。

（1）主要症状

潜伏期为 1—3 天。流感的症状通常较普通感冒重,主要为突然起病的高热、寒战、头痛、肌痛、全身不适等,还可出现恶心呕吐、腹泻等消化道症状。流感的全身症状明显,而呼吸道症状较轻。儿童患流感容易并发肺炎。发热 3—4 天后逐渐退热、症状缓解,乏力可持续 1—2 周。

（2）预防

在流感流行时,应尽可能隔离病儿,加强环境消毒,减少公共集会及集体娱乐活动,以防止病毒的进一步扩散;保持室内空气新鲜;增强幼儿体质;注意随天气变化增减幼儿衣服;幼儿接种流感疫苗。

4. 流行性腮腺炎

流行性腮腺炎是由腮腺炎病毒引起的急性呼吸道传染病。

（1）主要症状

通常潜伏期 14—25 天,平均 18 天。一般一侧腮腺先肿大、疼痛,后波及对侧,4—5 天消肿。腮腺肿大以耳垂为中心,边缘不清,表面发热,有压痛感,咀嚼时疼痛。伴有发热、畏寒、头痛、食欲缺乏等症状。若出现嗜睡、剧烈头痛、剧烈呕吐等症状应及时就医。

（2）预防

隔离病儿,至腮腺完全消肿。接触者检疫观察约 3 周,可服板蓝根冲剂预防。可接种腮腺炎疫苗。

5. 手足口病

手足口病是由肠道病毒引起的常见传染病之一,多发生于 5 岁以下的婴幼儿,可引起发热和手、足、口腔等部位的皮疹、溃疡。

（1）主要症状

潜伏期一般 2—7 天,没有明显的前驱症状,多突然发病。约半数病人于发病前 1—2 天或发病的同时有发热,多在 38℃左右,1—2 天内手、脚和口腔内出现疱疹。口腔疱疹可发生在口腔黏膜的任何部位及咽、舌和牙龈处,疱疹破溃后形成溃疡,较大的孩子常有口腔和咽喉疼痛,较小的孩子表现为哭闹、拒食、流口水。手和脚上的疱疹多出现在手掌、脚掌和手指、脚趾间的皮肤上,有时肘部、整个下肢甚至臀部周围都可出现疱疹。疱疹最初为米粒大小的红疹,接着很快在红疹的顶部形成小水疱。这些水疱的形态比水痘疱疹小,多数感染者症状轻微,可自然痊愈,病程为 7—10 天。

（2）预防

① 做好疫情报告,及时发现患者,积极采取预防措施,防止疾病蔓延扩散。

② 加强消毒隔离工作。首先应及时将病儿隔离,留在家中,直到热度、皮疹消退及水疱结痂。一般须隔离 2 周。病儿用过的玩具、餐具或其他用品应彻底消毒。

③ 养成良好的卫生习惯。让幼儿知道勤洗手,不与别人共用毛巾、牙刷和餐具,避免病从口入。

④ 加强营养,让幼儿经常参加室外活动,提高抵抗力。在病毒流行期间家长少带或不带幼儿去人多的公共场所,注意室内通风。

⑤ 与病儿密切接触者可用大青叶、板蓝根、抗病毒口服液等进行预防。

6. 细菌性痢疾

细菌性痢疾是由痢疾杆菌引起的肠道传染病,多发生于夏秋季。患者及带菌者的粪便污染了水、食物等,经手、口传播。

（1）主要症状

潜伏期为 1—3 天。起病急,高热、寒战、腹痛、腹泻。一日可泻十到数十次,为脓便血。排便有明显的里急后重感。少数患者,中毒症状严重,表现为高热、精神萎靡或烦躁不安,甚至抽搐、昏迷。

（2）预防

早发现、早隔离患者和带菌者。加强环境卫生、个人卫生和饮食卫生。

幼儿园常见传染病的临床表现与隔离见图 3-12。

最常见四种传染病主要临床表现及隔离检疫期

名称	水痘	手足口病	疱疹性咽颊炎	流行性腮腺炎
病原体	水痘疱疹病毒	肠道病毒	肠道病毒 柯萨奇病毒	腮腺炎病毒
主要临床表现	初期轻中度发热、上感症状；全身分批出现斑丘、疱疹、结痂等各期皮疹，且躯干部分分布多、有痒感	多数突然发病、发热、口腔黏膜可见，疱疹、溃疡、口痛、手足掌、指趾间，前臂小腿甚至肛门周围皮肤有红疹、疱疹	发热、咽痛、咽颊部多个疱疹、溃疡	病初有发热、头痛、肌肉痛，后出现一侧或双侧以耳垂为中心的腮腺肿胀、有触痛、弹性感、边界不清
患者隔离期	皮疹全部结痂脱落（一般2周左右）	2周	全部症状消失（约1周）	腮腺肿胀全部消失
接触者检疫期	21天	7—10天	7—10天	21天

图 3-12　幼儿园常见传染病

第三节　保育实习的计划

一、制订保育实习计划的基本依据及要求

（一）制订保育实习计划的基本依据

保育实习计划是保育实习前预先拟定的具体内容和步骤。一份完善的实习计划，可以使管理人员、实习人员掌握实习具体要求，明确实习所要达到的目标和每个人的职责与任务。既可避免实习工作顾此失彼，又可减少盲目性，是完成保育实习实践的前提。

1. 制订个人保育实习计划的主要依据

（1）保育实习目的。在制订保育实习的个人计划时，要首先分析理解保育实习的目的，要围绕这一目的来确定本次实习的目标，把达到目标作为出发点来制订个人实习计划。例如：保育实习的主要目标是初步了解保育员应当具备的基本素质，掌握保育员在一日生活常规工作中的内容与方法；将《幼儿卫生保健》中的有关理论知识运用到实际工作中去，提高实际工作能力，做到基本胜任保育员工作。

（2）保育实习内容。根据幼儿园保育的实际任务和在各学科学到的理论知识与技能，分别拟定每次实习的具体内容，有的放矢地去接触、了解、掌握幼儿园各项保育工作的内容、步骤与方法。因此，在确定每次保育实习目标时要分析研究每项保育实习内容。例如：保育实习中有心理保健、身体保育工作实习内容，有听、看幼儿园的教学活动和游戏活动。要确定保育实习个人计划的目标不能脱离这些实习内容。

（3）前几次保育实习的经验总结。在每次实习结束后，都要认真地总结实习任务完成的情况：按计划完成了哪些实习内容，遇到了哪些实际问题；总结经验，找出差距，进行必要的研究分析。把今后的实习目标建立在以往实习效果的基础上，保持每次实习之间的联系与衔接。

2. 制订学校整体保育实习计划的基本依据

（1）学校整体保育实习的总体目标和每次保育实习的分解目标。

（2）学前教育专业学生所掌握的幼儿卫生保育知识和技能水平。

（3）保育教学计划与教学大纲中规定的实习任务、内容和要求。

（4）学校、实习幼儿园的具体情况。

学校（包括年级）实习计划是全局性的长期计划，个人实习计划则是每位学生每次实习的短期计划，短期计划是长期计划的具体化。由于个人计划期限较短,各种因素具有更大的确定性,计划目标也更易落实。因此,在制订每次个人实习计划时,要有机地与长期计划结合起来,相互补充,做到远处着想、近处着手,把每次实习的目的、任务和内容落到实处。

(二) 保育实习计划的制订要求

保育实习计划可以有不同层次、不同类型之分,内容多少和具体化程度都可以不一样。如以层次分,可以有学校教育实习委员会制订的保育实习总计划、教育实习指导组制订的保育实习计划、各实习小组制订的保育实习计划、实习生个人制订的实习计划等。如以保育实习的类型分,可以有保育参观、见习计划,分散(集中)阶段实习计划,毕业集中保育实习计划等。这些计划都是进行保育实习的执行计划,虽各有特点和偏重,但也体现着共同的制订要求。

1. 整体保育实习计划的制订要求

(1) 明确目的,科学安排。无论是学校总的保育实习计划,还是各层次的执行计划,都必须有明确的目的和科学的安排。保育实习计划是学校整个保教实习计划的重要组成部分,因此保育实习计划的目的要体现学校整体保教实习计划的总目标精神,保育实习计划应当贯彻和落实《保教实习大纲》的指导精神和规定。

所谓科学安排,主要是指工作安排、时间安排和人力安排一定要符合科学性。要使阶段和阶段之间,任务和任务之间,工作与工作之间,部门与部门之间,以及各有关人员之间,一环扣一环,紧密联系,相互配合,以保证实习工作能有秩序、有章法、有节奏地进行。如果工作、时间、人力等安排不妥当,就会在实习过程中出现前紧后松或前松后紧,以及忙闲不均等现象,甚至会发生种种矛盾冲突而造成混乱。保育实习的科学安排是实现目标管理的基础,既有利于分工合作,加强岗位责任,又体现保育工作的整体性,发挥集体力量,获得最佳的实习质量。

明确目的和科学安排,需要通过实习指导委员会和指导小组通力配合,掌握大量现实情况,汇集各方面的意见、要求、建议,研究《保教实习大纲》等有关文件,经过认真分析讨论,集中大家的智慧,精心设计才能制订出来。

(2) 分工合理,措施具体。保育实习计划是组织保育实习全过程的重要依据,因此对于各方面的工作都要进行合理分工,措施具体落实,实行岗位责任制。如联系实习学校、实习班级,分配实习指导教师,确定实习生小组,实习的后勤等方面的工作应由具体的部门分工完成。要组织专人做好车、船、住房、搭伙等实习师生的生活交通等安排,做好实习用品经费的落实等工作。这些工作重要而且具体细致,计划中都要做出合理分工和落实的具体措施,这样有关部门才能有计划、有步骤、有条不紊地开展工作。合理分工、措施具体,工作就有了主动权,各有关部门、有关人员之间才不会相互推诿,也不会各行其是,而能相互配合,共同努力,协调一致地搞好工作,工作效率也会大大提升。

(3) 强调统一,注意灵活。制订保育实习计划的目的就在于加强对保育实习的统一领导。保育实习的协调统一,首先体现在统一的计划上,计划必须强调统一。计划统一,主要指在指导思想、目的、任务、基本要求、工作程序、某些规章制度等方面达到统一。有了这些统一,才能保证实习的质量,才有一个统一的检查、考核依据,否则各行其是,就达不到实习的目的,无法完成实习的任务。

在强调计划统一的同时,又必须注意灵活性。各个年级、各个层次和个人,可以根据各自的不同情况和特点,适当灵活地制定适合自己实际情况的保育实习执行计划。如低年级的参观见习计划,中年级的保育分散实习计划,以及毕业实习计划,它们的情况不同,目的任务不同,要求和安排也不同。这种灵活性不仅是允许的而且是必须的。随着教育改革的不断深入,保育实习也要不断改革、发展和完善,各校可以结合实际进行积极的改革试验,但我们对待改革应当保持积极、慎重的态度,先行试点,取得经验后再逐步推广。

2. 个人保育实习计划的制订要求

个人实习计划的主要内容就是确定完成实习内容和实现实习目标的具体步骤、方法和措施。制订实习生的个人保育实习计划极为重要。保育实习工作非常繁重而复杂,实习生在时间紧迫、经验缺乏的情况下,常常感到千头万绪,无从下手,顾此失彼。制订个人保育实习计划一方面可以帮助实习生科学地安排工作,合理地分配时间,有利于克服忙乱现象,提高工作效率和实习质量;另一方面也是实习生进行自我督促、自我

检查、防止遗漏工作项目的好方法。实习生制订个人保育实习计划有如下几点要求。

(1) 要有正确的指导思想和明确的实习目标,采用恰当的步骤、方法与措施。要把保育实习的各项工作任务,按其性质与要求,按其轻重缓急进行排队,然后考虑各种有利条件和时机,做出安排。

(2) 实习生的个人保育实习计划,要写得简明扼要,一目了然,按时间或工作类型编排出自己所有的保育相关工作,包括幼儿一日活动中的各项保育工作:幼儿的来园与离园、盥洗、进餐、睡眠、户外活动、教学活动、游戏活动,等等。每次实习计划既要全面又要重点突出,突出本次实习要重点完成的任务与内容,抓住关键、有所侧重、以点带面。

(3) 每次实习计划要定时、定量、定人,即不但要明确任务和内容,还要确定完成各项任务与内容的时间和保证质量的措施,每项实习内容的参与人员等,这样才能有利于执行,便于检查。

(4) 确定每次实习内容的步骤、方法与措施时,必须根据实习幼儿园和实习的年龄班的具体情况,以及个人的自身能力,尤其要注意可行性,这样才能使计划得以实施。有的实习生在制订个人实习计划时,对各项实习内容不做分析和研究,不去了解实习幼儿园和实习年龄班的实际情况,只是纸上谈兵,这样的实习计划十有八九要落空,最终变成一纸空文。

(5) 实习生在安排个人实习计划时,在时间支配上,既要使用得当,又要留有余地,特别是不能忽视休息时间,不能把休息时间"挤"出来用于工作。因为这样的计划是不能持久的,不能兑现的,到头来工作做不好,身体健康也受到不良影响。

(6) 实习生要定期审视自己执行计划的情况,计划制定得再周密、再完善,也还是写在纸上的东西,不能代替计划的执行。计划定下来之后,实习生一定要严格按照计划办事,集中精力、一心一意地工作。除非交给的任务有变动或发生了不以人的意志为转移的特殊情况,否则不要随意更改计划。执行计划要靠意志和毅力,要积极主动地去创造条件和时机,不能被动等待,更不能得过且过。

二、保育实习计划的内容

(一) 学校整体保育实习计划的主要内容

(1) 保育实习的总目标和总要求。

(2) 各年级保育见、实习的目的、任务和要求。

(3) 各年级保育见、实习的时间和实习幼儿园的安排。

(4) 保育实习的实施过程安排。

(5) 保育见、实习中的组织管理与规章纪律。

(6) 实习生的实习成绩评定办法、标准和鉴定。

(二) 个人保育实习计划的主要内容

(1) 本次保育实习所在的幼儿年龄班。

(2) 实习幼儿园领导指定的实习班指导教师。

(3) 本次保育实习的起止日期。

(4) 本次保育实习要达到的目标。

(5) 本次保育实习要完成的主要任务。

(6) 本次保育实习每日(每周)要完成的具体内容。

(7) 完成每项保育实习内容的具体方法。

(8) 学校带队指导教师的意见。

保育计划制定后要交给学校实习指导(带队)教师进行审批,评定成绩。在执行计划前,要交给实习班指导教师审阅,提出改进意见。

第四节　保育实习的过程

保育实习的过程可以分为准备、实施和总结三个阶段。

一、保育实习的准备阶段

在保育实习之前,应当在正式的场合对实习生进行全面而细致的动员,使学生认识到实习的重要性和严肃性;帮助学生明确实习的任务,规范实习过程中的各项规章制度和要求;鼓励学生认真对待实习工作,任劳任怨、谦虚谨慎、善于反思、及时总结。

为使学生圆满完成实习的教学环节,缩短从校园走向社会的心理和思想的转变过程,除了给学生以明确的实习目的和要求外,还应从专业技能、教学能力、幼儿管理等方面给予切实指导,尤其要加强学生的从业能力、人际交往能力、创新能力和环境适应能力等的热身训练。因此,要做好保育实习前的准备,使学生尽快进行角色转变,可为学生顺利就业奠定坚实的基础。

在保育实习前,尤其要强化实习生的安全意识,树立安全第一的观念。《幼儿园工作规程》中明确指出,幼儿园的任务是实行保育与教育相结合的原则,对幼儿实施体智德美诸方面全面发展的教育,促进其身心和谐发展;幼儿园同时为家长参加工作、学习提供便利条件。国家以"法规"的形式已明文规定幼儿园的保育工作,可见这项工作在幼儿园整个工作中处于何等重要的地位。

幼儿期是人一生中发展最迅速的时期,让幼儿拥有一个幸福、快乐、健康、安全的人生是所有家长和老师们的美好愿望。但由于幼儿活泼好动,好奇心强,生活经验贫乏,自我保护意识弱,因此幼儿期是人一生中最容易出现事故和危险的时期。而对于身居"象牙塔"中十几年、刚步入职场、缺少幼儿管理经验、连照顾自己的能力都欠缺的实习生来说,他们常常不能清楚地预见幼儿行为的后果,对突发事件不能做出准确的判断和处理,而且幼儿之间的交往多,活动空间大,面临较复杂、多样的环境,安全隐患始终存在。而没有安全保证,其他活动将成为一句空话。因此,实习生在工作中,必须把幼儿的安全置于头等重要的地位,强化安全意识,树立安全第一的观念。必须做到"四勤",即眼勤、嘴勤、脚勤、手勤,工作期间一刻也不能离开幼儿,把安全工作落实到入园、晨检、三餐一点、教育活动、游戏、如厕、喝水、午睡、离园等各个环节。加强常规管理,做到组织有序。活动有充足的时间和空间,加强预见性,消除环境的安全隐患,及时处理幼儿间时常发生的"小战争"。杜绝事故的发生,一旦发生事故,不要隐瞒,应及时报告,并认真分析事故的原因,采取对策。要注意防微杜渐,把安全隐患消除在萌芽状态,保证幼儿愉快、活泼、健康地成长。

二、保育实习过程的实施阶段

抓好实习,及时汇报情况和反馈信息,针对实习进行中带有倾向性的问题,或个别突出问题,及时做出处理或适当调整计划。

负责保育实习指导的领导和教师要深入实际,到保育实习的第一线去,向幼儿园领导和指导教师了解实习生的表现情况,抓第一手情况,及时解决实习中的问题,直接指导学生的保育实习工作,定期检查学生的实习作业和任务的完成情况并进行阶段小结。根据具体情况,可以在实习中期和后期把实习网点上的实习生集中起来,进行思想和工作情况交流,针对学生思想动态和实习现状及问题进行教育和提醒。

要求严格按照计划规定完成各项实习任务,对做得好的实习生要及时表扬,在小组间进行总结和交流,对优秀保育经验加以推广和宣传。对任务完成得不够好的实习生要及时进行督促与帮助。

实习生在实习过程中应当严格按照幼儿园的作息制度工作,虚心向指导教师请教,勤奋工作、认真观察,经常主动地反思自己的保育实习工作,做好阶段性的总结和实习末的总结与交流,认真完成各项保育实习作业及调研任务。

三、保育实习过程的总结阶段

总结是实习周期的最后一个环节,是对实习过程的回顾,是根据幼儿园实习工作计划进行的全面检查,发扬成绩找出缺点,也是一个全面分析研究和巩固提高的过程。大部分学生都能按计划基本完成实习任务,教师也做了很多工作,成功的经验和失败的教训都不少,但是往往随做随丢,没有能够积累起来,加

以提炼,形成理性的认识,因而不利于水平的提高,更不利于交流推广,这是十分可惜的。为了从经验上升到理论,并成为下次实习的借鉴,起到承上启下、不断改进的作用,就需要不断地总结。

在每次实习结束后,实习生应及时对本次实习情况做全面、细致的总结,并认真写好保育实习总结报告。总结的形式和方法要多样化,主要考虑总结的目的和效果,各校可根据具体情况而定。主要方法可采用讨论、代表发言、集中讲解、领导总结等。总结要以目标、计划为依据,对照实习效果,判断实习成绩与差距;应在检查、评议、考核的基础上进行。通过深入实际,了解收集充足的数据和事实材料,用事实说明问题,得出正确结论。总结内容要全面:既有整体总结,又有专题或单项总结;既有全校的,又有各班级及个人的实习总结。另外,不同的计划要求也要有相应的总结。有一项计划就有一项总结,以便检验实习效果,充分了解实习工作全貌,明确实习成绩和存在的问题及原因,有针对性地提出改进措施。保育实习总结要注意找出带有规律性的东西,用以指导今后的实践。总结不是流水账,不能罗列现象就事论事,而应抓住特点进行分析、探讨规律,将经验上升为理论。实习总结要发挥教育激励作用,通过总结,树立榜样、交流经验、鼓舞士气,使全体师生看到成绩与不足,查找原因,提出新的奋斗目标和继续前进的措施,进一步调动学生们的积极性,以利于下次实习中取得更好的成绩。

总结的基本内容如下。

(1)思想表现情况。包括实习中个人行为规范执行情况,实习生的各项工作表现情况、出勤情况等。

(2)完成实习作业情况。根据每次实习作业中的具体内容要求,来总结学生实习作业情况(包括考核成绩)。

(3)掌握能力情况。学生在实习中应掌握的实际工作能力(保育、保健能力,观察分析能力,语言表达能力,组织管理能力等)的情况。

(4)经验与不足。经验指在保育实习中有代表性、可推广的先进经验,树立的榜样;不足指共同存在的问题和下次要注意的事项。

(5)组织管理。根据学校和实习幼儿园在每次实习中对实习学生的组织管理情况,总结进步和不足,以及今后改进的具体措施。

在总结的基础上还要进行保育实习工作的评价。具体评价标准与细则参见第六章的相关内容。

第四章 教育实习

学前教育专业学生的教育实习是学前教育机构教学活动的重要组成部分,是针对学前儿童卫生保健、学前教育学、学前心理学、幼儿园活动设计和幼儿园活动组织的综合实践活动。通过这一活动,使实习学生进一步扩大和加深所掌握的专业知识,初步掌握从事教育和教学工作的实际技能,使学生在实践中体悟、习得专业理念和师德,增强专业认同感。

微课4

第一节 教育实习的目标与任务

教育实习是学前教育机构贯彻理论联系实际的原则,实现培养目标的不可缺少的教学环节。要很好地实施教育实习,首先要有具体而明确的实习目标。

一、教育实习的目标

概括地讲,教育实习的目标是:通过教育实习的综合性实践,学生获得对幼儿园教育的感性认识,提高对幼儿教师职业的认识水平,加速专业知识和教育知识向能力的转变,为完成由学生向教师的过渡奠定良好的基础。这一目标具体包括以下几个方面。

（一）态度目标

(1) 树立正确的儿童观、教师观与教育观。

(2) 热爱幼儿,热爱幼儿教育事业,巩固专业思想,培养专业情感。

(3) 认同并遵守幼儿教师职业道德规范。

（二）认知目标

(1) 体验和了解幼儿生理和心理发展的基本规律、年龄阶段特征、个体差异及了解幼儿的基本方法。

(2) 体验和了解学前教育目标、任务和基本原则以及幼儿园环境创设、游戏指导和组织实施、幼儿园教育评价的基础知识。

(3) 熟悉和了解幼儿园一日生活和幼儿卫生、安全、保健、营养等方面的基本知识。

（三）技能目标

(1) 学会观察和评价。幼师生在学校中很少接触幼儿,对幼儿的了解很少,而在教育实习中,可以每天和幼儿接触,有更多机会观察了解幼儿的各种活动和心理表现,逐步养成细致、全面、客观的观察能力。学会关注幼儿日常表现,有效运用观察、谈话、家园联系、作品分析等多种方法,客观地、全面地了解和评价幼儿,并能有效运用评价结果进行有针对性的教育。

（2）学会制订阶段性教育活动计划和具体活动方案,全面熟悉与掌握幼儿保教工作的流程与要求。

（3）学会一日生活的组织和保育。学生在实习中,注意观察和模仿实习指导教师,学会科学合理地安排一日生活各环节及活动,建立合理的常规,有意识地训练自己注意生活细节,观察和发现教育契机,提升自己随机教育能力。

（4）学会总结与反思。撰写实习总结,反思实习中的经验与教训。并在此基础上尝试开展教育科研。

（5）学会沟通与合作。在实习中,经常性地向指导教师和幼儿园其他教师咨询请教,与实习同伴商量、研讨,经常与孩子谈话交流,寻找机会与实习班孩子的家长沟通交流,这些努力将使这种技能在实践中得到提升。

（6）学会创设与利用环境。实习生努力尝试创设有助于促进幼儿成长、学习、游戏的教育环境,合理利用资源,为幼儿提供和制作适合的玩教具和学习材料,为幼儿营造温暖、愉悦、安全、舒适的环境。布置班级环境、制作各类活动的教玩具、努力建立良好的师幼关系、帮助幼儿建立良好的同伴关系,这些都将有助于该种技能的提升。

二、教育实习的任务

教育实习的目标规定着教育实习的任务。教育实习要全面培养实习生的德、识、才、学,要全面检查师范院校的教育质量,就必须规定教育实习的具体任务。实习生通过教育实习实践活动,经受多方面的锻炼,了解幼儿园教育的内容和程序,学会独立从事幼儿教育工作的技能、技巧和方法,养成良好的职业道德。因此,实习生必须承担以下任务。

（一）全面了解幼儿园

在教育实习中,实习生要分别参与幼儿园小、中、大(学前)班的教育工作,要对幼儿园的性质和工作任务做全面的了解,提高对幼儿教育工作的认识。

（二）学习掌握幼儿园常规教育的内容与方法

幼儿园常规教育的内容丰富多样,通常包括教育活动、游戏、户外活动、大型活动的设计、组织和评价,幼儿园班级教育环境的设计等。因此实习生具体应该完成以下任务。

（1）掌握设计和组织各种教育活动的基本方法。

（2）掌握设计和组织游戏活动的基本方法。

（3）掌握设计和组织户外活动的基本方法。

（4）掌握设计和组织大型活动的基本方法。

（5）掌握幼儿园班级教育环境创设的基本方法。

（6）掌握评价幼儿园教育教学活动的基本方法。

（三）学习掌握幼儿园一日生活的内容与组织方法

实习生要熟悉幼儿园一日生活的内容,学习组织一日生活,学习制订一日生活各环节的常规要求,学习集体谈话和个别谈话的艺术,学习家长工作的艺术。

（四）学习制订幼儿园各类教育计划

根据幼儿园学期教育计划,在指导教师指导下学习制订月计划、单元主题活动计划、周工作计划、日(半日)活动计划、单个活动计划等。

（五）适当从事教育调查和教育科研

内容包括了解幼儿园的基本情况、历史与现状、办园特点,所在幼儿园或所在地区优秀幼儿园教师的先进事迹、育人经验,幼儿生理、心理特点和学习特点的实证研究,有针对性地做一些观察记录与统计分析等,同时也可以利用实习的机会为毕业论文的撰写进行选题、调查、素材收集、补充修改等工作。

第二节　教育实习的内容与要求

一、制订幼儿园计划

幼儿园各类工作和活动是有计划、有准备的。内容是广泛的、启蒙的。实习生在制订计划时,要贯彻全面发展教育的原则,把体、智、德、美四个方面的教育内容充分落实到活动中;认真考虑健康、语言、社会、科学、艺术等各领域内容的相互渗透,从不同角度促进幼儿认知、情感、态度等方面的发展。幼儿园的活动计划包括学期工作计划、月计划(或单元主题活动计划)、周工作计划、日(半日)活动计划、单个活动计划等。

(一) 学期工作计划

实习生在实习期间一般不涉及学期计划的制订,但可以在指导教师的指导下,尝试制订学期计划,体验学期计划制定的过程。学期计划涉及的面比较广,包括保育、教育、家长工作、学期重大活动安排等。

1. 实习生制订学期计划的目的

(1) 实习生通过制订学期计划,能进一步明确计划的内容、制订计划的基本要求,把学到的知识和技能应用于实际工作。

(2) 培养对班级整个学期工作内容安排的宏观规划能力。

2. 制订学期计划的基本步骤

(1) 认真研究上学期的学期工作总结。仔细研究上学期工作的经验和不足,将其作为本学期计划的依据。

(2) 认真学习研究《园务工作计划》。《园务工作计划》指明了幼儿园发展的方向和本学期幼儿园工作目标,教师制订的学期计划内容要与其保持一致。

(3) 与本班老师共同讨论,确定主要内容。班级教师是一个团体,通过民主讨论,集思广益,共同确定学期计划的主要内容。

(4) 撰写班级工作计划。

3. 幼儿园学期计划的基本结构和主要内容

(1) 基本情况分析。主要把上学期工作中的成绩和突出问题简明扼要地列出。

(2) 本学期工作主要目标或工作重点。从生活保育、教育、家长工作和其他重大活动等方面入手,要求简洁明了,重点突出,将本学期的主要工作重点和要求写出来。

(3) 具体要求和措施。对完成的每一个任务提出具体的要求和措施,并落实到人,确定完成的时间,以便对照和检查。

【案例一】

某幼儿园小(三)班学期计划

一、班级情况简析

通过一学期的幼儿园生活和学习,本班大多数幼儿都能较好地适应幼儿园的一日生活,对教师组织的丰富多彩的游戏感兴趣,愿意参与集体活动并在活动中感到愉快。幼儿在生活自理、行为习惯、交往能力等方面都有了很大的进步:能自己独立如厕、喝水、午睡、和小朋友共同游戏,会有秩序地排队,上课时能对老师发出的指令做积极的回应,会举手回答问题,对绘画、唱歌和音乐都很感兴趣。手工和数学方面也进步很大。但仍有很多不足的地方需要培养和加强训练。如:个别幼儿由于经常生病缺席较多,到幼儿园还是会哭闹,排斥幼儿园的集体活动,自由散漫。通过一学期的观察,发现我班幼儿普遍存在动手能力

差的问题,遇到事情不会自己先想办法解决,对老师的依赖性较强。通过与家长的沟通,了解到很多幼儿在家从未碰过剪刀,剪纸时手眼协调能力还很差。在集体教学活动中大多数幼儿注意力集中时间短,易分心,安静倾听的能力还有待进一步培养。

二、工作总目标

本学期是幼儿进入幼儿园的第二个学期,通过半年的适应,新小班的幼儿对幼儿园有了初步的认识,能较好地在幼儿园生活和学习,我们将继续贯彻《幼儿园教育指导纲要(试行)》精神,根据关心幼儿、爱护幼儿、尊重幼儿、注重日常渗透、重视保教结合的原则,培养幼儿良好的班级常规,让幼儿更热爱幼儿园;引导幼儿主动学习,充分运用多元智能理论和方法对幼儿进行全面、正确的评价,促进幼儿全面和谐主动发展。

(一)保育方面

重视安全工作,关心每个幼儿一日生活细节,保教结合培养幼儿各方面的自理能力,不断增强幼儿安全意识,提高自我保护的能力。

(二)教育教学方面

围绕"生活化游戏化幼儿园课程",开展丰富的游戏和集体活动,以小班幼儿的年龄特点和发展目标为方向,将区域、创游、远足、大带小与主题相整合,创设有利于幼儿对主题更进一步体验和感受的环境,将主题内容渗透在生活的点滴里。

(三)英语与新教育课题研究方面

以幼儿感兴趣的儿歌、歌曲、游戏等方式组织英语教学活动,将英语内容与主题有效整合,在日常生活中渗透英语,培养幼儿说英语的兴趣。参与"新教育课题"研究,以教育随笔的形式记录教师专业成长和幼儿学习发展,以及家长的共同协助教育。

(四)日常教育方面

开展多种形式的活动,如花宝宝评比、娃娃图书馆、我喜欢说、玩具共享、值日生、大带小、运动会、参观活动等。引导幼儿在安静和谐的环境中,积极主动地学习和生活,建立起良好的班级常规,培养幼儿的生活习惯和交往能力。

(五)家长工作方面

通过家长会、开放半日活动、家校路路通、家园橱窗、班级网站、电话短信、幼儿成长档案主题评价量表、家长随笔等形式加强与家长的沟通联系。

三、工作重点与具体措施

(一)入园教育

1. 用亲切的语言热情招待幼儿,帮助幼儿尽快地适应幼儿园生活。让幼儿认识自己的新座位,和小组的小朋友互相认识。介绍插班生给全班小朋友认识,让新生尽快适应新的班级环境。

2. 召开家长会动员家长。

(1)鼓励家长关心班级网站,多参与班级网站的留言。

(2)鼓励家长对幼儿在家的表现进行记录,请每位家长为幼儿准备一本家长日记,可以记录幼儿在家的表现,幼儿反馈在幼儿园的事情和感想等。每月月底交给教师,教师根据家长日记内容给孩子写一句鼓励的话。

(3)将收集到的比较好的家长日记在走廊展示,供家长相互交流和学习。

(4)在家长日记的记录过程中,家长可以参考班级网站上的周计划,根据主题来引导幼儿说一说在幼儿园学到的东西,还可以请家长和幼儿一起欣赏网站上发布的照片,请幼儿讲讲照片里的内容。家长将孩子的话记录下来。

(5)将本学期的发展方向和总目标向家长介绍,通过互相交流让家长有个正确的、科学的教育概念。让家长了解我们的活动,并充分信任教师。

(6)介绍阅读卡的填写方式。

（二）生活管理

1. 针对我班幼儿进餐习惯差的问题和吃饭的时候不专心、喜欢讲话、边玩边吃饭的坏习惯,进行了"吃得好花宝宝"评比,即每天将吃饭好的幼儿照片贴在花宝宝的花瓣上,树立良好的幼儿榜样,培养幼儿的荣誉感。此外,还设置了"睡得香花宝宝""团结友爱花宝宝"等评比项目,通过花宝宝评比活动,增强幼儿在一日活动中自理、自律、自善的培养意识,建立良好的生活常规。

2. 针对幼儿喝水自觉性差的问题,我班将继续设置喝水记录角,请幼儿喝过水后放小花片,以便教师及时掌握幼儿的喝水情况。注意提醒喝水少的幼儿去喝水。

3. 鼓励幼儿及时通过语言表达自己要如厕的需求,教师在生活中注意观察幼儿的异常情况,及时帮助尿湿的幼儿更换裤子。根据季节变化关心幼儿的穿着是否合适,帮助幼儿活动前后的衣服穿脱。

4. 每日各个活动以音乐来连接,选择古典音乐、民族歌曲、具有代表性的流行音乐来结束上一个环节,让幼儿安静地回到自己的位置,听教师安排下个环节的活动,让幼儿在轻松自然的音乐氛围中进行活动的转换,并能潜移默化地感受经典音乐的魅力。

5. 鼓励幼儿积极参加运动,根据小班幼儿的年龄特点和发展需要,设计各种体育游戏和有趣的韵律操,使幼儿的身体得到全面的锻炼,发展幼儿的动作协调能力,保证幼儿的户外活动时间和活动量,增强幼儿的身体素质。

6. 个别幼儿的照顾。我班有一名幼儿曾患过重症肌无力,虽已经治愈但不能过度劳累,在上学期11月后由于身体状况不好,一直请病假到学期结束。因此在下学期,我们教师要特别地关注她的身体情况,注意她在活动时的保护和适当控制她的运动量,尽量避免该幼儿在园内与感冒的幼儿接触,以免发生交叉感染旧病复发。另外,我班将新进一对双胞胎姐妹,我们将多关心指导这两个幼儿,使她们尽快融入我们的集体环境里。

7. 与保育员相互合作,共同做好保育工作,协调好一日生活的工作管理,严抓日常卫生消毒工作,注意季节变化,预防各种传染疾病的发生,保证幼儿健康成长,做到安全第一。

（三）教育教学

1. 实施"生活化游戏化幼儿园课程",开展丰富多彩的主题活动。本学期将根据小班课程规划开展"妙妙蛋""蔬菜""桃树下的小白兔""五颜六色""宝贝泥土""好玩的水""美丽的伞"主题活动,根据幼儿的发展水平和各个班级幼儿的实际情况,在年级组会议上对各个主题活动中的课程目标进行调整和修改,把握主题实施的主线,对课程进行删减和添加,遵循动静交替和由浅入深的原则,设计各种集体教育活动和与之相配合的游戏活动,使幼儿全面健康地发展。

2. 继续探索将区域、创游、远足、参观、环境与主题有效整合,寓教于乐使幼儿在一日活动中全面发展。

3. 以幼儿的作品和收集的与主题相关的材料为主,让环境感染幼儿体验主题内容的同时,发挥幼儿的主观能动性。

（1）将幼儿的作品栏转移到墙面的左侧,便于家长及时看到幼儿的新作品。

（2）充分利用家长资源,丰富我们的主题环境。如祺祺爸爸能给我们提供图片和制作过的漂亮照片。

（3）设置展示区,将幼儿在区域活动中的作品摆放在展示区中,让幼儿互相欣赏,让幼儿更有自信并与环境互动。

4. 根据幼儿的能力发展需要,配合主题设计相辅相成的区域内容,在幼儿操作过程中注意观察幼儿的操作情况,及时捕捉幼儿的共性问题,寻找最适合幼儿兴趣和发展的操作材料和内容。

5. 根据幼儿喜欢扮演生活中各种角色的兴趣,创设丰富的游戏环境,提供针对角色的材料和道具,满足幼儿的各种交往需要,逐渐在游戏中渗透主题内容,丰富幼儿的语言和生活经验。

6. 学习习惯的培养。

（1）培养幼儿安静倾听的习惯。培养幼儿认真听故事的能力,使之在教师的引导下正确理解故事的内容。在教学活动中培养幼儿根据教师的要求完成任务,不随便插嘴,举手回答问题的良好习惯。

（2）发展幼儿的语言表达能力,培养幼儿说完整句子。开展"我喜欢说"活动,请幼儿回家将幼儿园发生的事情和自己的感想跟家长说一说,家长记录在本子上,每周一交给教师,通过这个活动使教师和家长及时了解幼儿的特殊想法和需要。

（3）培养幼儿的耐心,在教学活动中利用多种形式来吸引幼儿的注意力,延长幼儿注意力集中的时间。

（4）激发个别幼儿说普通话的兴趣,培养幼儿用普通话回答教师的问题和与小朋友交往的习惯,让幼儿喜欢说普通话。

（四）英语和新教育课题研究和实验

充分利用已做好的与主题相配合的英语书,并在实施过程中根据本班幼儿的情况适当地修改,在日常活动中设计幼儿喜欢的英语游戏和韵律舞蹈,注重日常渗透,如每天唱英语早安歌,用英语打招呼,用英语来发指令等。努力将英语整合到课程中,丰富自制英语资料。

继续实施新教育课题,对幼儿每天的表现和发展做记录,认真撰写教育随笔。

（五）日常教育

1. 花宝宝评比。3月份以评选"团结友爱花宝宝"为主,鼓励幼儿与同伴友好相处;4月份以评选"上课好花宝宝"为主,鼓励幼儿有良好的课堂纪律;5月份以评选"明星花宝宝"为主,鼓励幼儿大胆讲述;6月份以评选"小巧手花宝宝"为主,鼓励幼儿用剪刀和学习折纸。

2. 按小组请幼儿每天轮流当小组长,鼓励幼儿为大家做事情,培养服务意识和责任感。

3. 与大（3）班结对开展"大带小"活动,每周一次定期与大班幼儿进行与主题相结合的活动。

4. 以班级互帮结对形式,让能力较强的幼儿与能力差的幼儿一起坐并成为好朋友,共同进步。培养幼儿的责任感,鼓励好的幼儿榜样,增强其荣誉感,并带动班级的整体素质。

5. 鼓励幼儿将自己喜欢的玩具带到幼儿园与小朋友分享,引导幼儿愿意与大家分享自己快乐的情感,设计表格给带玩具到幼儿园的幼儿贴五角星。

6. 每月月底给当月过生日的幼儿过集体生日,鼓励其他幼儿向小寿星说祝福的话。

7. 将成长档案按时发放给家长,并规定期限请家长带到幼儿园。

8. 结合三八妇女节,向幼儿介绍节日的来历和意义,并请幼儿制作感谢卡感谢妈妈的爱。

9. 五一劳动节组织幼儿讲故事比赛,设计表格将幼儿的故事名称、内容和表现都记录下来,并将活动瞬间照片上传班级网站。

10. 六一儿童节组织幼儿绘画展,请幼儿在家长指导下将六一儿童节的愿望用画画的方式表达,完成一张画带到幼儿园。教师布置展览区域并评比最佳作品,给予奖状鼓励幼儿。

11. 建立良好的班级管理,教师每天在"班级日志"上做记录,将家长工作、幼儿活动、个案、计划、每天的活动反思等记录在本子上,作为班级的管理档案。

12. 制定一周班级特色教育内容,每天在午睡前有固定的欣赏内容。

（1）周一中午文学作品欣赏。

（2）周二中午看动画片。

（3）周三中午美术作品欣赏。

（4）周四中午古典名曲和民族音乐欣赏。

（5）周五中午英语故事欣赏。

（六）家长工作方面

1. 做好家长的日常沟通工作:面谈、电话联系、家长会、家园橱窗、班级网站、路路通、家长文件夹等的维护。

2. 鼓励家长积极地在班级网站上留言与教师交流,通过对网站内容的关注进一步了解幼儿每天的生活和主题实施的情况。

3. 提醒家长及时将成长档案交来,在门口设立成长档案交还表格,并给最早交回成长档案的前几名幼儿的名字下贴上五角星,以此鼓励家长和幼儿共同认真完成主题量表和主题反馈。将写得较好的主题反馈贴在走廊展示板上,供家长参考分享。

4. 请每位家长准备一本本子,每天将幼儿回家说的有趣的话或者幼儿的进步记录在本子上,培养幼儿大胆说、喜欢说的表达能力,鼓励幼儿用完整的语言表达自己的意愿和想法。

5. 继续开展"娃娃图书馆"活动,每周五将图书架放在走廊,请家长和幼儿共同选择书籍,家长自觉在图书卡上进行记录,并在规定的时间内还书。

四、重要工作安排

三月份:入园家长会;

四月份:外出参观桃花;

　　　　亲子活动"美丽的风筝";

　　　　向家长开放半日活动;

五月份:种小树比赛;

六月份:韵律操比赛;

　　　　评选全勤宝宝整理工作;

　　　　毕业典礼。

以上为本学期的工作计划,具体实施过程中如有特殊情况,将再作修改。

（此案例由苏州高等幼儿师范学校附属花朵幼儿园提供）

(二) 单元主题活动计划

单元主题活动就是在一段时间内教师与幼儿围绕具有内在脉络或价值关联的中心内容(即主题)来组织的教育教学活动。主题活动打破学科之间的界限,根据主题的中心内容确定主题展开的基本线索,依据这些基本线索确定主题的基本内容,并创设相应的教育环境,组织开展一系列教育教学活动,让幼儿通过对主题的学习,获得与主题有关的较为完整的知识和经验。一个主题活动持续的时间不固定,一般为2—3周。单元主题活动方案的设计过程就是单元主题活动计划的制订过程。

1. 制订单元主题活动计划的目的

(1) 通过制订主题活动计划,体会幼儿园课程的综合性。

(2) 学习制订主题活动计划的基本步骤和要求,在实际操作中提升主题活动设计能力。

2. 制订单元主题活动计划的基本步骤

(1) 选择与确定主题。

(2) 拟定主题活动总目标。

(3) 编制主题网络图。

(4) 设计主题系列活动。

(5) 创设活动区角和家园共育建议。

【案例二】

大班主题活动"鱼儿游游游"

一、选择和确定主题

大班幼儿动作协调、灵活,动作发展相对精细完善,探索周围环境的欲望更加强烈。鱼是生活中处处可见的,孩子平时喜欢看鱼,谈论鱼。喜欢鱼是孩子的天性。为此,选择"鱼"为主题,从孩子对"鱼"的天然的兴趣和需要切入,从"鱼"大概念中逐渐聚焦孩子特定兴趣点,再层层深入探究、拓展,使孩子获得完整、系统的经验。

二、主题目标

1. 幼儿能够了解鱼的基本结构、习性及种类等基本特征。

2. 幼儿从观察鱼、养鱼中体验到快乐、有趣、奇妙。幼儿获得积极的情感体验,即有所发现及探究时

的惊喜、创作的成就感、成功的自豪感等。

3. 通过养鱼,幼儿养成有爱心、耐心、责任心等良好个性品质。

4. 幼儿通过多种方式表现鱼,发展创造性表达能力。

5. 教师整合、丰富和拓展幼儿关于"鱼"的经验:由原来零散的、杂乱的、个别的经验,发展为系统的、全面的、整体的经验。

主题活动展开网络:

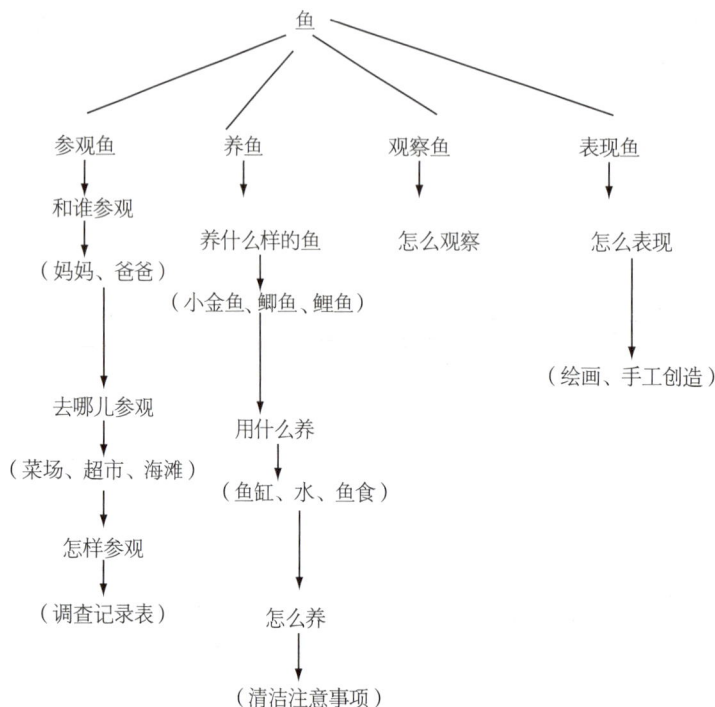

```
                              鱼
        ┌───────────┬────────┴────────┬───────────┐
      参观鱼         养鱼           观察鱼         表现鱼
        │            │               │             │
      和谁参观      养什么样的鱼      怎么观察       怎么表现
        │            │                             │
    (妈妈、爸爸)  (小金鱼、鲫鱼、鲤鱼)                     │
        │                                      (绘画、手工创造)
      去哪儿参观     用什么养
        │            │
  (菜场、超市、海滩) (鱼缸、水、鱼食)
        │            │
      怎样参观       怎么养
        │            │
    (调查记录表)   (清洁注意事项)
```

三、活动安排

1. 参观鱼(家园合作)。

2. 观察小金鱼(集体活动)。

3. 饲养鱼(区域活动)。

4. 画画小鱼儿(区域活动)。

5. 创意拼搭鱼(区域活动)。

6. 音乐活动:小鱼游游游(集体活动)。

7. 缤纷海洋(集体活动)。

四、环境布置的基本要求

1. 作品:用幼儿的绘画作品及手工拼搭出的鱼型照片来布置环境。

2. 文字:关于鱼的知识以及大部分幼儿感兴趣的点或疑问。

3. 图片:老师或幼儿收集的小鱼的图片、照片等。

4. 家长的调查记录表(家长带幼儿实地参观的记录)。

(三) 周工作计划

周工作计划是班级教育教学活动以一周为单位的实施方案,是幼儿园教育工作计划中较为具体的计划。将教育目标、晨间活动、集体教学活动、户外活动、游戏活动、品德教育、卫生习惯、家长工作等,明确地写在周计划中。

1. 制订周工作计划的目的

(1) 便于全面掌握所在幼儿园及班级的教育教学计划。

（2）通过制订周计划,能进一步明确计划的内容、制订计划的步骤及原则,把学到的知识和技能应用于实际工作。

（3）体验将教育目标落实于各项活动中的过程。

2. 制订周工作计划的基本步骤

周计划以表格方式出现的较多,并且在每周开始的时候张贴于班级的"家园联系"栏内,及时向家长公布,以便家长进一步了解班级教育教学情况,也便于园领导对班级工作的全面掌握和检查。

（1）明确一周教育教学目标。周教育教学目标是周教育教学活动的核心。一周内的教育教学活动、户外活动、卫生习惯、品德教育、行为习惯等都要围绕目标来设置,并在具体的活动中得以落实。

（2）根据周教育教学目标,安排每天的游戏、教学活动、户外活动的内容,确定家长工作的重点。

① 游戏是幼儿一日生活中的主要活动,所以计划中要明确写上各类游戏的名称和具体活动内容,合理安排角色游戏、建构游戏、益智游戏、表演游戏等。

② 教学活动是幼儿园集体教学的组织形式,计划中要明确写出活动名称、活动内容、活动形式和方法。

③ 户外活动是有助于幼儿健康成长的关键环节。户外活动包括室外的各种体育锻炼、室外游戏、早操、课间操、小型分散体育游戏、散步等。

④ 家长工作是幼儿园的重要工作之一。因此,必须强调教师和家长双方要共同配合来完成对幼儿的教育工作。

3. 制订周工作计划的基本要求

（1）计划要贯彻全园教育教学计划精神,体现保教结合的原则。

（2）计划要根据上一阶段的计划执行情况,提出本阶段的任务要求,体现出工作的连续性和渐进性。

（3）要根据幼儿年龄特点、时间季节特点、物质条件及教育内容的特点安排计划内容。

（4）各类活动之间安排要注意动静交替。注意集中教学活动、游戏活动等的合理安排,以及对幼儿认知、情感、行为培养的合理性。

（5）计划中要包含每日活动中的全部教育教学内容,对每项活动内容、形式、时间等安排要具体明确。

【案例三】

某幼儿园小一班第四周工作计划表

本周工作重点	主题名称"一起玩" 1. 激发幼儿乐于和同伴交往的情感,体验与同伴一起游戏的快乐 2. 在玩玩具和游戏中,学习等待、排队和分享				
个别教育	帮助个别幼儿适应集体生活,体验集体的快乐				
星 期	一	二	三	四	五
区角活动 目标内容 材料	主题区：展示幼儿的自带玩具,引导幼儿和小朋友一起分享玩具 建构区：引导幼儿能在游戏结束后主动收拾玩具,把玩具送回家 图书区：告诉幼儿如何正确地看图书,引导幼儿能爱护图书 自然区：鼓励幼儿能经常去关心植物,并丰富自然角 生活区：提供穿线板、舀珠子、夹小珠等活动设施,练习手眼协调				
户外活动 目标内容	散步 巩固户外活动的常规训练	抓泡泡 手、眼、脚动作的协调	大型玩具 综合性动作训练	"小孩小孩真爱玩" 练习有目标地奔跑	兔跳球 练习跳跃的能力

续 表

星 期	一	二	三	四	五
上午活动目标内容	一起玩(A) 请幼儿观看情景表演,理解表演的内容,学习和同伴轮流游戏、谦让、合作,学说:"我和你一起玩好吗?" 朋友,你好(B) 体育游戏	朋友,你好(A) 鼓励幼儿主动大方地邀请同伴共舞,感受与同伴一起歌舞的快乐。 一起玩(B) 感觉统合室	找朋友(A) 学习根据颜色、形状等分类标准找到自己的朋友。通过游戏,体验与同伴一起玩的快乐。 玩具商店(B) 动画时间	玩具商店(A) 幼儿从家中自带一件玩具,能向同伴介绍玩具的名称玩法,愿意将玩具借给大家玩,分享体验。 找朋友(B) 体育活动	英语活动(A/B) 由专业老师带班组织活动。 绕线线(B/A) 学习绘画的常规,体验绘画的快乐
下午活动目标内容	智力游戏 "好朋友" 通过别人提供的线索,猜猜他的好朋友是谁	综合游戏 "找个朋友碰一碰" 学习和同伴合作游戏	手工活动 "朋友树" 学习用多种方法制作小树叶	表演活动 "小兔子找朋友" 在表演中学习交往语言	交往游戏 "猜朋友" 能辨别同伴的声音
生活目标	在成人的帮助下学习独立进餐、如厕、洗手、入睡				
家长工作	在日常生活中可有意识地邀请别的小朋友来家中做客,或带孩子到小朋友家里玩,引导孩子与小伙伴友好、快乐地玩耍,一起分享玩具和食品				

班主任:×××

(四) 一日活动计划

幼儿园的一日活动计划是教师为组织一日活动而准备的书面计划。它是实现幼儿全面发展的重要环节,具有程序性、重复性、连续性、节律性等特点。

1. 制订一日活动计划的目的

(1) 制订一日活动计划既可以减少教师活动时的盲目性,又可以使新的课程理念借助于一日计划的构思和设计、操作,更好地落实在每日的活动之中。

(2) 实习生通过制订日计划,可以体验幼儿园教育总目标落实于一日活动之中的过程,提高理论运用于实践的技能技巧。

2. 制订一日活动计划的基本步骤

(1) 明确幼儿一日活动的基本内容。幼儿一日活动是指幼儿从来园到离园的整个过程。基本内容包括来园、盥洗、进餐、游戏、户外活动、教育教学活动、午睡、离园等环节。这些活动可归纳为两类:第一类包括来园、盥洗、进餐、睡眠、离园等常规性的活动,这些活动在时间、内容、组织方式、进行过程等方面每天变化不大;第二类包括晨间活动、教学活动、游戏活动、体育锻炼等,这类活动计划性强,在内容上丰富多彩,在组织方式上灵活多样。

(2) 根据周目标和幼儿园的生活制度,将各环节内容安排到各个时间段内。尤其是第二类活动,应确定具体内容。

3. 制订一日活动计划的基本要求

(1) 制定日计划要坚持全面发展的原则。在设计幼儿一日活动各环节的具体要求时,要做到体、智、德、美诸方面相互渗透,把各个方面的不同特点和要求贯穿于幼儿一日活动的各个环节中。

(2) 要保持幼儿一日活动的整体性,围绕目标,合理安排各方面的教育内容,使其相互联系,相互补充。

（3）根据实习幼儿园及实习班的设备、场地和各方面的条件设计幼儿一日活动计划。设计幼儿一日计划要力求符合实际，要考虑计划的可行性。

【案例四】

某幼儿园一日活动日程表

活动项目		小　班	中　班	大　班
来园、晨间谈话		7:50—8:25	7:50—8:15	7:50—8:00
晨间活动(室内/室外)		8:25—9:00	8:15—8:50	8:00—8:35
盥洗、吃早心		9:00—9:20	8:50—9:05	8:35—8:50
集体活动	第一节教学活动		9:05—9:35	8:50—9:25
	自选、自由活动	9:20—9:40	9:35—9:45	9:25—9:35
	第二节教学活动	9:40—10:00	9:45—10:15	9:35—10:10
游　戏		10:00—10:50	10:15—10:50	10:10—10:50
午　餐		10:50—11:30	10:50—11:30	10:50—11:30
饭后散步(睡前准备)		11:30—12:00	11:30—12:00	11:30—12:00
午　睡		12:00—14:15	12:00—14:15	12:00—14:15
起　床		14:15—14:40	14:15—14:30	14:15—14:30
午间操		14:40—14:55	14:30—14:55	14:30—14:45
盥洗、吃午点		14:55—15:15	14:55—15:15	14:45—15:05
游戏(艺/教)		15:15—15:30	15:15—15:45	15:05—15:40
自由游戏(室内/室外)		15:30—16:00	15:45—16:00	15:40—16:00
离　园		16:00—16:30	16:00—16:30	16:00—16:30

备注：1. 随季节变化(秋冬季节)将吃早点环节挪后到第一次集体活动结束之后。

　　　2. 大班下学期午睡时间缩短半小时。

（此案例由苏州高等幼儿师范学校附属花朵幼儿园提供）

【案例五】

某幼儿园小(一)班一日活动计划

一、来园、晨间接待

1. 热情接待幼儿来园。

2. 幼儿能主动向老师问好，主动和家长说再见。

3. 幼儿能主动在自己的格子里盖好章，并倒水喝。

二、自选玩具

1. 先到的幼儿能帮其他幼儿放好玩具，其他幼儿能坐在座位上游戏。

2. 游戏结束，幼儿能把玩具整理好，值日生放回指定地点。

三、早操

1. 幼儿有序地排队,下楼时分开走并扶好把手。

2. 幼儿能较快找好自己的位置,能认真做操,跟好音乐节奏和老师一起做动作,要求动作有力。

四、晨间谈话

幼儿能了解3月12日是植树节,知道植树节可以干什么。

五、盥洗、吃点心

1. 幼儿分组小便、洗手。幼儿自己动手拉袖子。

2. 教师帮助个别衣服穿得较多的幼儿洗手。

3. 幼儿能自己插吸管喝牛奶。

4. 幼儿吃点心时坐姿端正。

六、区域活动

1. 生活区:剥花生。

2. 美术区:蔬菜涂色。

3. 美工区:马铃薯先生。

4. 数学区:种蔬菜。

5. 益智区:蔬菜拼图。

6. 语言区:蔬菜牌。

重点观察数学区:能按序排数字1—5,并排出相应的蔬菜。

七、教学活动:快乐的小厨师

活动目标

1. 幼儿能了解厨师的劳动并用动作表现。

2. 幼儿能学会用好听的声音歌唱《快乐的小厨师》。

活动准备

厨师帽、小铲刀、围兜。

活动过程

1. 复习歌曲《快乐的小厨师》。

2. 根据歌词创编动作。

(1) 出示厨师帽、小铲子、围兜,引出厨师的讨论。

教师:你看厨师帽什么样的?我手上有什么?我身上围了什么?我变成了什么?

(2) 根据歌词,创编动作。

1) 教师:厨师还有好多事要做,做什么呢?

有节奏地快速念歌词。

2) 引导幼儿根据歌词,创编动作。

① 教师:你们平时在家里看到过爸爸、妈妈剥青菜、洗青菜吗?是怎么剥青菜、洗青菜的?你们能用动作表现出来吗?谁有不一样的动作?你们看谁的动作好?我们请他来教教我们。

② 教师:我们一起来剥/洗青菜。

③ 教师:菜洗好后,我们一起炒菜喽!怎么炒菜呀?谁能把炒菜的步骤用动作来表现?请你边说边做。提醒幼儿先干什么,后干什么?

④ 教师:我们把炒菜的动作连起来,看看像不像厨师?教师带幼儿学一遍。教师和幼儿边念边动作。

3. 集体表演《快乐的小厨师》。

(1) 师幼一起唱快乐的小厨师,边唱边动作。

(2) 请幼儿表演。

八、盥洗、吃午餐

1. 组织幼儿分组小便、洗手,要求幼儿保持安静。

2. 幼儿能安静吃饭,坐姿端正。教师提醒××吃慢点,××、××吃快点。

3. 饭后组织幼儿欣赏故事《学做菜》。

九、午睡

1. 组织幼儿取牌子,摆放好椅子。组织幼儿小便。

2. 帮个别小朋友脱衣服。

3. 注意上铺幼儿的安全,帮助幼儿盖好被子。

4. 幼儿能安静入睡。

十、起床

1. 叫醒幼儿起床,提醒幼儿小便。

2. 提醒幼儿起床动作要快。

3. 提醒幼儿裤子的正反面,让幼儿自己穿,帮女孩子拉裙子拉链。

十一、盥洗、吃点心

1. 幼儿有序地小便、洗手。能认真涂肥皂。

2. 幼儿能安静、快速地吃点心。

3. 教师帮助幼儿塞好裤子。

十二、午操

1. 能跟老师做操,动作准确。

2. 能在自己的位置上做操,态度认真。

3. 做完操能快速地向前靠拢,并把运动器材有序地放回筐内。

十三、创游

娃娃家、银行、医院。

重点观察娃娃家游戏情况,教育孩子不争抢玩具,学习合作游戏。

十四、离园

1. 提醒幼儿明天是亲子活动,要提醒家长带好蔬菜、水果。

2. 检查、帮助幼儿整理衣服。

3. 组织幼儿安静等待家长。

(五) 教育活动方案设计

教育活动方案是教师授课前准备的文字方案,通常以一节课为单位编写。教案分详案和简案两种。详案就是要把教学过程全面、详细地写出来;简案就是教学过程只写出提纲即可。实习生一定要写详案。

1. 设计及编写教育活动方案的目的

(1) 有助于理清教学思路,指导教学实践。教案是教学活动的依据,实习生通过编写教案,来理清教学思路,设计全面完整的教学过程。

(2) 有助于保证授课质量,提高教学水平。编写教案是对教学大纲及教材的钻研过程,实习生在设计和编写教案的过程中,不断推敲教材的重点、难点,寻找合适的教学手段和教学方法,并将其应用到教学实践中,在反复的实践中,不断提高教学水平。

(3) 有助于实习生的专业成长。编写教案是幼儿教师的基本功。通过实习,学生能够在真实的教学情景中,根据教学计划和幼儿的水平,设计和编写教案,并在实践中得以验证,从而总结得失。这样可以大大提高学生适应实际教学工作的能力。

2. 设计及编写教案的基本步骤与要求

(1) 分析教材,确定活动目标。活动目标是通过具体的教育活动使幼儿在认知、情感态度、动作技能(行为)等方面取得的成效。活动目标的确定应该从三方面考虑:一是认知方面(包括知识和能力),二是情感态度方面,三是动作技能(行为)方面。活动目标的确定要明确、具体,简练,可操作性强,忌笼统、繁杂、宏观。

(2) 深入研究教材,找出重点、难点。重点、难点是教学的核心,是完成教学任务的关键。通过对教材的分析和研究,结合幼儿已有的经验,确定本次活动的重点、难点。在确定重点、难点时,应该重点突出、难

点明确。

（3）精心设计教学过程，确定教学方法。教学过程是教案的核心部分，即教学程序或具体步骤。包括：开始部分、进行部分、结束部分。

① 开始部分：这是集中幼儿注意力，激发幼儿学习兴趣的环节。可以运用幼儿已有的知识经验或运用具体形象的教、学具来启发导入。

② 进行部分：这是教案的重要部分。通过精心设计的导语巧妙地引入新课，把教学内容及教学方法、步骤分层次地写清楚。教师要在这一环节中突出重点，解决难点。在这一环节中，教师要注意调动幼儿多感官参与活动，教学中既要面向全体，又要重视个别差异，宜采用游戏的形式保证活动目标的实现。

③ 结束部分：用简短的语言，小结学习内容，评价幼儿学习情况，布置任务，鼓励幼儿继续探索。

（4）根据需要做好教学准备。活动准备包括物质的准备和经验的准备。物质准备如课件、教具、学具，图片、音乐磁带等，经验准备主要指围绕将要学习的相关内容，进行一些经验的积累，如参观、资料的搜集等。

【案例六】

幼儿园大班数学活动——"豆豆排队"

一、教材分析

数学活动"豆豆排队"是一种关于互逆关系的数学教学活动，它包含了求同、分类两个层次。幼儿通过对操作材料的分类、排列和记录，理解和感知物体的大小、数量与排列长短的关系。本次活动的重点是学习将豆子进行分类、排列，并感知物体大小、数量和排列队伍长短的关系。难点是感知物体的大小、数量与排列队伍长短的关系。

二、活动目标

1. 学习将收集的豆子进行分类、排列，并做记录。

2. 感知物体的大小、数量与排列长短的关系。

3. 激发学习数学的兴趣，发展逻辑思维能力。

三、活动准备

1. 幼儿人手一份豆子（蚕豆、黄豆、红豆各十颗）。

2. 双面操作板（前后一样。"0"是豆子的标记，分别表示蚕豆、黄豆、红豆）。

3. 海洋球、乒乓球各一个。

四、活动过程

（一）导入活动，引起幼儿兴趣

师：看看桌上有什么？ 它们都有一个共同的名字叫什么？

幼：蚕豆、黄豆、红豆。它们的名字叫种子。

（二）第一次探索活动

感知数量相同、大小不一的种子，排列队伍长短不一样。

1. 讲解动作要领。

师：现在请你们做件事——给这些种子分分家，猜猜第一条线上排什么？ 为什么？

幼：红豆，因为有红豆标记。

师：那第二、第三条线上呢？

幼：黄豆、蚕豆。

师：排的时候要从红线开始，一个靠着一个，让它们站在线上。三排全排完了，不要收，把数字记在后面的格子中。

［评析：在幼儿进行操作时，教师用简洁的语言表达了四层意思：要做什么（操作目标），要怎么去做（活动规则），要注意什么（强调重点），完成作业的标志（自我检测的依据）。尤其是"一个靠着一个"和"站在线上"的要求，能排除不规范排列给比较、归纳以及形成正确概念所带来的干扰因素，有利于培养幼儿良好的操作、探索习惯。］

2. 幼儿操作,用种子在纸板上排队。

3. 幼儿讲述排列结果,并讨论"为什么都是十颗,队伍却不一样长呢?"

幼 A:因为红豆小,所以排得最短。

幼 B:因为蚕豆大,所以排得最长。

幼 C:因为黄豆不大也不小,所以排的队伍不长也不短。

4. 小结:相同数量的种子,颗粒越小,排列越短;颗粒越大,排列越长。

[评析:让幼儿理解抽象的概念必须从操作开始,因此,安排操作活动,让幼儿先动手分类、排队,观察具体、直观的现象,再动脑思考、比较,逐步理解物体大小、数量与排列长短之间的关系。同时教师引导幼儿用"因为……所以……"大胆、清晰地表达自己通过探索、思考后得出的结论,帮助幼儿理清思路,促进了语言的发展。]

(三)第二次探索活动

感知大小不一的种子,排列长短相同时,数量不同。

1. 请幼儿把纸板翻过来,观察另一面。

师:看看纸板上的三条线怎么样?

幼:一样长。

师:如果在这三条一样长的线上排队,想想,用的豆子的数量会不会一样多?

幼 A:一样。幼 B:不一样。幼 C:不知道。

[评析:提出设问,引导幼儿运用自己的经验去思考。针对幼儿的回答,教师不立即做出"对"与"错"的判断,而是给幼儿留下悬念,让幼儿带着问题去操作,激发其强烈的探索欲望。]

2. 交代探索要求,幼儿操作。

师:请你们用不同的种子分别在三条一样长的线上排列,看看它们的数量到底会不会一样多呢?

3. 讲述操作结果。

幼 A:不一样多。幼 B:红豆用得最多,蚕豆用得最少。

4. 讨论:为什么排一样长的队伍时,红豆用得最多,蚕豆用得最少?

5. 小结:队伍一样长时,小种子用的数量多,大种子用的数量少。

(四)结合生活实际,进一步感知大小、数量与排列长短的关系

1. 教师手拿海洋球、乒乓球提问:如果用相同数量的海洋球和乒乓球排队,谁的队伍长?谁的队伍短?为什么?

幼:乒乓球小,排的队伍短;海洋球大,排的队伍长。

师:让它们排一样长的队伍,海洋球和乒乓球谁用得多?为什么?

幼:队伍一样长时,大的海洋球用得少,小的乒乓球用得多。

2. 游戏"走钢丝"。

老师和幼儿一起走"钢丝"。师:从起点线处脚跟对脚尖走到终点线,数数你用了几步?(师幼游戏)

师:为什么老师用的步子少,你们用的多呢?

幼:老师脚大,用的步子少;我们脚小,用的步子多。

[评析:从"豆豆排队"迁移至幼儿熟悉的"球排队",再过渡到轻松的游戏"走钢丝",启发幼儿结合生活实际,运用已学的知识经验,去解决新的问题。]

(此教案摘自中国幼儿教师网,稍作改动)

二、组织幼儿园一日活动

《幼儿园工作规程》指出:"合理地综合组织各方面的教育内容,并渗透于幼儿一日生活的各项活动中,充分发挥各种教育手段的交互作用。""幼儿一日活动的组织应动静交替,注重幼儿的实践活动,保证幼儿愉快的、有益的自由活动。""幼儿园以游戏为基本活动,寓教育于各项活动之中。"根据《幼儿园工作规程》,幼儿园一日活动各环节的工作内容都有具体的要求,实习生要熟悉并熟练掌握一日活动的组织要求,提高

组织幼儿一日活动的能力。

(一) 来园和离园

1. 来园

来园是幼儿园一日生活的开始,这一环节的主要工作任务是:热情接待幼儿,安定幼儿情绪,把礼貌教育贯穿在来园过程中,为幼儿愉快地进入班级参加有组织的集体活动做好准备。组织与幼儿的晨间谈话并有计划、有目的地安排幼儿参加游戏和自选活动。

2. 离园

离园是幼儿园一日活动的最后一个环节,要使幼儿愉快地离园,并盼望着明天再来。指导幼儿整理好活动室的环境和个人的仪表,交代幼儿回家后的活动和个人行为规范,还要做好家长的接待工作,有计划、有目的地与家长进行简短谈话,介绍幼儿在园情况,以取得家长的配合,共同教育好幼儿。

(二) 盥洗

盥洗是培养幼儿良好的生活习惯,从小养成爱清洁的重要环节。

(三) 进餐

幼儿园一日活动中的进餐(吃饭、点心、水果)环节不仅要让幼儿吃好、吃饱,教师和保育员还要对幼儿进行行为习惯教育。

(四) 午睡

教师和保育员要抓住睡觉前和起床这一环节,指导幼儿正确穿、脱衣裤,整理床铺和个人仪表。并对幼儿进行随机教育,让幼儿互相帮助,从小培养助人为乐的好品德。

(五) 户外活动

户外活动的种类很多,包括早操、课间操、散步、户外大型器械活动、小型分散游戏等。教育实习的主要内容与要求如下。

(1) 教师和保育员要对幼儿进行与户外活动相关的安全教育,使幼儿能自觉做到守纪律、听指挥,并掌握一定的自我保护方法。

(2) 教育幼儿积极参加体育活动,培养幼儿参加体育活动的兴趣和习惯。

(3) 通过体育活动增强幼儿的体质,以幼儿感兴趣的方式,让他们学会体育活动的基本动作(主要指走、跑、跳、平衡、投掷、钻爬、攀登等),培养幼儿勇敢、自信的意志品质和乐观活泼开朗的性格。

(4) 散步要有目的、有计划地进行,选择的路线和目标要适合幼儿的体力和教育要求。散步时,要注意引导幼儿观察周围事物,组织幼儿收集花籽、落叶,随时拓展幼儿的经验,培养幼儿利用语言来表达对自然、生活的美好感受。

(5) 早操、课间操要教育幼儿听从口令,队伍整齐,动作认真,从小树立集体观念。

(6) 户外活动内容要丰富多样,且坚持保教结合原则。

(六) 教学、游戏活动

幼儿园的集体教学活动包括健康、社会、科学、语言、艺术等内容。幼儿教师在教学活动中不但传授知识经验,更重要的是激发幼儿的学习兴趣和探究的欲望,对幼儿进行体、智、德、美全面发展的培养。幼儿园的游戏包括建构游戏、角色游戏、表演游戏、益智游戏等。游戏的组织要充分体现游戏的自主性和愉快性,关注游戏过程中认知、情感社会性的发展。

三、组织幼儿园教育活动

幼儿园一日生活中各种教育活动相互渗透,这里的教育活动主要指集体教学活动。组织集体教学活动是幼儿教师的基本素质。集体教学活动的组织主要包括以下几个方面的问题。

(一) 集体教学前准备

教师备好课是上好课的关键。实习生在书面教育活动计划编写好后,要进一步熟悉教案,将教案的内容烂熟于心,对教学的每一个环节、每一个步骤都要筹划清楚,如什么时候提问,什么时候出示教具,教具怎么演示,提问后孩子会有什么反应,如果出现意外情况怎么处理等,这些都要在教学前事先考虑好。此外,对教学中用到的物品要准备齐全,并且要事先操作。

(二)组织集体教学

1. 组织好教学的起始环节

教学活动的开始,主要是引起幼儿注意,激发幼儿的活动状态,同时引出活动的主题。所以,教师可以从幼儿已有经验的调动入手,可以讲故事、猜谜语、音乐律动或情景表演,不管哪种形式,必须注意形式为内容服务,为之后的活动展开服务。

2. 围绕活动目标,展开活动,做到有张有弛

(1)重点突出。教学内容要详略分明,有些内容蜻蜓点水,有些重点、难点应层层剖析,教学中忌平均使用时间和精力,让人不得要领。

(2)内容科学。幼儿园教学尽管只要求呈现浅显的经验,但是必须科学正确,不可东拉西扯、胡编乱造。尤其在幼儿问到一些教师没有把握的问题时,教师必须实事求是,查证之后再答复幼儿。

(3)方法恰当。教学有法,但无定法。根据教学内容和实际情况,采用灵活多样的教学方法,方法要有助于目标的落实。

(4)表述清晰。语言要简洁、清楚。善于把复杂的问题讲得简单。

(5)组织严密。整个活动层次清楚,节奏紧凑,过渡自然。

(6)活动气氛活跃有序。幼儿积极参与活动,情绪高涨。

(三)集中幼儿注意力

"注意是一扇门,凡是进入心灵的东西都必须通过它",这个比喻很恰当。没有注意,也就没有幼儿的学习活动。教师在组织教育活动时,应在整个教育活动过程中始终把握、控制学生的注意力。幼儿期的注意特点是以无意注意为主,有意注意开始发展。实习生在活动中,要注意交替运用两种注意,通过直观生动的教具、生动形象的语言和体态动作,吸引幼儿注意,同时给幼儿提供动手操作的机会,以丰富的活动吸引幼儿的注意。

(四)正确演示直观教具

演示教具即直观教学,通过提供丰富的感性材料进行教学,能吸引幼儿的注意力,激发学习兴趣,加深对学习内容的理解。直观教具的形式多种多样,如实物、教具、实验、音像资料、课件等,演示直观教具的基本要求如下。

1. 做好演示前的准备

演示前的准备有两方面:知识的准备和物质的准备。幼儿的知识经验越丰富,观察的效果就越好,所以要做好指导幼儿观察和思考的计划。另外,教师应该先预试、预演,掌握可能出现的问题,调整好设备,把一切需要的器材、物品按先后顺序摆放整齐。

2. 保证全体幼儿都能感知演示物

直观教具的大小、色彩、光线、音响的效果、演示的速度等都应适合幼儿的感知水平,要让全体幼儿都能清晰地感知。演示实验要简单、可靠。

3. 演示要适时,突出重点

直观教具呈现不当,可能会分散幼儿的注意力,所以要选择合适的演示时机,对于暂时不用的材料要遮盖起来,演示重点要突出,尽可能排除演示物中非注意部分的干扰。

4. 演示与讲解要紧密结合

演示的目的是让幼儿理解所要学习的内容,增强幼儿的感性经验,所以演示中,教师要运用生动形象的语言引导幼儿观察,或启发幼儿思考,或帮助幼儿归纳提升。演示和讲解结合有三种形式:一种形式是语言在先,演示在后,起提示作用,让幼儿明确观察的目的;第二种形式是边演边讲,起引导观察、启发思考、说明解释的作用;第三种形式是先演示再讲解,起到帮助幼儿整理感性经验、归纳提升的作用。

(五)稳定课堂秩序

在集体教学活动中,幼儿会出现分心、小动作或扰乱性动作等。控制课堂秩序最好的办法是"防患于

未然",而不是被动地等待事情发生后处理,所以事先要做好预防工作。

预防课堂秩序不稳定应从以下几方面着手。

(1) 建立集体教育活动的常规,养成幼儿良好的听课习惯,规定"可以做什么""不可以做什么",并始终坚决、公平地实行规则。在履行规则时,以正面引导为主。

(2) 做好活动前准备。教师精心准备,准备充分,对教学每一个环节都有预见、有预计的话,教学秩序一般会井然有序。

(3) 精心组织课堂教学活动。采用多种教学方法,精心设计提问、操作、演示等。

(六) 灵活处理偶发事件

1. 偶发事件

(1) 什么是偶发事件:所谓偶发事件是指在教学中出乎意料的、突如其来的、与教学目标无关又干扰教学正常进行的刺激性事件。如有一次,一位老师带小朋友活动,当她正兴致勃勃地给小朋友讲故事的时候,忽然,一个小朋友兴奋地喊"老师老师,你看,外面飞进来一只蝴蝶",这下整个班炸开了锅。有的叽叽喳喳地议论它是从哪里来的,有的离开座位去捉蝴蝶,有的甚至找来了羽毛球拍打算去打……这时候,是大声地制止幼儿的行动,让他们安静下来继续听老师讲故事呢? 还是满足幼儿观察、议论蝴蝶的兴趣,改变原先计划好的学习内容呢? 这时实习生往往会不知所措,处于尴尬境地。

(2) 偶发事件的产生原因:有时候偶发事件是由于教师自己在组织教育活动的过程中提问不够明确或提问内容超过了幼儿思维、表达能力的范围,幼儿不能很好地配合、响应老师,从而使活动不能顺利进行造成的。如有一个"认识声音"的活动,实习生先敲小铃,然后问幼儿:"刚才你们听到了什么声音?"接着又问:"你们是用什么听到小铃的声音的?"出乎意料,有一位幼儿回答说他是用眼睛看到的。于是,实习生又作了如下引导:"那你看到的声音是怎样的呢? 是圆的还是方的?"那位幼儿犹豫再三,回答说:"声音是圆的。"这时候实习生就没辙了,活动也因这一"偶发事件"未获成功。分析原因,就在于"声音是圆的还是方的"这一问题把幼儿的思维引入歧途。

偶发事件有时候则是由于活动准备工作的疏忽而出现的,如材料准备不足、场地问题、安全方面的问题等。这就需要实习生在活动前尽可能地把活动的准备工作做充分,尤其要把活动各环节所需要注意的问题考虑周全。

2. 教育机智

幼儿教育的特点之一就是偶发事件多,主要是因为思维活跃而又缺乏自控能力的幼儿,常常会提出或做出一些教师想不到的问题或行为。这就需要教师的教育机智。教育机智是敏锐的观察、灵活的思维、果断的意志、从容的情绪的高度统一。教师要能审时度势处理问题,不能不分青红皂白地大声训斥。上例中的老师采用了这样的方法。她说:"哦,真是只漂亮的蝴蝶! 你们猜它是从哪里来的呢?"让幼儿议论一番。然后她说:"嗯,我猜它可能迷路了,回不了家,它的妈妈一定很着急,我们不要伤害它,先让它自己回家吧。等我们听完了故事,再一起到花园里去找蝴蝶。"因为很快又会有机会去看蝴蝶,所以幼儿把注意力转回到听故事上来。完成计划的内容后,教师组织了一系列有关蝴蝶的探索活动。所以,当偶发事件出现时,不必急于把幼儿的注意拉回到原来的内容上来,要善于发现其中的教育价值,充分地利用它来开展新的教育活动。

四、组织幼儿园游戏活动

游戏是最符合幼儿身心发展要求的快乐而自由的实践活动。组织游戏活动的基本步骤如下。

(1) 按要求提前一周制订游戏计划,交带队教师和指导教师审阅,征求指导教师的意见,并根据指导教师的意见加以修改。

(2) 做好充分的准备工作,包括游戏时间、游戏地点、游戏材料等。

(3) 在幼儿游戏过程中,实习生要在幼儿园教师的指导下进行观察,并做好观察记录。从幼儿能力发展来看,各年龄班幼儿在游戏方面的表现是不同的。因此,在观察时各有重点。

小班观察的重点在幼儿使用物品上。中班观察的重点在幼儿与幼儿之间的冲突上,不管是规则上的、交往技能上的,还是使用物品上的。大班幼儿游戏中不断产生新的主题,运用已有经验在现有的基础上去创新,成为游戏观察的重点。

(4) 在幼儿游戏时,实习生应参与其中,进行指导。在幼儿园游戏中,实习生介入游戏的方式有平行式介入、交叉式介入、垂直式介入。

① 平行式介入:这是指实习教师在幼儿附近,和幼儿玩相同的或不同材料的游戏,目的在于引导幼儿模仿,实习教师起着暗示指导的作用。

② 交叉式介入:这是指当幼儿有实习教师参与的需要或实习教师认为有指导的必要时,由幼儿邀请实习教师作为游戏中的某一角色或教师自己扮演一个角色进入幼儿的游戏,通过教师与幼儿、角色与角色间的互动,起到指导幼儿游戏的作用。

③ 垂直式介入:这是指在幼儿游戏中如果出现严重的违反规则、出现攻击性等危险行为时,实习教师则以教师的身份直接进入游戏,对幼儿的行为进行直接干预。

实习教师在具体参与介入幼儿游戏的过程中,不管用何种介入方式,都需要对幼儿游戏行为作具体的指导,主要运用语言和行为来进行指导。运用语言来指导时,主要是就幼儿游戏的情况进行"发问""提示""鼓励与赞扬"。运用行为来指导游戏时,则主要是利用实习教师的动作、表情、眼神等身体语言及提供材料、布置场地、动作示范等方式来对幼儿游戏行为作出反馈。

(5) 活动结束后,认真总结,及时征求指导教师的意见,并提出下一步组织游戏的设想。

五、组织幼儿园区域活动

幼儿园的区域活动属于小组活动的形式,在活动中幼儿选择适合自己的材料、玩具和工具,更多地按照自己的兴趣和能力来选择活动的内容和游戏的种类,在没有压力的环境中自主学习、探索和游戏。幼儿园的活动区域一般有生活区、角色游戏区、语言区、情绪区、数学区、建构区、科学区、表演区、美工区等。组织和指导幼儿园区域活动的基本要求如下。

(一) 做好班级区域环境的规划设计

(1) 实习生首先仔细观察指导教师对班级区域环境的规划情况,熟悉班级原有的区域活动的种类规模及材料的投放情况。一般沿用原指导教师的区域活动环境规划。

(2) 实习生可以在指导教师的指导下适当增设与调整部分活动区。活动区域的创设不是一成不变的,它可以根据集体教学活动的需要,根据本班幼儿的发展水平和阶段目标,根据主题活动的开展,进行调整。

(二) 区域活动的指导

1. 过渡阶段的指导

(1) 如果是教师为幼儿创设的活动区,一般是先介绍,后开放,先以小组或集体为单位,教师介绍区域的名称、内容、材料、工具、使用方法,介绍的时候就引导幼儿去操作。如果是幼儿参与创设的活动区,则可以直接让幼儿自己进行操作活动。

(2) 帮助幼儿建立区域活动的规则,引导幼儿适应活动区的活动。区域活动的规则一般有:道德规则,包括爱惜区域的材料和玩具,学习与同伴友好合作、交往等;行为规则,包括将使用过的材料、玩具、器械放回原处,会轻轻拿、轻轻放等;安全规则,包括自己寻找空间进行活动和游戏,会按次序活动,不冲撞、奔跑,会保护自己等。

2. 自主阶段的指导

自主阶段的指导,第一是对幼儿操作的观察和对幼儿交往的观察。观察幼儿的操作包括观察幼儿操作的方式:幼儿在操作中是模仿,还是迁移,创造? 观察幼儿的交往包括观察幼儿与幼儿之间的交往、幼儿与材料之间的交往、幼儿与教师的交往。第二是通过以上两个方面的观察,教师可以分析出幼儿的兴趣点、认知特点,智力水平、非智力因素的发展情况和规则意识、材料的使用频率、幼儿的交往障碍等,并采取有针对性的指导。指导具体要求如下。

(1) 区域活动服从于幼儿教育的总目标。同一目标由多个活动内容组成,难度从易到难。教师要随

时发现幼儿兴趣,及时调整活动内容。在同一时间内,有多个区域同时开放,区域可以涉及多种智能领域,可以满足不同幼儿的需要。

(2)尽量让幼儿自己去探索、思考、发现,不急于提供答案。教师以间接指导的方式参与活动,观察多、反思多、干预少、限制少,幼儿在活动中自由度大。区域内材料丰富,有层次,充分发挥幼儿与幼儿、幼儿与环境、幼儿与材料之间的相互影响作用,幼儿通过与材料的相互作用获得发展。

(3)自由入区后,注意个别指导和安全教育与提示。自主阶段的指导具有个性化指导的特点,教师应根据幼儿的不同起点、不同发展速度以及幼儿选择的不同材料进行个性化指导,对于能力较弱的幼儿,教师要多一些鼓励并以"同伴"的角色与幼儿一起操作,进行示范讲解,增强他们的自信心。对于能力较强的幼儿则以提示为主,多给他们思考和独立操作的机会和空间,增强他们探索的积极性和创造性。

3. 教师在幼儿区域活动中应注意的问题

(1)活动组织形式上的真正宽松。区域活动主要以幼儿小组活动为主,创设活动区域的初衷是为幼儿提供一个自由、宽松的学习、探索和游戏的环境,是让幼儿在做做玩玩中,在游戏中活泼、积极、主动地获得知识和经验。幼儿在活动中可以根据自己的意愿选择区域、材料,决定操作的次数,在独立的活动中主动地感知和思考,建立自己的表象概念,并通过语言、动作、绘画等形式来表达自己的想法。一般来说,幼儿园的区域活动在组织形式上以个人进入为主,要保证幼儿在区域活动的充分自由,不要干预太多,更不要直接控制。

(2)区域活动和教育活动的有机融合。区域活动的学习是隐性的,教育活动是显性的。这两者的融合要自然,活动区是集体教学的延伸,是分组教学的场所,也是幼儿自由游戏的天地。

(3)合理扭转幼儿"偏区"现象。在区域活动中,会出现有的区域特别受到幼儿的青睐,有的区域相对冷清。面对幼儿的这种"偏区"现象,教师可以做以下方面的工作。① 要注意在被幼儿冷落的区域中,投放适合幼儿兴趣和发展需要的丰富材料,以此来引发幼儿主动参加该区域活动的内在动机,及时添加或更换玩具和材料。② 可以利用一日活动中的过渡环节,讲评各种区域活动的精彩游戏和活动场景,以吸引幼儿。或者利用表扬常光顾不同区域的幼儿来刺激其他幼儿,以激发幼儿各种兴趣,促进幼儿全面发展。③ 引导幼儿认识、商定选择活动区的规则的必要性。如引导幼儿讨论"怎样才能使所有幼儿都有机会选中自己最感兴趣、最想玩的游戏"。④ 对于幼儿特别感兴趣的活动区,不必拘泥于"进区卡"所固定的人数,可以和幼儿共同商定区域活动的机动人数,由教师或值日幼儿签发特别通行证。这样教师可以根据幼儿的兴趣以及有没有"偏区",调节个别幼儿的活动。⑤ 在区域活动时,应当注意观察并记录每个幼儿的一言一行,一段时间后进行统计分析,由此发现哪些幼儿存在明显的"偏区"现象,他们的兴趣点在哪里,哪些区域格外引起他们的兴趣,原因何在等。经过不断的观察记录、统计分析,找出原因,着手解决。

六、设计布置幼儿园墙面

(一)设计和布置幼儿园墙面的原则

1. 教育性

要从教育的观点出发布置,使幼儿受到某些方面的教育。"有趣的交通标志""自己的事情自己做""种子"等主题墙饰,不仅美化了环境,而且充分体现了教育性,把对幼儿教育内容直观、形象地展示在墙上,做到了寓教育于环境中。

2. 动态性

班级墙饰的内容不是一成不变的,而应随着主题内容的变化而变化,因此在设计时要考虑留有活动变换的空间。

3. 参与性

幼儿是环境的主人,在环境设计时,教师和幼儿共同讨论,共同参与布置环境。如"秋天"的主题中,老师和幼儿共同观察秋天的特征,一起收集秋天的各种物品,如树叶、花草、水果等,和小朋友一起分类,并布置成一组题为"我眼中的秋天"的墙饰——"秋天的果实""秋天的树叶""秋天的花""秋天我们干什么""秋天的景色"等。

4. 趣味性

班级墙面布置要考虑幼儿的兴趣需要。内容和形式都应是幼儿感兴趣的、新颖的、有吸引力的,能激发幼儿的积极性。

5. 艺术性

班级墙饰应做到线条流畅,生动活泼,还要有艳丽明快的色彩。

(二) 布置班级墙面的方法与要求

1. 观察了解实习班墙面设计和布置情况

(1) 实习班活动室、寝室、盥洗室、走廊墙壁的布置情况。

(2) 实习班活动室活动角的布置情况。

(3) 布置室内环境使用哪些材料和工具,各种材料的主要来源情况。

2. 观察了解实习班现阶段的教育目标、教学内容

教育目标是墙面设计和布置的依据。在设计和布置班级墙面环境时,需要了解以下内容:

(1) 实习班近阶段的教育目标和教育内容;

(2) 实习班近阶段生活习惯和品德行为的培养内容;

(3) 近阶段开展的主题活动;

(4) 实习班中主要开展的游戏活动。

3. 设计实习班墙面布置方案

在全面了解班级环境情况、现阶段的教育目标和教育内容的基础上,根据环境创设的原则,设计墙面布置的方案。在设计中要考虑以下问题。

(1) 明确墙面布置的目的。在设计每一项室内环境时,首先要明确这一项布置要达到的目的和作用,才能制订出切实可行的设计方案。

(2) 方案的可行性。设计方案时,要考虑到能否很好实施。所以,在设计时还要考虑到:① 环境布置中使用的材料问题,要以现有的材料为主,废物利用,或发动幼儿家长帮助提供部分材料,尽量少花钱,多办事;② 因地制宜,考虑实习班设施情况和墙饰的现有状况,填补、更换、充实墙面布置;③ 考虑指导教师提出的意见和想法,设计中要随时请教指导教师,也要多了解本班幼儿兴趣爱好,倾听幼儿的想法;④ 考虑制作和布置墙面环境所需要的时间,不宜花费太长时间。

(3) 墙面装饰不可过多、过满,也不宜太高。表现手法和装饰风格应一致。

(4) 利用墙壁装饰来遮盖室内的不足之处。

(5) 注意材料的选择,一要安全,二要有益于幼儿健康。

【案例七】

这样的天气该怎样做(小班)
——"小小气象台"墙饰方案

一、目标

1. 引导幼儿观察和感受天气、季节的变化,初步了解天气的变化与动植物、人的关系,培养幼儿的观察兴趣。

2. 引导幼儿选择恰当的天气现象标志表现天气情况,并能用语言表达。

3. 让幼儿学会选择与天气相适应的服装,并能给娃娃穿脱衣服,提高生活自理能力。

二、内容与材料

气象台的主要内容包括天气预报板和适宜着装的娃娃两大部分。材料包括天气预报背景图一幅,用纸板做的天气现象标志(太阳、云、风、雨、雪等),较大的布娃娃及婴儿衣服或自制四季服装、鞋、帽、雨具。

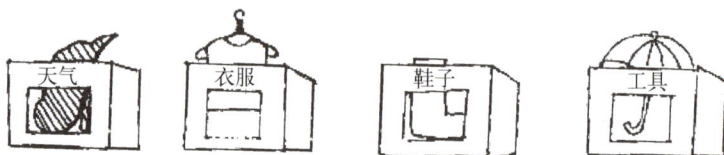

附图

◎ 七、参与组织幼儿园大型活动

幼儿园大型活动是指有较大规模、形式多样、有全体幼儿参加或邀请家长一起参加的集体活动,主要包括庆祝节日活动、参观访问、纪念活动、运动会、春游、亲子活动等。

实习生要积极参与幼儿园大型活动,从中可以学到很多的工作方法和工作技能,以提高自身的组织能力和管理能力。实习生主要是协助教师开展幼儿园大型活动,并从中主要学习如下内容。

(1) 提前详细了解大型活动的具体实施方案。明确活动的意义与目的、活动的内容与形式、场地、规模、步骤和实习班在大型活动中承担的任务等。

(2) 在指导教师的领导下,根据本人具体情况,确定在本次活动中所承担的具体任务。结合大型活动的总体方案,设计制订个人所承担任务的工作计划。

(3) 在教师指导下按计划完成大型活动各项任务的准备工作。

（4）参加大型活动的全部过程,在教师的指导下完成自己所承担的任务。认真观察教师、保育员是怎么做的。配合教师、保育员组织、管理好本班幼儿,防止意外事故发生。

（5）记录活动的全过程,并作认真分析研究,写出实习报告,交指导教师审阅。

【案例八】

苏州高等幼儿师范学校附属教育幼儿园亲子活动计划
（3·3·3亲子乐园）

一、活动意图

我园从1993年开始进行3·3·3活动,十余年来,在3·3·3课题组的理论指导下,我园教师齐心协力,探索、实践,创设了具有特色的3·3·3训练、教学及游戏活动,编写了3·3·3园本教材。我园以3·3·3素质教育为教育特色,将3·3·3融入了我园的课程,除了每周安排3·3·3活动外,在教育教学中将3·3·3学会发展的目标渗透其中,引导教师、幼儿通过自己研究自己的身心来达到全面发展,引导幼儿学会观察、学会体验、学会表达、学会合作、学会分享、学会做事,从而提高师生双方素质,培养健康儿童。为了让家长体验3·3·3活动的魅力,特地策划全园大型的亲子活动。

二、活动目的

1. 让家长感受3·3·3活动的教育特色。

2. 增进父母和孩子的亲情关系。

三、活动准备

（一）宣传告知

1. 活动前两周在网上发布关于"3·3·3活动动员、招募志愿者、征集活动口号"的信息,活动前一周在网上再次推出活动动员信息。

2. 活动前两周在幼儿园醒目处张贴关于"3·3·3活动动员、招募志愿者、征集活动口号"的海报及传单,活动前一周在幼儿园再次推出活动动员的大幅海报。

3. 幼儿园工会组织征集活动口号的信息。

（二）报名动员

1. 设计报名表格,表格内容包括幼儿名称、简单的玩法、家长须知。每班一份。

2. 班主任老师负责调整人数。

（三）布置场地

1. 场地勘察,并在文化广场南面铁栏杆挂横幅"教育幼儿园3·3·3亲子乐园"。

2. 场地北面正中的两根石柱张贴园徽、3·3·3标志。

3. 场地北面的六根石柱张贴3·3·3图形(集体制作)。

4. 制作宣传口号(集体制作)。

（四）购买奖品

（五）准备器材

1. 所需准备的器材

（1）中大班年龄组

游戏一:拷贝不走样

准备:桌子3张,小学具12套,两人三足所需绑脚绳子6根。

游戏二:拿出、放入接力

准备:大学具3套,圈12个。

游戏三:看图阵摆图阵

准备:桌子6张,大学具6套,各图阵卡4张,绕树林的瓶24个。

游戏四:看谁拿得快又对

准备:大学具6套,二维符号卡60张,篮子6个,绳子6条。

(2)小班、小小班年龄组

游戏一:看谁听得清,看谁拿得快

准备:大学具4套,小篮子4个,小树桩12个。

游戏二:配对穿衣

准备:3·3·3几何体头饰若干,大学具散落在场地上,家长穿的衣服6件(家长自备,有至少4个纽扣的衣服),椅子6把。

游戏三:摸摸放放

准备:魔箱6个,大学具6套,篮子6个。

游戏四:彩盘游戏

准备:彩盘若干,白盘6套,盘图4张,桌子6张。

2. 所需器材的分类

(1)需要携带的器材:桌子6张,小学具12套,大学具7套,二人三足所需绑脚绳子6根,圈12个,篮子6个,绳子6条,小树桩12个,彩盘若干,椅子6把,家长穿的衣服6件(有至少4个纽扣的衣服),白盘6套,图阵卡4张,盘图4张。

(2)需要制作的器材:绕树林的瓶24个,二维符号卡60张,3·3·3几何体头饰若干,魔箱6个。

(六)器材准备分工

1. 杨某某、庄某某负责

(1)收集:桌子6张,圈12个,篮子6个,小树桩12个,椅子6把。

(2)制作:绕树林的瓶24个,魔箱3只。

2. 卢某某、顾某某负责

(1)收集:大学具7套、小学具12套,两人三足所需绑脚绳子6根。

(2)制作:魔箱3个,二维符号卡60张。

3. 张某某、何某某负责

(1)收集:家长穿的衣服6件(有至少4个纽扣的衣服),绳子6条,彩盘若干,白盘6套,椅子6把。

(2)制作:3·3·3几何体头饰。

四、活动议程

时间:2005年4月23日上午9:00开始。

地点:园区中央公园文化广场。

参加对象:幼儿园全体幼儿和家长、幼儿园老师。

活动流程:

6:30 王某某、杨某某负责安排人员到幼儿园准备活动材料。

7:00 黄某某、朱某某负责安排人员到中央公园布置场景。

8:00 教师各类物品到位(游戏材料:杨某某;音响:朱某某;场地布置:黄某某)。

8:30—9:00 幼儿、家长陆续进场,班主任组织幼儿、家长入座。

9:00 亲子活动正式开始(主持:杨某某)。

(一)全体幼儿律动、喊口号(蒋某某)

(二)园长讲话

(三)游戏开始

1. 大班:拿出放入接力(材料准备:陈某某、沈某某;奖品分发:黄某某、韩某某)。

2. 小班:配对穿衣(材料准备:杨某某、顾某某;奖品分发:黄某某、韩某某)。

律动:聪明歌 喊口号(蒋某某)

3. 大班:看图阵、摆图阵(材料准备:陈某某、沈某某;奖品分发:黄某某、韩某某)。

4. 小班:摸摸放放(材料准备:杨某某、顾某某;奖品分发:黄某某、韩某某)。

律动:动转歌 喊口号(蒋某某)

5. 大班:拷贝不走样(材料准备:陈某某、沈某某;奖品分发:黄某某、韩某某)。

6. 小班：看谁听得清、看谁拿得准(材料准备：杨某某、顾某某；奖品分发：黄某某、韩某某)。

律动：手指歌　喊口号(蒋某某)

7. 大班：看谁拿得快又对(材料准备：陈某某、沈某某；奖品分发：黄某某、韩某某)。

8. 小班：彩盘游戏(材料准备：杨某某、顾某某；奖品分发：黄某某、韩某某)。

游戏分组名单(略)

五、结束：喊口号(蒋某某)

【案例九】

2007—2008 年度第二学期花朵幼儿园幼儿春游安全预案

一、活动名称

春游——游览白塘生态园

二、活动目的

1. 观察生态园中植物的变化,感受春天的特征,培养幼儿热爱大自然的情感。

2. 遵守集体外出活动的规则,养成良好的规则意识。

三、活动时间

2008 年 4 月 18 日上午 8:30—12:00。

四、活动地点

白塘生态园(苏州工业园区附近)。

五、活动人数

托、小、中、大 13 个班级共 421 名幼儿。

六、活动安排

1. 车辆及负责人安排

1 号车：大一、大三(一半)幼儿　人数：58 负责人：某某。

2 号车：大二、大三(一半)幼儿　人数：53 负责人：某某。

3 号车：中一、小三 幼儿　人数：62 负责人：某某。

4 号车：中二、小四 幼儿　人数：62 负责人：某某。

5 号车：中三、小一 幼儿　人数：64 负责人：某某。

6 号车：中四、小二 幼儿　人数：65 负责人：某某。

7 号车：托一、托二 幼儿　人数：56 负责人：某某。

2. 相关人员安排

(1) 某某留守幼儿园做教师午餐。

(2) 某某、某某、某某、某某分别到托一班、托二班、小二班、小四班协助班主任工作。

七、负责人联系方法

(1) 安全负责人：某某。

(2) 后勤负责人：某某。

(3) 协调负责人：某某。

八、注意事项

1. 事先对幼儿进行安全和纪律教育,并检查幼儿穿着和物品保管情况。

2. 要求幼儿在 8:00 之前来园,全体教师 8:00 全部到位。

3. 8:20 到大门口操场集中,以车为单位,先整队、清点人数以后出发。

4. 途中、活动过程中责任到人,确保安全。

5. 幼儿一律返回班级,等教师核实好人数后方可让家长接走。

(此案例由苏州高等幼儿师范学校附属花朵幼儿园供稿)

【案例十】

小班年级组"迎奥运——小小运动会"活动计划

一、活动目的

能动作协调地跑、钻、爬、跳,感受成功的喜悦。

二、活动时间

2008 年 4 月 23 日上午 9:30—10:50。

三、活动场地

二楼小三班、小四班操场。

四、活动人数

全体小班幼儿共 140 名。

五、活动安排

1. 比赛项目:打怪兽、龟兔赛跑、捡花片、爬竹梯和拍球表演赛。

2. 比赛规则:

(1)打怪兽比赛:幼儿走过独木桥,在投掷线后投掷沙包,打中怪兽为胜。

(2)小兔历险:小一班和小二班幼儿跳,小三班和小四班爬,最先到达终点为胜。

(3)捡花片:钻过圈,跑向前方捡起一片花片原路返回,最先达到为胜。

(4)爬竹梯:将竹梯分别架在一只轮胎的两边,幼儿从梯子的一头爬上轮胎,再从另一把梯子爬下来,先完成为胜。

(5)拍球表演赛:老小班各推选 10 名幼儿,新小班各推选 5 名幼儿,半分钟内,拍球次数最多的为优胜者。

3. 相关人员安排:

小一班老师负责爬竹梯比赛项目,准备:大轮胎 4 只、小竹梯 8 把。

小二班老师负责捡花片比赛项目,准备:大花片若干、钻圈架 4 只。

小三班老师负责大怪兽比赛项目,准备:垫子 4 块、平衡木、沙包、怪兽图片。

小四班老师负责龟兔赛跑比赛项目,准备:爬垫 4 副、塑料圈 32 只。

各班晚班老师和保育员负责点数拍球个数,并做统计。

六、注意事项

1. 事先对幼儿进行安全和纪律教育,检查幼儿穿着,便于活动。

2. 上午 8:45 运动会开幕式,全体幼儿进行花色操观摩,提醒幼儿来园不迟到。

3. 各班保育员负责活动期间幼儿如厕以及协助老师维持秩序。

(此案例由苏州高等幼儿师范学校附属花朵幼儿园供稿)

【案例十一】

2008 年第一学期中班年级组外出参观服装厂计划

一、活动名称

参观服装厂

二、活动目的

幼儿应了解服装生产的主要过程,激发幼儿尊敬工作人员的情感。

三、活动时间

2008 年 4 月 21 日上午 8:45—10:30。

四、活动地点

苏州某制衣有限公司。

五、活动安排

（一）车辆及负责人安排

1 号车：中一、中三班，幼儿人数：68　负责人：某某、某某。

2 号车：中二、中四班，幼儿人数：68　负责人：某某、某某。

每班保育员均跟自己班级。

（二）参观过程

1. 参观前与幼儿讨论参观的内容及相关注意事项。

2. 组织幼儿参观服装厂。

（1）参观并听讲解，了解服装的制作过程：选料—裁剪—缝纫—熨烫—包装。

（2）工作人员介绍服装的种类。

（3）参观服装陈列室。

3. 参观结束后，幼儿互相交流参观的感受。

4. 教育幼儿尊敬服装厂的工作人员。

六、注意事项

1. 事先对幼儿进行安全教育和纪律教育，不随便触碰厂里的机器。

2. 要求幼儿在 8:15 之前来园。8:30 在幼儿园大门口年级组集合，清点人数出发。

3. 途中、活动中责任到人，确保安全。

七、车辆费用

200 元/辆。

（此案例由苏州高等幼儿师范学校附属花朵幼儿园供稿）

第三节　教育实习的计划

教育实习计划是教育实习的行动纲领，教育实习前，不仅要制订学校层面的教育实习的总计划，实习生还要制订个人教育实习计划。

一、学校层面的教育实习计划

学校层面的教育实习计划是教育实习工作的总的指导纲领，也是实习生制订个人实习计划的依据。在制订之前，要注意与实习幼儿园的协调与共同商议，然后在学校各部门之间的协同工作下，共同制定切实可行的教育实习计划。

教育实习计划主要应包括以下内容：

（1）教育实习的目的与任务；

（2）教育实习的组织；

（3）教育实习内容、要求与具体安排；

（4）实习生注意事项；

（5）实习指导教师的职责；

（6）教育实习成绩的评定。

【案例十二】

某高等幼儿师范学校 2007 年教育实习计划

一、教育实习目的

（一）了解新形势下幼儿教育实践的发展现状，进一步在实践中树立正确的教育观、儿童观。

（二）加深学生对幼儿园保教工作的认识和理解,熟悉幼儿园各种教育教学活动的组织要求和组织过程,基本掌握幼儿园一日活动各环节的各项常规要求。

（三）使学生学习有序组织幼儿园一日活动,尝试将所学理论综合运用于幼儿园一日活动的组织过程中,提高学生的综合实践能力。

（四）培养学生吃苦耐劳、团结协作的良好品德,深入体会幼儿教师的职业精神,培养学生的专业精神和专业情感。

二、教育实习时间安排

2007 年 9 月 3 日至 2008 年 1 月 11 日。

三、教育实习内容与要求

（一）教学观摩阶段（实习第一周）

1. 全面见习幼儿园各种教育教学活动,集中听课和跟班听课相结合,做好详细记录。

2. 向指导教师学习教育活动设计,并在本周内完成下周的教育活动计划。

3. 配合做好本班的各种保育工作。

（二）实习阶段

1. 实习配班工作（第二周—第四周）

（1）协助主班老师做好活动前的各种准备。

（2）协助主班老师组织幼儿的各项活动。

（3）协助保育员组织幼儿生活的各个环节。

2. 独立实习阶段（第五周—第十七周）

在指导教师指导下全面组织幼儿园一日活动,认真制定和执行各种教育计划,做好活动准备后的评析及家长工作。具体落实好以下内容:

（1）提前一周完成周计划,提前三天完成一日（半日）活动计划,计划须经指导教师签字同意后方可执行;

（2）全面组织幼儿园的一日（半日）活动,注意保教结合;

（8）实习家长工作,做好每天与家长的沟通工作,在指导教师带领下尝试做一次家访工作;

（4）制作教玩具,布置幼儿园环境。

（三）实习完成相关作业

1. 幼儿园一日活动的详细观察记录一份。

2. 经指导教师签字并附有评议的各种计划（周计划、日计划、教案各两份）。

3. 实习总结两份（全面总结一份、专题总结一份）。

四、实习园指导教师的职责

1. 帮助实习生熟悉本班教育活动的安排。

2. 指导实习生制订各类教育计划,审查批准实习生的活动计划,并对其提出意见。

3. 指导实习生组织各种教育活动,并对其活动组织情况及时反馈。

4. 指导实习生的评议会,评定其实习成绩。

5. 指导实习生进行班级管理。

五、实习生守则

1. 实习目的明确,实习态度端正。自觉遵守学校和实习幼儿园的各项规章制度,认真完成实习的各项具体任务,服从学校指导教师、幼儿园领导和老师的指导。

2. 严格保证实习时间。实习生请假必须经过实习指导教师、原任老师和园长的批准。不经同意不能离开实习岗位。因急病、急事不能亲自请假时,应及时请人转告幼儿园原任老师。请假一天或一天以上须经过学校教务处批准。保育实习期间,请假超过两天者,取消实习成绩。

3. 尊重双方指导教师和幼儿园其他工作人员,虚心接受他们的指导,对实习幼儿园工作的意见和建议,必须通过带队老师向上反映,不应随便议论。

4. 严格遵守考勤制度,不迟到、不早退、不旷工,按时上、下班。上班时间不做私事,不因私事打电话,不会客,不随便离园,也不得将其他人员带入幼儿园。晚上未经批准,不得外宿和超时回园或回校。

5. 严格遵守师范生行为规范,尊敬师长,礼貌待人,仪表端庄,发型大方,衣着整洁、朴素。不化妆,不戴首饰,不穿高跟鞋。言谈举止应做到为人师表。

6. 实习生之间要加强团结,互相支持,相互配合,齐心协力,争取圆满完成实习任务。

7. 见习期间,不能影响保教人员的正常工作和幼儿正常的活动。

8. 见习期间,不能长时间离开观察现场,不准看书报,不准闲聊天,不准吃零食。不准玩幼儿园的大型玩具等。对幼儿不能偏爱,不能随便议论。

9. 爱护幼儿园公物,各种物品用后放回原处,保持幼儿园环境的整洁。凡借幼儿园或学校的用具、资料、材料等,应如期归还,如有损坏或遗失应按有关规定赔偿。

二、个人教育实习计划

实习生来到幼儿园后可以根据实际情况制订总的实习计划。在教育实习中,实习生还要分别到小、中、大班各年龄段实习,要根据实际制订小、中、大班的教育实习计划。在实习过程中幼儿园也会根据情况对实习生进行安排或调整。因此,实习生要制订阶段性的计划,才能有计划、有目的、有准备地去完成阶段性教育实习任务。制订个人教育实习计划一定要与学校的计划相统一。

(一)教育实习计划的格式

教育实习计划通常要有标题、目标任务、内容、实施方法等。

教育实习计划的标题是由名称、适用时间等组成。以某幼儿园大班"四月份实习计划"为例,目标任务是计划的开头部分,简明扼要表达出实习要达到的目标;主体部分是计划最重要的内容,也是篇幅最大的一部分,要一一列出准备实习的内容,以及步骤、方法、措施等;结尾可以用来提出希望、展望前景、明确执行要求等,也可以在条款之后就结束全文,不写专门的结尾部分。结尾之后,还要署明个人姓名和制订计划的具体时间。

(二)制订个人教育实习计划应注意的几点事项

(1) 要有正确的指导思想,教育实习目标要明确,采用的步骤、方法与措施要具体得当。

(2) 第一阶段的教育实习计划既要全面,又要突出重点,突出本阶段教育实习要重点完成的任务与内容,做到抓住关键、有所侧重、以点带面。

(3) 每一阶段实习要定时、定质、定量。也就是说,不但要明确任务内容,还要确定完成各项任务与内容的时间步骤、保证质量的措施和方法等,这样才能有利于执行,便于检查。

(4) 计划要切合实际,便于操作。

第四节　教育实习的过程与指导

一、教育实习的过程

教育实习的目的、任务是通过教育实习的过程来实现的。教育实习过程是师范院校的实习生在教师的指导下,积极从事教育、教学实践活动,使其认识得以深化和完善的过程,也是培养其从师任教能力和忠于教育事业的专业思想与职业道德的过程。这一过程由教育实习的准备、教育实习的实施和教育实习的总结等三个阶段组成。

(一)教育实习过程的准备阶段

1. 教育实习的组织准备

教育实习开始前所进行的一系列组织准备,对于保证教育实习任务的完成,提高效率起着重要的作用。主要工作有建立教育实习组织领导机构、选定教育实习基地、聘请实习指导教师等。

2. 制订教育实习的计划和制度

学校实习领导小组应根据学校总的培养目标、学年工作计划、教育实习的客观要求和实习生的具体情况,制订出教育实习计划。教育实习计划应提出明确的实习目的、任务和要求,规定具体的实习内容和方法,安排周密的实习日程,确定实习的组织领导机构等。实习生也要根据自己的实际情况,制订个人实习计划。教育实习工作的实施,应有必要的规章制度做保证。

3. 教育实习前的思想动员

为确保教育实习的正确方向,提高教育实习的教育性,在教育实习临近前,学校应通过实习动员、专题报告和讲座、组织学习教育实习计划和规章制度等方式,对实习生集中进行一次政治思想、专业思想和职业道德精神的教育,达到如下基本要求。

(1) 进一步把握《幼儿园教育指导纲要〈试行〉》的思想,提高贯彻的自觉性,使实习生在教育实习中能自觉地引导幼儿体、智、德、美几方面生动活泼主动的发展。

(2) 强化实习生教师角色意识,增强她们从师任教的事业心和责任感,使实习生力求在教育实习中按照教师的标准严格要求自己。

(3) 进一步巩固实习生的专业思想,深入领会"师德为先"的理念。使实习生明确:热爱学前教育事业,具有职业理想,践行社会主义核心价值体系,履行教师职业道德规范,是师德的核心;关爱幼儿,尊重幼儿人格,富有爱心、责任心、耐心和细心是幼儿园教师师德的重要内容。增强实习生为人师表、教书育人的责任感和使命感。

4. 教育实习的业务准备

多年的教育实践表明,实习生教育实习成绩的优劣,同他们业务水平的高低有着直接的关系。

(1) 实习生应事先熟悉目前幼儿园实践中普遍采用的几种常见课程,了解教材的内容,掌握幼儿园教育中涉及的知识经验体系,发现自身知识结构的缺陷,及时拓展、扩充自己的知识领域。

(2) 平时利用分散见习和课外实践活动的机会,接触了解幼儿园教育,增强对幼儿园教育、教学的感性知识。

(3) 平时要结合五大领域学科的学习,进行活动设计、编写教案、组织教学的基本功练习,分小组模拟训练,并当堂进行评议,以提高和培养组织集体教育活动的基本能力。

(4) 注意搜集积累一些小游戏和故事,以备一日活动组织中活动环节转换和过渡之用。

5. 教育实习的物质准备

教育实习的物质准备是指教育实习工作所必需的资金、设备、物品和资料等。通常包括实习指导教师的补助费、交通费,听课记录本、教学参考资料、教育实习手册等。

(二) 教育实习过程的实施阶段

教育实习的实施是教育实习过程的中心环节。它直接关系着教育实习质量的提高,影响着教育实习任务的完成。教育实习过程主要内容如下。

1. 教育观摩见习

教育实习的实施是从实习生进入实习幼儿园进行教育观摩见习开始的(时间一般为一周)。通过观摩见习活动,可以使实习生熟悉实习幼儿园的环境,了解幼儿园情况,为正式进行幼儿园一日活动的组织,进行班级管理打下基础。观摩见习的具体活动如下。

(1) 参加实习生欢迎会。实习幼儿园的领导同实习生见面,然后致欢迎词,向实习生介绍幼儿园的基本情况,特别是幼儿园在教育、教学方面取得的成就以及幼儿园的发展规划,并向实习生提出具体要求,如幼儿园的作息制度、工作纪律,保教过程中需要特别关注的问题等。最后,介绍各实习生的分班情况。

(2) 进入实习班级,与班级幼儿和指导教师见面。熟悉班级幼儿和班级情况,接受实习任务。实习生进班后,与指导教师认识,然后由指导教师主持简短的欢迎仪式。实习生向幼儿做自我介绍,幼儿向实习生做自我介绍,相互熟悉。仪式结束后,指导教师应向实习生详细介绍班级基本情况,各项工作取得的成绩,存在及需要进一步解决的问题等。指导教师安排实习生近阶段要完成的任务,包括班级管理方面、协助指导教师教学准备工作方面及观摩期结束后实习生要进行的教育教学活动内容,以便实习生提前做好规划。

(3) 观摩实习班教育、教学活动。实习生充分利用各种机会,与幼儿接触,熟悉了解幼儿,并仔细观察指导教师组织的一日(或半日)活动,做好详细的记录。尽快掌握实习幼儿园一日活动的流程及指导教师在各个环节的要求。学习指导教师组织活动的工作技能,调控幼儿活动积极性和注意力,维持教学秩序和处理偶发事件的方法。学习如何进行随机教育和个别教育。

2. 教育、教学实习

这一阶段主要是在指导教师的指导下,开始尝试独立组织幼儿园一日(或半日)活动。练习入园、离园、晨间活动、生活活动、教学活动、游戏、户外活动等的组织,同时进行班级管理和班级环境创设的练习。在本阶段,实习生围绕实习内容,根据幼儿园教育实习工作的要求,认真做好各项计划,认真备课,认真做好活动准备,组织完每次活动后要进行活动反思和评价,包括自我反思和集体评议。注意主动请教指导教师,虚心接受指导教师的建议,认真完成《幼儿园实习工作手册》。学校实习领导组也要经常到幼儿园听课,做好指导工作;同时注意了解学生的反应,及时帮助学生发现和解决问题;在实习过程中,要善于发现和有意培养实习生的典型,并举行实习研究课,开好评议会。

(三) 教育实习过程的总结阶段

教育实习的总结是教育实习过程的终结阶段,通过实习总结、实习评价和评优等方式来进行。

1. 教育实习的总结

教育实习的总结是指通过对教育实习过程中各项工作的进展及完成情况进行回顾与分析,肯定成绩,检查不足,提出改进与发展的建议的活动。教育实习总结在教育实习工作行将结束时进行。教育实习总结的具体内容和形式包括实习生个人的总结、实习小组总结、指导教师的总结、实习幼儿园的总结、师范学校的总结等。由于总结主体各自在教育实习过程中所处的地位不同,实习总结也有所侧重。

实习生的总结一般是全面总结,内容涉及教育实习的基本情况,在幼儿园组织开展的各项活动中取得的成绩、经验、体会,存在的缺陷与问题,以及今后进一步改进的方向等。实习生也可以采用专题总结的形式,就实习中的某一问题,如集体教学活动的组织、游戏活动的组织或班级管理等方面的情况、经验、体会和存在的问题进行总结。

为了达到教育实习总结的预定目的,在总结中应遵循全面性、客观性和教育性的要求,动员和组织参加实习的全体师生和各级组织进行总结,召开有一定代表性的人员参加座谈会,举行全校性的汇报会,举办教育实习成果展览会等,使全校师生受到一次深刻的专业思想教育和职业道德教育,为培养合格的幼儿教师服务。

2. 教育实习的评价

教育实习工作结束后,经过总结,要对实习生的实习成绩和不足进行评价。

对实习生的评价,首先要客观、准确、全面。评价要从实习生的客观实际出发,准确地表述他们在实习过程中的表现。既要看他们在教育实习中的专业思想、职业道德和为人师表的表现,又要看他们的专业知识和从事教育、教学工作能力的水平。既要看他们组织半日活动、分析处理教材、编写教案、进行集体教学的实际效果,又要看他们在班级管理、参与组织大型活动的实际效果。既要看他们在教育实习全过程中的一贯表现,又要看他们在某方面创造性开展工作的突出成绩。其次,要坚持一分为二的观点和发展的观点。对实习生评价,既要看到问题,更要看到实习中取得的成绩和进步,还要为今后的学习和发展提出希望和要求。

对实习生的评价,一般采取评语和评级相结合的方式进行。评价一般由实习幼儿园的指导教师和领导对实习生逐个进行评价,写出评语,注明等级。

3. 教育实习的评优

为肯定教育实习的成绩,表彰教育实习中的先进,以推动教育实习,乃至整个学校教育、教学工作的开展,在教育实习总结和评价的基础上,学校将实习过程中涌现出来的优秀实习生、优秀指导教师和先进实习小组、先进实习幼儿园等评选出来,树立学习的榜样。

优秀实习生的标准主要有:热爱教育事业,热爱学生;专业思想巩固;服从实习组织的领导和教师的指导,遵守实习纪律;相互团结,相互帮助;积极参加实习,认真组织好活动,成绩优秀,受到实习幼儿园领导、老师和家长好评;等等。

二、教育实习的指导

教育实习指导是提高教育实习质量的重要环节。教育实习指导包括师范学校领导的指导、实习管理机构的指导、实习指导教师的指导等，其中主要是指实习指导教师的指导，包括师范学校指导教师和实习幼儿园指导教师的指导。下面主要论述的是师范学校的指导教师的指导。教育实习的指导主要注意以下环节。

（一）教育实习指导教师的配备

教育实习指导教师在教育实习中起着重要作用，所以配备的指导教师需要具备一定的素养，具体应符合以下条件。

（1）有先进的教育教学理念，对教育实习有正确的认识。

（2）有较高的专业道德水平，能够做到为人师表。

（3）有一定的专业知识和丰富的教学经验，教学水平高。

（4）有充沛的精力和较强的事业心和责任感。

（5）熟悉幼儿园教育教学状况，懂得幼儿教育的基本理论。

（6）有一定的沟通、管理、协调能力。

（二）教育实习指导教师的职责

教育实习指导教师的工作目的和任务是组织、管理、教育和引导实习生按照教育实习的指导思想，遵循教育实习的规律，开展各项实习活动，顺利完成教育实习任务。使实习生初步掌握幼儿园教育特点、规律，巩固专业思想，锻炼他们综合运用所学知识组织幼儿园教育活动的能力，使之养成幼儿教师的职业道德情操和行为等。这样的工作目的和任务决定了实习指导教师应该履行如下基本职责。

（1）严格执行学校的教育实习计划，保质保量地完成有关实习的各项任务。

（2）做好实习前的思想、物质上的准备。一是事先跟实习幼儿园的领导和有关老师接触，了解幼儿园的基本情况及对实习生的要求，以及实习生实习期间幼儿园的教育计划等，以便向实习生介绍，使实习生心中有数；二是做好实习前的动员，鼓舞士气，振奋精神，克服畏难情绪；三是安排好实习生的食宿等。

（3）配合实习幼儿园给实习生安排实习任务。

（4）主动配合实习幼儿园的指导教师指导实习生制订各种教育计划、试讲、上课、评议，并组织实习生相互观摩活动。

（5）对实习生全面负责，关心他们的思想、生活、健康，保证实习工作的顺利进行。

（6）加强同实习幼儿园各方面的联系，听取实习幼儿园和有关教师的意见，反映实习生的合理意见和要求，协调处理好各方面的关系。

（7）指导实习生写好个人总结和实习小组总结，并会同实习幼儿园指导教师评定实习生的实习成绩，做好实习结束离园工作。

第五章 班级工作实习

《幼儿园教师专业标准(试行)》明确指明幼儿园教师是履行幼儿园教育工作职责的专业人员,需要经过严格的培养与培训,具有良好的职业道德,掌握系统的专业知识和专业技能。幼儿园教师的培养工作需具有很强的专业性和实践性。实习,是教育实践中非常重要的一个环节,是成为"人师"的第一步。班级工作实习是学前教育专业教学计划的重要组成部分,是培养学前教育师资的关键环节,也是对该专业学生思想品质、知识水平和教育教学能力的综合检验。为此,必须高度重视,认真准备,强化管理。

微课 5

第一节 班级工作实习的目标与任务

一、班级工作实习的目标

通过班级工作实习达到以下两大目标。

(一)完成教学任务

在幼儿园班级工作实习中,如何完成规定的教学任务,并在此基础上有所发展是实现班级工作实习的首要目标。为此,实习生首先应了解幼儿园课程的性质、教学目的、教学任务和教学基本要求等。

1. 幼儿园课程的性质

我国幼儿园课程的性质和特点,是由幼儿身心发展的规律、特点以及幼儿教育的性质决定的。从教育体制的角度来看,幼儿园教育是学制的最初环节。《幼儿园工作规程》总则第二条规定:"幼儿园是对 3 周岁以上学龄前幼儿实施保育和教育的机构。幼儿园教育是基础教育的重要组成部分,是学校教育制度的基础阶段。"该《幼儿园工作规程》明确指出了幼儿园教育在整个学校教育制度中的位置。从人的发展的角度来看,幼儿园教育的对象是 3—6 岁的幼儿,这一阶段是人生发展的起始阶段。这一阶段所获得的学习经验,不仅影响着幼儿当时的发展,还会影响到青少年期乃至一生。为幼儿提供学习经验的幼儿园课程,具有基础性的特征。

我国实行的是国家、地方和学校三级课程管理的体制。国家课程以纲领法规的形式颁布,2001 年 9 月颁布的《幼儿园教育指导纲要(试行)》和 2012 年 9 月颁布的《3—6 岁儿童学习与发展指南》,明确指明了幼儿园课程的五大领域目标,具体规定了学前课程组织方法和实施评价方法。各省以这两个纲领性法规为指导依据,结合地域教育资源特点,由各省教育厅教育科研研究室行政发行地方性幼儿园课程,具体包括幼儿行为发展目标、课程编制理论基础,以及具体落实到每周安排的教学方案,这些课程配置了详细的教学活动方案,并配套发行幼儿学具材料、教师教学资源材料。这些由省内行政化统一发行的课程被称

为地方课程。三级课程是指幼儿园的"园本课程"。即以国家和地方课程政策为指导,立足于幼儿园之"本",切实考虑本园的教育现状、资源、需求等因素,充分调动家长、幼儿、课程理论专家、教师等各方人力共同参与,创意和开发的课程体系。

实习教师工作前,要充分掌握《幼儿园教育指导纲要(试行)》与《3—6岁儿童学习与发展指南》的内容,这些国家规定的章程反映着幼儿发展的普适性规律,是实习教师开展工作的最基本依据。在实习教师工作历程中,为解决教育经验中教与学的矛盾问题,首先,可以借助于这两项规章中的内容依据和方法的提示。国家课程纲要中的内容是帮助实习教师找到解决现实问题的理论钥匙。

其次,在幼儿园工作中,实习教师要踏实执行幼儿园的地方性二级课程。地方性二级课程是幼儿园每学期的教学内容安排的基础,所以实习教师要学会按照二级课程文本中教学方案的提示,认真准备教学材料,对照教学方案步骤,实施教学活动。

其三,实习教师认真内化实习幼儿园园本课程创意内涵。每所幼儿园自主研发的园本课程都具有其内在的创新点,实习教师可以从四个维度去理解园本课程体系:园本课程目的、教学资源建构、教学行动内容、典型的教学方案。实习幼儿园的园本培训内容中必然渗透着大量的关于园本教学实施的内容,实习生从以上四个维度进行分类内化学习,能够把碎片化的学习内容,整理为有机的课程脉络。对实习教师而言,实习幼儿园的园本课程体系是实习教师未来参与工作园的园本课程体系建构的灵感资源和创意基础。

2. 幼儿教学工作的任务

我国幼儿园的教育任务实行保育和教育相结合的原则,对幼儿实施体、智、德、美全面发展的教育。在促进幼儿身心和谐发展的同时,为幼儿家长安心参加社会主义建设提供便利条件。从我国幼儿园课程的性质来看,幼儿园教学的主要任务有以下几项。

(1)促进幼儿体、智、德、美诸方面全面发展。

(2)促进幼儿各项教育发展,提高教学活动质量。

(3)丰富幼儿知识、扩大幼儿眼界。

(4)培养幼儿兴趣和求知欲望。

(5)发展幼儿智力。

(6)培养幼儿正确对待周围的人和事物。

(7)掌握幼儿园各年龄班教学的内容和要求,了解并掌握选择及编排教学内容的原则,学会制订幼儿园教学工作计划。

师范学校检验学生学习效能的方法是"考试",试题中所假设的"教育问题时空"具有静态性,学生仅仅使用"答题"就能"一一对应"地假设解决问题的方法。而在真实的教室中,生动活泼的幼儿所"制造"的"教育问题"具有广延性、随机性和不确定性,教育现场需要实习教师对这些"不确定化"地呈现的教育矛盾做出即时化的教育决策。教育实习工作是实习教师从师范静态化学习转型进入"动态的教育实践",实习教师将面临"教育现实挫折感""不确定的挑战感"等心理压力。面对这些情况,实习教师可以这样做。

(1)认真面对初为人师的受挫现实,建构多种策略应对实习焦虑。幼儿的年龄心理特点是无意注意占主要地位,有意注意开始发展,所以实习教师常常面临这样的情况:仅仅有70%的幼儿能够领会实习教师的教学意图,并沿着实习教师预设的教学思路进行积极学习互动,而其他30%的幼儿则不能全身心地投入教师预设的教学步骤中,并且部分"勇敢"的幼儿总是自主化地寻求自己"新"的学习兴趣,导致实习教师教学现场的秩序失控,最终"迫使"实习教师停下教学步骤,而由实习指导教师来"整顿教学常规"。"现实的教学受挫情境"给实习教师带来实习焦虑,实习教师可以采取以下策略度过实习焦虑期。

首先,全然接受自己的"不完美"工作表现,阻止"不合适做幼儿园教师""自尊心受到挑战"等消极心理的暗示,坦然面对实习教师必然的"教学入门"问题。

其次,运用曾经师范学习中的学科框架作为反思思路,把"理论与技能"整合成解决问题的综合能力。

教育现场的问题看起来有着复杂、简单而琐碎的表现,然而其蕴涵着因果逻辑关系,实习教师可以把师范学习的学科内容作为反思工具,依据学科内容逐层分析,来理性找到解决问题的办法。例如面对幼儿上课注意力涣散的问题,实习生可以从弹、唱、说、跳等教学技能应用的角度去查询教学问题所在,也可以从教育设计合理性角度去反思教学合理性;可以从幼儿的生理发展特点和心理发展特点反思教学设计是否有助于集中幼儿的注意力等。当实习生能够循沿师范学科内容的维度逐层去定位问题所在时,自然能够清晰地找到解决问题的办法,从而能够深刻地领悟到自己师范教学技能、教学理论学习的功用。

(2) 充分备课,以多种方法应对临场应变能力不足的问题。备课包括"备学生、备教材、备方法"三个方面。实习教师以充分假设现场问题而进行"备学生"环节的工作。备课时,实习教师要在头脑中形成一个假想的教学现场,对教学中出现的所有提问和教学中的每个动作步骤进行问答演练,反复揣摩幼儿的反应情况。这样对幼儿学习反应的充分假设能够帮助实习教师形成解决问题的"预案"。

精细化准备教具以备教学。3—6岁幼儿处于具体形象思维阶段,他们借助于操作教具内化学习内容,因此幼儿园教学活动离不开具体化的教具与学具。教具出示步骤要准确地符合幼儿学习逻辑,首先,教具的量精简而要有效率,过分花哨的教具会分散幼儿的注意力,过多地使用教具使得学习重点不能突出,因此实习生要充分与指导教师沟通,设计和准备最有效率的教具量。其次,实习教师要充分演练与操作教具,使得自己能够在教学现场自如地使用教具,从而减少因为实习教师不熟练使用教具而干扰幼儿学习效率的情况。

多层次准备活动内容以备不时之需。因为缺乏对于幼儿学习经验的充分了解,所以仅仅按照教学方案执行教学步骤还不够,实习教师还要对于一个教学内容进行充分的多层次地备课,延寻"同题异构"的思路,尽量运用多种方法设计教学过程,这样当实习教师发现幼儿对某教学行为缺乏关注兴趣时,就会有充分的思想准备去改变现场教学策略,以另一个教学行为引导幼儿加入教学活动中。

掌握一些"万能游戏"以重组课堂秩序。幼儿喜欢新奇的事物,喜爱朗朗上口的儿歌,热爱游戏活动,因此实习教师可以向班级指导教师学习一些常用的教学游戏,例如帮助全体幼儿集中注意力的游戏,该班幼儿最喜欢的歌曲,该年龄的幼儿所喜欢的短小故事等,在日常的等待过渡时间和突发性教学常规混乱的时候,实习教师能够运用这些教学游戏吸引幼儿的注意力,从而能够让教学活动秩序继续进行。

(二)培养新一代幼儿班主任

幼儿园班级是个特殊的小社会,或者更恰当些,叫特殊的家庭。由于幼儿年龄小,除了教育教学以外,很重要的一部分是保育,即对幼儿的生活管理,也就是保教并重。在幼儿园,幼儿的一切都依赖于教师,依赖于班主任,事无巨细,都需要班主任处理,因此,幼儿园的班主任必须扮演各种角色,即教师、家长、朋友等。要扮演好这些角色并不容易,但是,只要本着一切为了孩子的宗旨,扎实开展班主任工作,就能逐步形成班级自己的特色,建立班级文化。

幼儿园的文化活动多种多样,在地方课程中,因循日常生活的节日活动组织各类幼儿园文化活动,例如:"三八节爱妈妈活动""五一劳动节的'叔叔阿姨劳动快乐'主题活动"等。不同的节日活动,是教师引导幼儿与不同的人群进行社会互动、认知建构的教学过程。例如:"元宵游园灯会"是全园混龄儿童交往活动;"中秋家家乐活动"是父母与幼儿共同感受中国传统中秋文化的机会;九月九重阳节中,幼儿与祖辈共享天伦之乐;劳动节时,社会行业精英进幼儿园向幼儿展示职业文化。除此以外,在幼儿园园本课程中,每个幼儿园有自己的园本文化活动,这是每个幼儿园所特有的展现本园文化理念、发展幼儿能力的活动。例如开展"戏剧游戏课程"的幼儿园在每个学期组织"戏剧节或戏剧月"活动;开展"阳光体育课程"的幼儿园会进行"阳光体育节"活动。这些丰富多彩的幼儿园文化活动需要幼儿园教师具备优秀的活动组织能力、特有的专业课程知识,以及良好的社会心理素质。作为实习教师,应抓住参与幼儿文化活动的机会,锻炼以下能力。

(1) 协助指导教师做好幼儿园文化活动的物质准备工作,熟悉各类文化活动的组织方法。实习教师要协助班级指导教师,全身心地投入活动准备工作中,精准、精细地准备每个环节的活动材料,这样整个文化活动的组织过程即实习教师学习的"活课堂",实习教师能够学习把"物质材料、时间、制度、人力资源"进行统筹安排的组织能力。

(2) 认真学习幼儿园文化活动的策划文本,理解幼儿园文化活动的功能。随着幼儿园科研文化的发展,每个幼儿园为增强园本文化组织的效率,减少幼儿园教师工作焦虑,都会积累大量的园本特色活动组织方案。实习教师在参与幼儿园活动过程中,要认真研读这些文化活动方案,结合幼儿园园本课程理念和幼儿园国家课程理念,理解每个幼儿园文化活动的内在目的,每个组织程序中所体现的幼儿身心特点,从

文本理解园本课程构建的基本逻辑框架,有助于自己在真实工作时,能够举一反三地创建班级文化。

(3)现场承担具体活动任务,锻炼心理素质和组织能力。某个具体的幼儿园文化活动现场由多个部分构成,实习教师可以主动承担某一部分的组织工作,这样通过真实履职来发展文化活动组织能力。现场参与幼儿园文化活动对实习生提出了"更高的挑战任务",需要实习教师进行充分准备,以杜绝出现"秩序失控"的错误;而同时作为整个文化活动的"子活动",处于大型文化活动的组织保障体系中,所以,"子活动"出现秩序失控错误的概率较低,实习教师在充分认知组织步骤与熟知现场资源使用规则的情况下,一定能够完美完成"子活动"的组织活动。

◎ 二、班级工作实习的具体任务

班级是实施保教工作的基本单位。保教任务的完成要靠细致的班级日常工作。班级的日常工作若能安排得井然有序,那就为有效教育提供了良好的条件。幼儿园班主任工作是琐碎、繁忙的,然而做好班主任工作是一个好教师的标志,也能从中体验到做教师的快乐。

(一)掌握班级工作流程

幼儿园教师一定要熟悉和重视班级的一日工作流程。幼儿园的工作流程是将保教工作制度与人员职责规范依幼儿一日生活的各个环节、时间,规定出明确具体的内容要求,并使之程序化、规范化,如入园、区域活动、自发性活动、进餐、如厕、户外活动、教学活动、整理活动、环节转换、离园等,能让教师和幼儿都清楚自己在何时该做何事。一日工作流程的组织和监控技能方面的差异是新手教师和成熟教师相区别的重要特征。实习教师掌握班级工作流程的方法如下。

1. 全面分析班级整体情况与个别幼儿情况

幼儿园是为社区家庭服务的公益性单位,每个幼儿园的家长群体具有共性化的社会阶层特征。例如:在乡镇企业密集的工业小镇,幼儿园所招收的幼儿多为外来打工人员的孩子,而本地企事业单位白领阶层的孩子可能都会在县城或城市的幼儿园入园。家长群体的工作作息特征、经济收入等决定了幼儿的认知特征,因此,实习教师要充分了解班级整体特征,包括幼儿男女性别比例,家庭养育模式,幼儿整体学习情况和生活习惯等。对幼儿整体情况的了解,既能够帮助实习教师做好整体教学计划,也能进行个别化教育,并且有利于做好家长工作,获得家长对工作的认同和支持。

每个幼儿是自然的孩子,是社会的孩子,是社区的孩子,是家庭的孩子,所以每个幼儿都有其天然的个性。《幼儿园教育指导纲要(试行)》在"组织与实施"部分提出:"尊重幼儿在发展水平、能力、经验、学习方式等方面的个体差异,因材施教,努力使每一个幼儿都能获得满足和成功。"实习教师在实习班级与幼儿共度一段教育时光,虽然短暂但是也会对幼儿产生持久的心理影响,因此实习教师要尽可能去了解每一位幼儿的个性特征,以无偏见的教育视角去审视每个幼儿的个性和行为特征,然后在教育中采取适当的教育方法促进幼儿发展。实习教师具有其天然的教育魅力和力量,实习教师年轻而充满青春的朝气,这样朝气蓬勃的精神力量与幼儿童年精神是相互融通的,所以幼儿一般都喜欢年轻的教师。这天然的心理发展特征能够让实习教师更容易走进幼儿的心理,实习教师要借此充分发挥青春的力量,专注地帮助某些被班级贴了"坏孩子"标签的幼儿进行行为转化,通过持续关注个别幼儿发展情况的方法,为某类型幼儿心理特征建构系统化的教育策略,从而做好个别化教育工作。

2. 研习班级管理文本

每个幼儿园班级都有管理文本,教学层面包括班务计划、教学计划、逐周教学安排;幼儿园文化建设层面包括节日活动方案、社区活动计划、园本课程活动方案;幼儿个别教育计划层面有幼儿个案记录表、幼儿行为发展检核表;家长工作层面有家园联系册、幼儿成长记录档案等。实习教师首先全面了解各类班级管理文本的内容,然后学习制作与管理班级文本的方法,把班级文本制作有序地纳入实习工作计划中。

3. 熟悉班级空间环境

实习教师进入班级工作之后,承担着幼儿园教师的管理责任与教学任务,实习教师对自己所工作的环境的空间有整体了解,既有助于自己充分利用幼儿园环境资源,同时又有助于有序管理幼儿,避免安全事故。例如:实习教师要解读班级墙面环境的功能,有些墙壁是幼儿生活行为标记墙,当实习教师发现幼儿行为失范时,就可以让幼儿再次解读这些行为标记来领悟班级规则;有些墙壁是用来展示幼儿学习作品的,因此,实习教师要及时把幼儿的学习成果展示于墙壁,这样有利于家长解读幼儿的行为发展情况,也有利于幼儿之间通过作品进行相互交流学习;有些墙壁是趣味的科学角落展示,有些墙壁是"红花榜",实习教师对每个墙壁与环境的功能的理解,有助于充分利用"环境是第三位教师的功能",而避免走入对幼儿进行直接说教、单一指正的教育误区。

(二)初步培养班级工作能力

幼儿班级是幼儿全面发展、健康成长的重要环境,控制着这个环境的是班主任,班主任发挥着任何人都不能替代的作用。一是班主任不仅要关注幼儿的一般发展需要,而且要关注每一幼儿的发展特点,根据每一幼儿的发展需要来给予受教育者有效的帮助。满足每一个幼儿发展的需要,需要主班教师发挥独特作用。二是班主任工作的特殊性就是要把自己和其他教师的"教书育人"的影响力进行整合,形成"教师集体"影响力,进而培育班集体,塑造幼儿的完整人格。实习教师应在原任教师的指导下,熟悉班级幼儿的情况,协助记录幼儿成长档案,学习制订一日生活计划,开展积极的师幼互动,增进与幼儿的感情,培养在幼儿中间的亲和力。实习教师需要掌握的幼儿园班级管理的方法如下。

1. 规则引导法

在班级一日生活中,建立必要的常规是十分重要的。这种常规的建立首先要考虑规则是否必要,是否超越了幼儿现有的水平,是否注重了教职工、家长甚至幼儿的参与性。其次,要提供给幼儿实践的机会使幼儿在生活中掌握规则。最后,教师要保持规则的一贯性。如针对班级幼儿特点和培养目标,采取"每日一歌""餐前介绍"等规则引导幼儿开展活动,促进幼儿全面发展。

2. 情感沟通法

教师在日常生活和活动中要观察幼儿的情感表现,发现幼儿情感产生和表达的特点,了解不同幼儿的情感需要,并采用恰当的方式,激发幼儿相应的情感,引发幼儿积极向上的行为。同时,教师要经常对幼儿进行移情训练,使幼儿从小就有站在他人立场、角度理解他人情感的习惯和能力,并能从他人的困境、痛苦出发,产生助人行为,为幼儿今后进一步的亲社会行为的发展打好基础。另外,教师要保持和蔼可亲的个人形象,具备童心和爱心,其言行举止要表达自己积极而真切的情感,同时还要创设更多的情景,让幼儿处于丰富的情感世界里,使幼儿在愉快积极的氛围中活动和交往,以提高活动的质量。

3. 榜样示范法

教师在班级管理中要善于利用具体的健康形象和成功的行为做示范,来引导和规范幼儿的行为。实习生虽仍是学生,但对于幼儿来说却扮演着教师的角色,进入幼儿园,他们的一言一行就以不同的方式影响着幼儿。因而,在与幼儿交往时,实习生要考虑自身的言行是否都有益于幼儿的发展。所以,从一开始,实习生就要以一名准教师的身份要求自己,言传身教,认真地使自己成为"值得模仿的人",为幼儿做出良好的行为示范,努力成为注重美善、注重情意、自爱、爱人的典范。要幼儿有礼貌、稳定的行为,教师应自然地呈现出积极、正面、安静、稳定的行为模范。

一个新的幼儿园教师首先必须做好以上工作,才有可能带好这个班级。

第二节　班级工作实习的内容与要求

一、班级工作实习的内容

班级工作实习是班级工作的演习,其内容应与实际班级工作相一致,遵循班级管理的规律。主要按照以下五个方面进行。

(一)制订班级工作实习计划

班级管理工作头绪纷繁,要提高班级管理工作质量,就必须制订全学期的工作计划。制订班级工作计划既是实习的基本内容,也是加强实习工作计划性的重要措施。班级工作实习计划的基本内容如下。

（1）引言。包括实习幼儿园、班级名称、原班主任和实习班主任姓名、实习时间、实习目的、实习小组成员的分工。

（2）基本情况。一是幼儿构成：总人数、男女生人数；二是班级现状：包括各个方面（如学习、生活、游戏、运动等）的班级整体情况和个别幼儿情况，以及自己恰当的分析。

（3）主要任务。指针对班级实际，实习期间拟做哪些工作，采取什么方式方法，达到什么目的。

（4）日常工作。指日常事务。

（5）具体安排。综合"主要任务"和"日常工作"两项内容，逐周安排，包括周次、工作内容、主要措施、执行人或主持人。形式为条款式或列表式。

制订班级工作实习计划的基本要求是：①协调步调，与幼儿园培养目标一致、与实习园教育教学计划一致、与原班级学期工作计划一致；②及时可行，实习计划是实习阶段班主任工作的蓝图，一定要尽快拟定，最好在见习阶段完稿，而且工作任务、行动措施都必须切实可行；③简短精练，要从实习班级与实习生的实际出发，文字精练，篇幅简短。

（二）熟悉班级幼儿

进行班级实习工作直接面对的就是班级幼儿，因此尽快熟悉儿童，与他们建立起密切、积极的相互交流关系，对做好今后的班级工作起着重要的作用。儿童心理学的研究告诉我们，幼儿的主要心理特征如下。

（1）幼儿是活泼好动的。幼儿好活动、好游戏、好模仿、好奇心强、专注能力弱，很容易受外物吸引且喜欢别人的赞赏。

（2）幼儿并非小成人。幼儿幼稚无知，头脑简单，对抽象事物难以理解，语言正在发展中，手眼协调的能力及肌肉能力尚未发达，尤其是在思维方面，对抽象事物没有分辨是非能力、判断能力。

（3）幼儿是有个体差异的。人的成长受遗传和环境的影响，无论性别、智力还是个性，多由遗传决定。幼儿自出生以来（甚或在胎儿期）就受着家庭（父母、亲人）环境的影响。稍长，还受学校及社会环境影响。

实习教师如掌握以上规律则能够全面迅速地了解幼儿。在熟悉幼儿过程中要注意建立平等融洽的师生关系。教师的情感对幼儿有感染作用，幼儿知识经验少，是非观念差，独立生活能力缺乏，他们不仅需要成人对他们生活上的悉心照料，行为品德上的耐心引导，而且需要得到教师情感上的关爱与呵护，尤其是新入园的孩子更需要老师的关心、爱护。唯有如此，才能得到孩子的信任，才能取得良好的教育效果。

实习生要在尽可能短的时间内熟悉每一个幼儿的家庭背景情况、幼儿的个性特征、身体状况等，并建立幼儿个人档案，以方便随时与家长联系，同时用真诚的爱心温暖每一个幼儿，恰当地运用表情、动作、语言去感染幼儿，与幼儿融为一体，以保证教育过程的有效性。

实习生来到幼儿园，对于幼儿来说是一件非常兴奋的事，他们都希望得到新老师的关注。想要尽快赢得他们的好感，很自然地和他们交流、游戏，第一步要做的就是在短时间内记住并能喊出他们的名字。这对实习生建立威信也十分有利。

（三）做好班级安全卫生工作

抓好班级日常性安全卫生工作，可以使幼儿在日常生活活动中，在每日的饮食起居中，有一个整洁、安全的环境，得到细微的养护照顾，受到科学的健康教育，身心得到良好的发展。幼儿班主任应从以下几个方面着手。

（1）保持班级室内外环境整齐、清洁、安全，物品摆放高低适中，整齐有序，室内环境一尘不染，美观宜人。

（2）照顾好幼儿的一日生活，特别是加强对体弱儿的护理，引导幼儿加强体育锻炼，提高幼儿的身体素质。

（3）严格执行消毒制度，达到卫生标准。

（4）培养幼儿良好的卫生、学习、生活习惯，加强自理能力的训练，创造安全的班组环境，随时随地检查室内外、活动场地的安全状况，及时发现、处理隐患，防患于未然。

（5）结合幼儿年龄特点，进行适当的安全教育，增强其自我保护意识和能力，以杜绝事故的发生。

（四）开展保教工作

保教工作即幼儿的日常保育及教育工作，做好保教工作是每一个教师的责任。幼儿教育的对象是幼小儿童,是稚嫩的个体,处于迅速发展中,身心发展尚不完善,独立意识、能力尚未形成,很容易受到伤害,因而教师对幼儿的教育应该是全方位的。这就要求教师实施保教结合原则,对幼儿的发展全面负责,教养并重,保护与促进同步。教师要加强生活指导,使教育贴近幼儿的生活经验,有效地组织幼儿的一日生活,建立积极的师生关系,从而促进幼儿的身心健康和谐发展。随着社会的发展和教育观念的改变,保育从传统的"保护身体发育"扩展到"促进幼儿个性发展和社会适应能力的提高",从"安全保护与卫生"扩展到"实施教育过程中生理、心理和社会保健"。保育不仅要体现全面发展的教育观,更要反映社会与人才发展的实际需求;不仅要做好传统的保育工作,更要重视保与教的相互作用,将保教真正有机地结合起来。

(五) 学会与家长沟通

对于幼儿园教师来说,与家长沟通,积极寻找教育幼儿的最佳切入点,从而提高教育质量,发展幼儿个性,显得尤为重要。这里的沟通,是指在孩子发展与教育上,家、园双方随时互通信息,交流看法,以求全面了解孩子发展的情况,在教育上取得共识,从而共商教育策略,协同进行教育。

教育史上很多著名的教育家都强调学校教育与家庭教育一致的重要性。教师与幼儿家长之间理想的关系应是一种以同一目标为中心,建立在彼此理解、尊重、信任和支持基础上的人际关系。一方面,教师与家长均作为幼儿教育者,两者既有平等、共同的一面,又有教育专业人员与以自然法则承担家长角色与职责的非专业人员之别。另一方面,教师与家长之间还存在着服务者与服务对象的关系,两者之间关系既对立又统一。教师与家长在根本利益和教育目标上是一致的,都是要把儿童培养成为社会所需要的合格人才。为此,教师必须处理好与家长的关系。

为达此目标,首先,教师要建立起良好的师生关系。儿童是家长与教师发生人际关系的中介,师生关系如何会对教师与家长的关系产生重要影响。良好的师生关系可以促进积极的教师与家长的关系,而良好的教师与家长关系也会促进师生关系。其次,教师要重视与家长的沟通,通过多种方式与家长保持持续的联系,随时了解儿童在家中的心理、行为状况,了解家庭教育环境和家长的教育方式,并及时向家长通报儿童在园的表现,既肯定其优势与长处,又指出其不足,并报告和解释园所的教育方针、措施,相互交流学习,共同制定和实施教育对策。再次,在教育儿童过程中,教师作为专业的教育工作者,要耐心向家长介绍教育的一般方法和技巧,帮助家长获得科学育儿的知识,提醒家长需要注意的地方。教师在与家长沟通时,要注意帮助家长增强育儿自信心,与之交流研讨,制定适宜的教育策略。最后,教师应以"换位"的思维方式与家长沟通,了解并尽力满足家长的需求,主动为他们服务,与此同时,最大限度地争取其支持。

二、班级工作实习的要求

幼儿教师对幼儿的身体、心灵的成长发展起着极其重要的作用。因为没有道德判断能力的幼儿很容易受到教师的影响,甚至听从于教师。因此,对幼儿教师的要求并非比大龄孩子的教师低。

(一) 热爱幼儿,尊重幼儿

苏联教育家苏霍姆林斯基说过"热爱孩子是教师生活中最主要的东西,爱孩子是教师必须具备的美德,也是教师的天职"。日本幼儿园教师把自己比作孩子们的"白日里的妈妈",我国幼儿园也倡导教师"热爱孩子像妈妈",这意味着教师要全身心地关注、照顾幼儿。热爱幼儿是一名幼儿园教师最基本的职业道德要求,而尊重幼儿是促进幼儿主体意识发展的基本条件和前提。在幼儿园日常教育工作中,对孩子的尊重能使孩子感受到自己存在的重要性,感受到自己与教师与成人的平等,并因此更愉快地接受教育,身心健康获得发展。

尊重幼儿也是幼儿人格发展的需要,受到尊重的孩子才会懂得尊重别人,而懂得尊重别人才能赢得更多人的尊重。这对孩子日后走入、适应和融入社会是非常重要的。

我们常要求幼儿教师要爱孩子,但其实尊重孩子是对孩子更高层次的爱。因为一名教师只有尊重孩子,才能真正认识到孩子的独立性和人格,才能真正理解孩子,才能科学、适度地爱孩子,而不是盲目溺爱或用爱的名义禁锢孩子的自由。

师生间应当建立一种新型的和谐关系,形成一种平行的、双向的、互相支持的合作者的关系,即一种民主平等的思想,并以教师的亲和力为核心。亲和力是教师最基本的素质,所谓"亲其师,则信其道",只有把

孩子当作自己的亲密合作者,教师才能真正尊重孩子,才能做到以理服人,以情动人。

(二) 教书育人,为人师表

教育家加里宁说过,教师对孩子的影响是"任何教科书、任何道德箴言、任何惩罚和奖励制度都不能代替的一种教育力量"。正因为教师从事的是"为人师表"的神圣职业,其一言一行都会影响到下一代的成长,所以教育家夸美纽斯将教师职业比喻成"太阳底下最光辉的事业",人们也把教师比喻成"辛勤的园丁",比喻成"爱心大使",比喻成"人类灵魂的工程师"。因此,教师的完美人格,教师的崇高师魂,对孩子成长起着耳濡目染、潜移默化的作用。我国古代教育家孔子也说过"其身正,不令而行;其身不正,虽令不从"。这就是说身教重于言教。尤其是幼儿,可塑性大,模仿力强,教师的行为、习惯、言语都对他们起着潜移默化的作用。从某种意义上说,教师本人的道德水平,决定了幼儿的道德水准。因此,教师应特别注意言传身教,从各方面为幼儿做好表率。

(三) 集中精力,尽心尽责

幼儿教育是一项非常细腻、琐碎的工作。在工作中粗心大意、掉以轻心是非常危险的事情,甚至会危及幼儿的生命安全。所以一名幼儿教师应具有全心全意、尽职尽责的工作作风,"一个人无论从事何种职业,都应该尽心尽责,尽自己的最大努力,求得不断进步。这不仅是工作的原则,也是人生的原则。如果没有了职责和理想,生命就会变得毫无意义。无论你身居何处,如果能全身心投入工作,最后就会获得经济自由。那些在人生中取得成就的人,一定在某一特定领域里进行过坚持不懈的努力"。幼儿教师由于他们的工作对象是幼儿,其角色与功能更为复杂。事实上,儿童年龄越小,成人对他所负有的责任越大,乃至于对儿童所做的任何一件事都会影响儿童作为完整的人的发展。幼儿年龄小,自理能力及自我约束能力弱,因此要求教师工作认真负责,有很强的责任感;要坚守岗位,集中精力工作,尽自己的职责,注重幼儿的身心发展,在确保幼儿安全的前提下,关注其多方面的发展。

(四) 学会相处,注重沟通

教师面对的工作对象是人,因此,与人相处、沟通的能力必不可少。首先,教师应了解幼儿的基本生理与心理特点,积极、主动、平等地与幼儿进行沟通,同时还应考虑幼儿的个体差异,灵活采用沟通手段。其次,教师应使用一定的沟通艺术和方法,协调好同事之间的关系,保证教育教学任务的顺利完成。在工作中要能够控制与疏导自己的情绪,欣赏、学习同事的长处,彼此要宽容尊重、互助互利、坦诚守信,弹性地处理各种问题。另外,教师还应注意与幼儿家长的沟通。在与家长的沟通过程中,注意方式方法,本着为家长服务的原则,以达到双方共同的目标,关注幼儿的健康成长。

第三节　班级工作实习的计划与组织

制订班级工作计划是为了更好地实现实习的目标和任务。计划是确定行动的纲领和方案,促使行为趋向于目标的管理活动,它是一种预先确定目标并实现目标的方案。而组织和实施则是计划和目标之间的桥梁,通过实践达到预想的结果和目标。

一、班级工作实习的计划

(一) 实习目标的制订

班级工作实习的目标是完成教育教学任务和培训新一代的幼儿班主任。

进入 20 世纪以来,教师专业化的观念被普遍接受,人们日趋达成一种共识,要培养既有教育知识,又有教学艺术,同时又能自觉对自己的教学观念予以反思,从理论的层次上去反思自己的教学过程并自我进行调整和完善,追踪自己的专业发展状况,具有实践智慧和反思能力的老师。教育实习作为教师专业成长的起点,在实习中实习教师不仅要掌握一定的教育教学技巧,还要培养对教学的研究态度和研究能力,深入研究教学环节而且时刻反思教师这个角色及其社会责任并做出理性的判断和分析,使自己能在实习过程中始终以研究者的心态置身于幼儿教育情景之中,以研究者的心态审视关于教育的理论和在教学中遇到的实际问题。因此,可将实习目标制定为"教育者""研究者""管理者""学习者"。

(二) 实习任务的制订

1. 根据实习的目标制订相应的任务

(1) 掌握班级工作的流程。

(2) 初步培养班级工作的能力。

幼儿园班级是一个特殊的群体,幼儿年龄小,除了教育教学以外,很重要的一部分工作是保育,即对幼儿的生活管理,也就是保教并重。在幼儿园,幼儿的一切都依赖于教师,依赖于班主任,事无巨细,都需要班主任处理,所以掌握班级工作具体的流程,具备管理班级工作的能力是极为重要的。

2. 制订实习任务时的注意点

(1) 制订实习任务时要注意系统性。幼儿园班级工作是一个系统工程,是将班级各种因素相互联系的一个综合体,同时幼儿园班级又是幼儿园这个系统中的一个子系统,它与幼儿园这个系统在发展方向、培养目标等方面保持一致,因而任务的制订要注重各因素之间的有机联系,人、财、物、时间、空间、信息是组成班级的要素。如果只强调人的创造潜能、调动人的积极性而忽视了财力、物力的支持,再能干的人也成不了大事。在制订任务时还要注意与幼儿园的任务保持一致,幼儿园的工作任务的制订是班级工作任务制订的依据,幼儿园的目标也应该是全园每位职工为之奋斗的目标。离开了幼儿园的实际,制订与之相反、相背离的工作任务,这样的任务会很难实现,因而制订实习任务要考虑整体性。

(2) 制订实习任务时要注意差异性。差异性指的是班级工作任务的独特鲜明的个性,是与园务工作任务及其他工作计划所不同的地方,一份好的工作任务不是园务工作任务的翻版或摘录,有和其他班级不同的地方。这种差异性主要来源于对班级以往情况的分析、对班级教师的分析和其他方面特点的分析,但前提是要对本班的基本情况非常了解,要对当前幼儿与班级组织状况、教师等具体情况做一一了解和熟悉,可以和指导教师或幼儿园的领导了解情况,还有向班级幼儿了解、掌握他们的心理状况。实事求是地分析班级情况,新的环境、新的条件、新的信息会给实习带来信心、带来新的设想,而组成班级诸要素中,人的要素是最重要的,特别是幼儿园的教师。教师自身的素质、文化修养、业务水平、工作能力和政治思想等方面的优势是班级重要的资源。

(3) 制订实习任务时要注意目标性

目标性即制订幼儿园的班级工作任务时必须有明确的、具体的、可检验的科学目标,依据班级工作实习目标制订,计划任务本身就是为了完成目标任务而制订的。为了贯彻目标性原则,要注意任务的科学性,即是否符合该年龄阶段孩子的发展水平,是否符合自己的能力水平,任务太难或过于简单都不利于幼儿的健康发展;也要注意任务的全面性,班级工作最终的目标是促进班级保教工作水平的提高,促进幼儿的全面发展,只重视某一方面,如只重视知识或只重视能力,忽视幼儿情感的培养或习惯的养成,都不是全面的教育。

(三) 实习方案的制订

实习的目的和任务指出了工作的基本思路,制订实习方案就是要进一步找出亟待解决的问题,并初步提出措施办法。制订计划的最终目的在于落实,而制订具体的实施措施是落实计划的前提。具体实施措施和方案的制订使实习生又向现实迈进一步,因此其影响较大,有时所造成的后果很难挽回。要特别注意实施措施和方案的选用,对于比较重要的事情,可以同时提出几种方案,以防不测。如果涉及其他部门,应该事先沟通,以免出现不必要的麻烦。

根据班级工作实习的目标和任务,制订完整具体的实习方案,主要侧重对整个班级管理的规划,实习方案具体反映实习任务和实习目标,是对实习任务和目标的进一步细化,将其进一步落实到实践中,务必使今后的实习工作做到有章可循。

1. 制订实习方案的依据

制订一份目标明确、措施具体、符合幼儿园的实际情况、具有可操作性的实习方案,要有一定的依据。

(1) 幼儿园工作总计划。实习方案的制订,首先要考虑到幼儿园总体的工作计划。一般来说,园务工作计划贯穿全局,具有长期指导作用。它既确立了全园工作的总体方向,又具有幼儿园自己的特点。因此,制订实习方案一定要以幼儿园工作总计划为参考依据,必须体现幼儿园工作总计划的要求。

（2）正确的幼儿教育观念及有关幼儿教育的政策法规。实习方案必须体现正确的幼儿教育观念和国家、地方有关幼儿教育的政策法规，不能与之违背。要分析幼教改革的动态趋势，使实习方案的制订具有一定的先进性，切实起到指导行为的作用。

（3）所在班级幼儿的情况。幼儿是班级工作的主要对象，一切工作都要围绕幼儿展开，因而在制订实习方案时一定要考虑到班级幼儿的具体情况，否则容易脱离实际，失去实际意义。

2. 制订具体实习方案的步骤

（1）认真研究上学期工作总结。通过集体讨论分析上学期实习工作情况，分析哪些工作落实了，哪些工作做得不到位，找出工作中存在的差距，并分析原因，为制订具体方案做准备。

（2）认真学习研究实习园园务工作计划。园务工作计划是实习计划的重要依据之一。实习生在制订实习方案时要紧紧围绕园务工作计划，认真学习，进而结合实际，制订出具体实习方案。做到实习计划与园务工作计划目标一致，同时又明确具体需求，有较强的针对性，便于实施。

（3）确定主要内容。实习方案要经集体共同讨论，最后形成较一致的意见。只有大家都参与实习方案的制订，才能对实习工作了如指掌，才能使实习方案具有较强的代表性，也易于落实执行。

（4）形成实习方案。要形成文字方案，起到提示、监督、检查行为的作用。方案的文字不宜过于烦琐，要简练明了，可以用表格的形式表现。

二、班级工作实习的过程

班级工作实习过程的内容包括很多方面，概括而言，可分为班级工作实习的准备阶段、实施阶段、总结报告阶段等。

（一）班级工作实习的准备阶段

1. 制订计划

科学的、切合实际的、可操作的实习计划是实习工作顺利进行的重要保证，实习计划的制订在很大程度上关系到整个实习工作的全局。因此，在班级工作实习的准备阶段，班级工作实习计划的制订必须十分重视。在制订计划时，要注意以下几点。

（1）计划要以实习大纲为依据。实习大纲是实习教学的纲领性文件。它根据培养目标，经过充分论证，具体规定了实习教学的总要求、内容和标准，因而是组织实习教学的决定性依据。偏离实习大纲，就是偏离培养目标。因此，要认真研究实习大纲，使计划充分体现实习大纲的目标、内容，具有权威性。

（2）计划要符合学生技能形成的规律。在实习过程中，学生掌握技能的过程有一个循序渐进、由浅入深、由易到难，从不熟练到熟练的逐渐发展、逐渐完善的过程。这个过程是螺旋上升的。在逐渐进步的过程中有时会出现反复、停止或倒退现象。同时，技能的形成还要以一定的理论为指导，而实习大纲只是确定内容，对这一点往往不可能充分规定。因此，在制订实习计划时，要按照技能形成的一般规律贯彻理论联系实际的原则，处理好理论与实践的关系，认真安排，精心组织，使实习活动的安排符合学生认知发展的规律。

（3）计划要目标明确，合理分工，具有责任性。明确的目标具有导向功能和激励功能，可以调节人们的行为，也为质量评估提供依据。在制订实习计划时，实习生们要完成的任务及达到目标的具体要求都要具有明确规定性。同时，实习指导教师和各有关部门上级单位的具体工作目标也要明确，使各项工作能围绕实习目标进行。

（4）计划要强调统一性，注重灵活性。计划的统一性主要是指导思想、目标任务、基本要求、工作程序、规章制度等方面要一致，只有强调统一，才能统一思想、统一行动，才能保证每个同学达到实习目标。此外，在强调计划统一的同时，还要考虑到个人和岗位的具体情况。

（5）根据实习时间进行合理安排。实习时间是选点的重要影响因素，由于教学大纲规定的内容较多，时间太短则无法保证实习内容，达不到培养目的。

2. 联系实习园

实习现场的工作环境直接制约着实习活动的开展，因此要联系适当的实习园，深入实习现场进行实际考察,了解实习园情况,掌握实习园的幼儿数量、教学设备等基础资料,然后再根据实习班级的实际情况充分考虑实习现场条件。现有的条件要充分运用;缺乏的条件,要尽可能创造;实在无法解决的要采取变通的办法,进行周密安排,使实习计划符合实际,便于操作。以下是联系实习园的原则。

(1)实习园基本条件与课程理论内容紧密结合。实习的一个重要目的是让学生把理论知识与现场实际相互联系,促进对知识的理解与吸收,因此在选点时必须把课程内容作为依据,突出重点。

(2)交通便利。由于时间有限,因此便利的交通条件是实习量得到保证的前提。

(3)安全保证。由于在幼儿园内进行,面对的是懵懂无知的幼儿,并且人数众多,因此实习地点必须保证安全,尽量避免接触容易伤到人的实习用具。

3. 配置指导教师

班级工作实习的一个很主要的方面就是配置指导教师。一般来说,指导教师的配置是为了更好地引导班级实习工作,在指导教师的指导下实习生能更快地融入幼儿班级工作生活中去。实习指导教师应该具有丰富的教学、生活经验和良好的个性品格。对班级工作实习指导教师的要求如下。

(1)在理念上,指导教师要熟悉幼儿教育方面的基础知识,要把教育实践建立在幼儿发展领域的现有知识和相关的原则,以及每个幼儿的特殊知识的基础之上。理解孩子特殊的弱点。

(2)在原则上,首先,不应当参与到那些不尊重儿童的、危险的、剥削性的、可耻的、恐吓幼儿的,以及对幼儿会造成心理伤害或身体伤害的活动中去。

(3)幼儿教育绝不仅仅是幼儿园的职责,同样也离不开幼儿家庭的支持。特别是随着《3—6岁儿童学习与发展指南》的颁布,标志着今后家长参与幼儿园管理、参与幼儿教育的深度又上了一个新的台阶,也为家长的积极参与提供了可能性。但这种可能性要转化成现实,还有待于幼儿园教师与家长对《3—6岁儿童学习与发展指南》文件的深入配合的学习。幼儿园应主动积极地向幼儿家庭介绍相关的政策,班级实习指导教师应当是擅长处理家庭与幼儿园关系的人选,能恰当地发挥老师与家长在幼儿教育方面的共识作用,帮助家庭成员提高他们对孩子的理解和提高他们作为家长对幼儿教育方面的知识和能力。

作为一名幼儿教育工作者,要把搞好班上的工作,提高自己所带班的教育质量,从而得到家长及社会的充分肯定作为自己的工作目标。

(二)班级工作实习的实施阶段

如何才能将班级工作开展得有声有色,班级的指挥官——班主任的工作是至关重要的,幼儿园班级工作的主要内容如下。

1. 按照实习园原有工作计划工作

实习教师不打乱幼儿园已有的教学节奏,遵循幼儿园已有的教学安排介入幼儿园的工作。实习教师进入幼儿园工作是掌握普适性的教育工作规律,而不是去"发挥或磨炼自己的专业技能所长",所以实习教师要履行幼儿园安排的所有实习任务,而不以"我不擅长某一教学技能"为借口回避教学工作。实习教师尽量严格要求自己,以幼儿园教师的高标准严格要求自己的教学工作质量。"实习"不是"试习",对幼儿而言,每一次经历的教育生活都会留下不可逆的影响,因此实习教师对每一次的教学活动都负有责任。

2. 了解已有班级常规与建构新班级常规

每个班级都有自己特有的作息制度安排、学习节奏特点、班级常规执行方法。实习教师通过观察、咨询等途径了解班级管理常规,做到用班级已有的常规管理方法管理幼儿,例如:有些班级用特有的音乐来指示幼儿的行为,如播放萨克斯音乐《回家》来提醒幼儿结束区域活动。实习教师了解这些管理方法之后,因循幼儿已有的常规规则进入班级管理,这样的做法能够在幼儿面前树立班级管理公信力,另外能够稳定、保持班级生活秩序。

实习教师在工作过程中,因为教育的需要也要不断建构规则,例如:为使得幼儿进入午睡间保持安静的习惯,实习教师在幼儿午睡前增添了讲故事这个环节,通过这样的"精神奖励"办法帮助实习教师坚定管理幼儿午睡常规,减少幼儿因"小看"实习教师而试图破坏规则的小调皮,同时,这个方法能够引导幼儿逐渐进入安静入睡的状态,有助于幼儿身心健康。由实习教师自己建构的"有益"规则,被实习教师自身坚持,从而建立了实习教师个人化的教育文化,形成了管理的良性秩序。

3. 与实习班级保育工作充分合作

《幼儿园教育指导纲要(试行)》中指出,"幼儿园教育应当贯彻国家的教育方针,坚持保育与教育相结合的原则,对幼儿实施体、智、德、美诸方面全面发展的教育"。幼儿保育和幼儿教育是幼儿园教育中不可分离、相互渗透、相互影响的两个部分。班级职业岗位分为"教师与保育员"两个职位,两个职位各司其职,共同促进幼儿身心和谐发展。作为实习教师,一方面要做好幼儿园教学工作,另一方面要留心观察保育员和班级教师进行保教合作的工作内容,要充分重视幼儿园保育工作的重要性,学习家园工作交接时的幼儿保育工作细节,积累在流行病多发季节时预防疾病传播的处理经验。

4. 与实习指导教师建立互动反馈机制

实习工作是入职前的实践学习阶段,班级实习指导教师履行着指导实习生工作的职责。班级工作实习的指导就是实习指导教师对实习生在班级实习工作中所面对的、所需要解决的各方面的问题的指导。幼儿园针对实习教师也会建立帮助其入职的培训机制,因此实习教师要充分了解实习幼儿园的实习规章制度、学习机制,珍惜实践学习的机会,主动与实习指导教师进行交流沟通,通过实习反思记录文稿、口头陈述的方式,或以制作的班级文本工作材料为交往中介等方式,听取指导教师的建议,反思实习工作现状,促进自己做好实习工作。

(三) 班级工作实习的总结阶段

在实习结束后,要对班级工作实习进行总结与评价。班级实习评价的主要内容如下。

(1) 班级活动计划的评价。
(2) 班级活动组织的评价。
(3) 班级工作能力的评价。
(4) 生活常规培养的评价。
(5) 幼儿生活指导的评价。
(6) 师幼关系的评价。
(7) 同事关系的评价。
(8) 家长工作的评价。
(9) 班级教育环境创设的评价。
(10) 班级活动效果评价。

根据以上标准对实习期间的班级工作进行全面总结并给予恰当的评价。

⊚ 三、实习中社会交往身份建构策略

教育实习阶段是师范生从学校的"象牙塔"式的校园生活走向真实的职业生活的过渡阶段。实习生在实习指导教师的帮助下履行真实的教育实践职责,因此,此时实习生已经承担了职业性的社会角色——幼儿园教师,并以该角色身份展开了社会交往活动。

(一) 履行家长进行育儿信息沟通的社会职责

幼儿教师面对的不仅是千差万别的孩子,而且还有千差万别的幼儿家长。每个幼儿不仅有直接的家长"父母",还有与之有密切关系的许多"家长",像爷爷奶奶、姥姥姥爷等,可以说一个幼儿有多位家长。而且幼儿教师比中小学教师与家长的接触频率要高得多,幼儿教师每天至少要与幼儿家长见两次面,这是必不可少的程序。所以,幼儿教师必须学习与幼儿家长的交流与沟通,通过家、园的密切合作,共同促进幼儿的全面发展。教师在与幼儿家长相处过程中容易发生哪些分歧,又应该如何处理对待这些分歧呢?

1. 分析心理反差,及时调整心理角色

一般来说,教师与幼儿相处时有一种心理优势。幼儿的生理心理发育还十分不成熟,尚未形成稳定的人格特征,所以幼儿对教师表现出很大的依赖性和顺从性。幼儿比较单纯,他们还不太懂得如何与人相处,所以极易接受教师的影响。而面对幼儿家长时,教师的这种心理优势没有了。因为家长是生理心理都比较成熟的成年人,而且具有丰富的人生经历和相当的社会经验,与幼儿相比家长就复杂多了。教师与家长相处完全是一种成人与成人之间的关系,这些会使教师产生一定的心理压力。

2. 掌握家庭教育的知识,提高自身的威信

掌握家庭教育知识有助于提高家长对教师的尊重与信任,而且有助于取得家长的紧密合作。

3. 发挥主动作用,增强信任感

与家长见面时主动介绍情况,搭建感情的桥梁,主动消除家长顾虑,避免误会,主动沟通情况,正确对待并非合理的意见。

4. 讲究谈话的技巧方法,给家长以足够的尊重

最好先报喜后报忧,批评时单独批评,避免伤害家长的感情,用请教式的态度和口气提出看法和建设性的批评意见,尽量减少家长的防卫心理。

5. 遵守人际交往的道德规范,保持教师人格的高尚性

应抵制社会不正之风的侵蚀,不利用地位向家长谋求私利,对班上的孩子一视同仁,不因家长地位的高低而有亲疏之分,尊重孩子家长,平等协商。

6. 教育幼儿热爱和尊敬家长

要教育幼儿热爱和尊敬家长,帮助提高家长的威信,可以适时适宜地通过幼儿这个媒介,向家长表达尊重之情,尤其要注意的是不要当着孩子的面议论家长的缺点,评判家长的对错。

教师与幼儿家长即使有不同的看法,也要注意采用适当的方法,与家长真诚交换意见,给予热心的指导,根据家长的特点,机智地帮助家长提高教育素养。避免当着幼儿的面与其他教师议论家长,评判家长,更要避免当着幼儿的面与家长争高低,发生争吵。另一方面实习生作为实习者,理应在家园关系中不断学习,特别是向原任教师学习。在处理家园关系中的一些问题时,可以多向原任教师请教,虚心听取多方建议,积极思考,进而提出自己的一些想法。同时,实习生又是教师的助手,要积极帮助原任教师做好家园联系、沟通的工作,当好助手的角色。

(二) 履行关爱与教育幼儿的教师职责

实习生能否与幼儿建立和谐的教育关系,直接影响着教育实习活动。而且学会与幼儿交往也是实习的重要内容之一。实习生以一个介于教育者与幼儿之间的特殊身份来到实习园所,加上教育实习时间的特殊性,也使幼儿抱有一种特殊的态度:将实习生看作朋友,而不是严厉的教师。基于这种价值基础,实习生怎样才能与幼儿建立恰当的关系,实现对幼儿最好的帮助?

实习生在与幼儿交往中应注意把握以下几个方面。

1. 亲而不偏

在实习过程中,实习生最先认识的往往是性格外向、善于交往的幼儿,而那些比较内向退缩的幼儿却总是害怕任何一个还不熟悉的人,即使他们内心也期望在新老师面前有新的表现。因此,实习生需要在对主动者作出积极回应的同时,也应主动关注那些"怕生"的幼儿,让所有幼儿都能感受到新老师的善意、期待与关注。

2. 爱和信任

到幼儿园实习要尝试去爱所接触的幼儿,让幼儿真心地体会到教师发自内心的爱。要学会对正在成长的幼儿生发出一种内心的喜爱,尤其是对那些"有问题"的幼儿。要从内心承认每一位幼儿都是有价值的,有自己的独特性,并从内心对每一个幼儿抱着积极的期望。特别要相信幼儿具有向上、向善的本性,对幼儿表露出来的任何情绪和意见,不管是令人满意的,还是使人不快的,都应表现出友善和信任;而对于幼儿一时的疏忽、无意的过错,更应加以宽容,并耐心地教育和帮助。这一切都能滋养幼儿的内心。只有尊重幼儿的教师,才能真正赢得幼儿的热爱。

3. 威而不厉

实习生在实习过程中要有做教师的威严,但不要用严厉的、让幼儿害怕的态度对待他们。实习生在关爱与肯定幼儿的积极行为时,对于负面行为也要及时表示出自己的正确反馈态度。一般在活动前都需要事先让幼儿知道规则,并让幼儿知道违背规则可能要承担的后果。如果幼儿违规,一定要坚持既定的规则,要做到"言必信,行必果"。对于要求幼儿必须遵守的规则,要不折不扣地坚持,不能让步,让他们知道作为教师都是有原则的。这样,实习生的威信才会慢慢树立起来。否则,其坚持就会成为对幼儿的强制,

幼儿可能会在行动上暂时服从,但从内心抗拒,或是完全关闭心扉,这样就更无法了解与接近他们了。

4. 以身示教

实习生与幼儿的交往是一种教育性交往,因而,在与幼儿交往时,要考虑自身的一言一行是否都有益于幼儿的发展。所以,从一开始就要规范和注意自己的言行,让自己成为"值得模仿的人"。要幼儿有礼貌、有稳定的行为,教师应自然地呈现出积极、正面、安静、稳定的行为模范。好模范远比命令或指导重要,幼儿通常是注意教师做了什么,而不是教师说了什么。实习生要在与幼儿交往中"以身示教",真正成为幼儿学习的榜样。

在班级工作实习生活过程中,作为一名实习教师,要以教师身份严格要求自己,为人师表,处处注意自己的言行和仪表,热心爱护实习园的每一个幼儿,本着对幼儿负责的态度尽全力做好班主任及教学的每一项工作。同时作为一名实习生,能够遵守实习园的规章制度,尊重实习园的领导和老师,虚心听取他们的指导意见,并且和其他实习生一起团结协作完成实习园布置的实习任务,给实习幼儿园留下好的印象,在认真完成每一项实习任务的过程中,不断积累经验,不断成长。

(三)学会与职业同行共同协作的工作方法

幼儿园教育是社会性事业,是教育人员、社区人员、家长、政府行政管理人员、教育专家共同合作参与的事业,因此,实习教师不仅是一位与幼儿进行互动交流的教师,而且是教育共同体成员的一分子。由此,实习生涯是实习生建构社会合作策略,参与教育专业团队的开始。

1. 学会理解共同体的共同愿景

作为教育共同体,其共同的职责与愿景是引导幼儿健康成长,而在具体执行时,具有多元的、立体的、复杂的具体化行动目标,因此实习教师要"走出自我中心思维"状态,学会站在共同体共同目标的角度反思工作,通过多模块的信息领悟共同体的具体化职业目标。

2. 坚守本职工作,支持他人工作

幼儿园教师承担着照顾幼儿在园安全的职责,实习教师要尽心尽职做好本班实习工作;另一方面,实习工作是与多方教育人员共同参与、相互支持与合作的教育过程,实习教师要虚心向他者学习以补自己所短,同时要积极分享经验,扬自己专业所长支持团队工作,戒骄戒躁,踏实工作。

3. 分析问题,理解共同体的立体结构

班级教育工作是单纯而稳定的,一个班级由几位教师与保育员组成稳定的工作搭档共同工作,另一方面班级教育工作是多层的系统化工作,教育信息交流机制具有多向交流制,幼儿园的三级课程——园本课程的建构,有时是"自上而下"信息交流机制,即由教育课程专家预设教育方案借助行政信息逐层传达,由教师接受课程安排而履行课程教学职责;有些教学课程信息的整合机制是"自下而上"的生成式,即由幼儿园教师发现偶发教育事件,然后由幼儿偶发的行为经验开始,教师逐步引导从而形成教学主题方案。由此,实习教师要学会发现、分析、研究幼儿园的工作机制,理解各类课程所建制的不同的教育实践演绎的方式,从而使得实习教师能够理解教育共同体各层次工作人员的基本职责,以及教育共同体运行的工作机制。这些社会性分析方法帮助实习教师明晰自己的有限职责和全面责任,为实习教师将来正式地履行幼儿园教师职责打下社会交往能力基础。

第六章 保教实习的评价

评价是判断活动价值的过程,实习生在做好保教实习的过程中,还应善于对活动进行判断。保教实习评价是幼儿园保教实习活动的一个重要组成部分,客观的保教实习评价可以提高实习活动的效果。通过实习,学生不仅仅要参与到保育工作、教育工作和班级管理工作中,而且还要认真对待指导教师和同学们的评价,及时对自己所参与的实习活动进行回顾总结,虚心吸纳大家的意见和建议,进一步提高实习效果。保教实习评价既包括教师对学生的指导性评价,也包括学生自己的评价,即自我评价。在保教实习评价中,要充分调动每一位教师和学生的积极性和主动性,努力通过保教实习评价,客观真实地反映教育活动。

微课6

第一节 保教实习评价概述

一、保教实习评价的概念

(一) 保教实习评价的含义

保教实习评价是根据一定的标准对实习生在保育、教育和班级管理实习中的个人表现和完成任务的质量进行检查、衡量和评价的过程。保教实习评价的标准主要依据2001年教育部颁布的《幼儿园教育指导纲要(试行)》、2011年颁布的《幼儿园教师专业标准(试行)》、2012年颁布的《3—6岁儿童学习与发展指南》、幼儿园教师资格证考试大纲等学前教育的指导性文件。例如:评价实习生的活动设计是否符合幼儿年龄特点和教育活动的规律,目标是否实现以及幼儿在活动中的表现等。通过评价,可以帮助实习生全面了解自己的工作成果和活动价值。实习生在保教实习活动中具有双重身份,在指导教师的眼里他们是学生,在幼儿的眼里他们是老师。因此,在对实习生进行评价时,标准的制定不能简单套用幼儿教师的标准。标准不能定得太高,否则会使实习生因达不到标准而感到畏惧,从而失去对实习活动的信心和兴趣,不利于学生的职业教育;同时,标准也不能定得太低,否则,会使实习生对实习活动掉以轻心,达不到学校组织实习的目的。故在保教实习评价中,教师和实习生应有一个共同的认识:实习生的保教实习活动应该达到合格幼儿教师的基本标准。另外,在实习活动中,教师和实习生应该善于观察和积累材料,及时对实习情况进行评价。

保教实习评价的目的,在于及时发现保教实习过程中存在的问题,并在此基础上有针对性地进行训练,提高实习生的实际工作能力。同时,幼儿园教师资格证《保教知识与能力》考试大纲的考试目标中明确提出,学生必须掌握幼儿园教育评价的基础知识和能力,能够运用评价知识对教育活动进行反思,改进保育教育工作。实习生的教育活动设计原则主要来自课堂学习和思辨,缺乏一定的实践性,在实习过程中出

现一些问题是在所难免的。而保教实习评价就是要通过合理的评价,帮助实习生不仅看到自己的成绩和实习效果,也能理性地分析自己在实习过程中的失误。这样,就要求指导教师在实习活动中,要注意收集信息,以利于在评价时更有针对性,也使得被评价的实习生能获得实际的进步。

保教实习评价对实习生来说显得更为重要,科学的评价可以使实习生更好地运用有关幼儿生理和心理发展特点、幼儿教育的原则方法,将理论知识灵活地运用到实践中来。一个合格的教师不仅要完成教育任务,而且还要善于总结以往的得失。实习生应不断地在评价的基础上提升自己的保教能力,更好地适应当今教育的发展要求。

(二) 保教实习评价的意义

幼儿园保教实习评价对于保育、教育和班级管理工作都有着非常重要的意义,主要有导向、诊断、激励、改进等作用。

1. 保教实习评价的导向作用

保教实习的评价标准是根据实习的目标而确定的,而实习的目标是依据《3—6岁儿童学习与发展指南》中我国学前教育发展目标的基本精神制定的。保教实习评价是保证实习生实现幼儿园教育目标的重要工具。

保教实习是一个复杂的过程,实习生总是会碰到各种问题。保教实习评价可以使实习生把握实习的基本方向,既可以使实习生自觉地按照保教实习评价标准来评价自己的保教实习工作,调整自己的实习活动,又可以使指导教师及时地了解实习生的实习情况,有针对性地予以指导和督促。为了更好地发挥保教实习的导向作用,保教实习评价指标的制定就显得尤为重要。实习评价工作的开展就是围绕这一指标而进行的,所以,必须把握好保教实习评价指标的正确方向,充分发挥教育实习评价的作用。

2. 保教实习评价的诊断作用

保教实习评价的关键就是在实习的过程中发现存在的问题,找出问题的症结,提出解决问题的方案。也就是说,实习中应该经常发现问题和解决问题。诊断性评价是教育评价的一种重要形式,保教实习评价不是为了对实习生简单地作出优劣的判断,而是要使实习生在教育评价中,通过对问题的甄别、分析、解决等,进一步提高保教活动设计、组织的能力,为走上工作岗位打下坚实的基础。

保教实习评价不仅可以为实习生以后的学习和工作指明方向,避免类似问题在以后工作中出现,同时,还可以帮助实习生了解自己的长处,认识自己的缺陷,在设计活动中扬长避短,充分发挥教师教学的个人特长,使幼儿园的保教活动更具特色。评价活动的开展还可以使实习指导教师及时发现问题,改进自己的工作,提高指导的质量。

3. 保教实习评价的激励作用

保教实习活动的开展应从实习生的个人评价入手。通过对每个实习生在保育、教育和班级管理工作中的全面分析,检查实习生目标的完成情况。为了在实习活动中更好地完成实习任务,以获得较好的评价,实习生会更加自觉并积极地做好保教实习中的各项活动。这实质上就起到了激励实习生的作用。评价者要善于肯定实习生所取得的成绩,诚恳地指出存在的问题,使实习生获得心理上的满足,进一步完成以后的学习和工作。

每个人都有一定的成就需要,实习生也会有实现个人价值的强烈愿望,科学的评价活动能够激励实习生的竞争意识,形成赶、帮、超的学习氛围。通过教育实习评价激发每个实习生的积极性,让实习生在实习过程中,不断地获得成功的体验,产生积极的心理效应;同时,尽可能促使负面评价的转化,改变传统实习评价中只有个别学生可以获得优秀的片面认识,使所有的实习生都能获得客观的评价,激励实习生创造性地开展实习活动。

4. 保教实习评价的改进作用

保教实习评价的最终目的是改进实习工作,提高实习的质量。因此,改进作用是实习工作的实际意义所在。用统一的标准,随时衡量实习生在工作中的长处和不足,分析出现问题的各方面原因,包括认识、态度、能力、知识等,也包括客观条件、实习生之间的配合、与原班教师之间的协调等。实习指导教师和实习生要善于发现各种问题,寻找解决问题的有效途径,有针对性地解决实习活动中碰到的各种问题。

保教实习评价贯穿于实习活动的始终。评价活动不应该是实习活动的结束,并非只在实习总结时才进行评价的总结性评价。实习评价应该是形成性评价和总结性评价的有机结合,使学生在实习活动中不断地改进不足,圆满地完成实习任务,取得优异的实习成绩,达到良好的实习效果。

总之,保教实习评价作用主要是在实际的评价实践中发挥出来的,恰当地发挥这些作用,会使得保教实习的管理工作更科学、更有效。为了更好地搞好实习活动,就需要每一位指导教师和实习生都能客观进行实习评价工作,不断提高实习工作的效果。

二、保教实习评价的基本原则

教育评价原则是教育规律的体现,科学地进行保教实习评价,必须遵守教育评价的基本原则,这些原则主要包括方向性原则、科学性原则、激励性原则、可行性原则、实效性原则等。

(一) 方向性原则

落实国家的教育方针、实现教育目标是实习教育评价的出发点和归宿。保教实习评价在确定评价目的和标准时,必须以实习保育、教育和班级管理的目标为基本依据。具体来说,要求通过科学地设计实习评价指标体系的内容和标准,恰当地确定权重,合理地呈现和使用评价结果等,引导、推动实习活动朝着符合《幼儿园教育指导纲要(试行)》《3—6岁儿童学习与发展指南》所要求的方向发展。同时,也引导、推动实习活动,帮助实习生积累教育教学经验,提升分析、解决幼儿教育实践问题的能力,按照《幼儿园教师专业标准(试行)》中幼儿园教师的专业标准打造自己,为将来顺利通过幼儿园教师资格考试,成为一名合格的幼儿园教师打好基础。

(二) 科学性原则

确定的评价指标必须符合保教实习评价的目的,反映实习生的本质特征,注意指标间的联系与交叉,避免指标重叠。评价标准要合理,既符合《幼儿园教师专业标准(试行)》中幼儿园对幼儿教师的规定,又符合实习生的实际情况,评价者要正确理解和把握评价标准,克服主观随意性和感情因素的影响。评价方法的选择要与实习生的实际水平相适应,尽量采用现代的、科学的方法技术,定性方向和定量方向相结合。这样才能使评价信息的收集更加全面准确,评价信息的分析处理更加科学,结论更加可靠。

(三) 激励性原则

首先,保教实习评价过程及结果要客观、公正、准确。否则,实习生就会产生不安和排斥心理,这样不仅不能产生激励作用,反而会产生负面影响。其次,制定评价目标和具体标准要从实习生的实际出发,充分考虑评价对象的客观环境和条件,不要过高或过低,使被评价对象通过努力有可能达到。再次,要求评价者掌握实习生的个体心理状态,评价技术的操作应考虑实习生的可接受程度,评价者要了解并尊重实习生的意见,并向实习生及时反馈评价的结果,以激发实习生在进一步的活动中保持优势、克服不足。

(四) 可行性原则

在正确、科学的前提下应抓住实习学生的本质特征,尽量简化指标体系。同时,评价标准应高低适度,并注意到实习生的差异性。另外,在评价组织实施中,收集信息的方法要在科学的前提下使其简化,让人能理解、会用。评价中应将科学性和可行性结合起来,尽量用具体可操作的语言来描述,使指标定量化,尤其在鉴定、比较的总结性评价时更应该如此。对于为改进实习工作而进行的形成性评价并不强调可测性,而是坚持描述性的评价。这样通过观察或测量得到明确的结果,以便于综合得出评价的结论。

(五) 实效性原则

评价目的必须明确,针对实习中遇到的实际问题,充分利用评价的导向作用,促进实际问题的解决。同时要求评价过程主客体相互沟通,及时反馈评价信息,并帮助实习生解决碰到的问题。提高评价的实效性是实现评价目的的根本要求,也是幼儿园教师资格考试目标的核心要求。在设计指标系统时,还要考虑周到,不能遗漏重要的、反映评价对象实质的指标。但并不是要求指标事无巨细,主次不分。

第二节　保教实习评价指标

制定保教实习评价指标依据的是教育部的有关政策,《幼儿园教育指导纲要(试行)》和《幼儿园教师专业标准(试行)》为我们提供了确定目标的基本原则。在《幼儿园教育指导纲要(试行)》中提出了幼儿园教育工作评价应重点考察以下几个方面。

(1) 教育计划和教育活动的目标是否建立在了解本班幼儿现状的基础上。

(2) 教育的内容、方式、策略、环境条件是否能调动幼儿学习的积极性。

(3) 教育过程是否能为幼儿提供有益的学习经验,并符合其发展需要。

(4) 教育内容、要求能否兼顾群体需要和个体差异,使每个幼儿都能得到发展,都有成功感。

(5) 教师的指导是否有利于幼儿主动、有效地学习。

以上五个方面也是保教实习应该遵循的重要内容和基本原则。《幼儿园教师专业标准(试行)》提出了合格幼儿园教师专业标准的四大理念,即师德为先,幼儿为本,能力为重,终身学习。《幼儿园教育指导纲要(试行)》为我们提出了评价重点,为幼教实习生在进行实习评价时提供依据。幼儿园教师资格考试《保教知识与能力》考试大纲中考试目标的设定,也为幼教实习生实习评价的标准和内容提供参考。

◎ 一、保教实习评价指标概述

(一) 保教实习评价指标的含义

保教实习评价是依据《幼儿园教育指导纲要(试行)》提出的幼儿园评价工作的目的,针对学前教育专业的实习生,通过在学生实习的过程中收集保教活动中的相关信息做出客观评价的过程。

《幼儿园教育指导纲要(试行)》和《幼儿园教师专业标准(试行)》只能给出总的目标和基本理念,要针对学前教育实习生的实际进行评价,还必须以幼儿园教师资格考试《保教知识与能力》考试大纲中考试目标的内容与要求为依据,将总指标进行分解,并且抽出对实习工作具有指导意义的指标。保教实习指标的建立是以实习的目标为导向,以学前教育专业的教育教学、幼儿园的需要为基础,以学前教育实习生的总体知识、能力为参考而制定的评价标准。

制定保教实习的评价标准,必须围绕实习的总体目标。保教实习指标的确定,也是对实习目标的完成情况及时作出的综合、分析的具体标准。保教实习评价过程中还要以幼教学生学习的专业课程目标为基础,实习活动实际上是将学生通过专业课程学习中获得的理论知识,运用于实践的过程,也是学生巩固所学知识的过程,所以在保教实习评价指标中还要适当体现各学科课程的具体要求。这样,评价指标才更具有科学性、实践性和指导性。最后,评价指标的制定一定要考虑到实习生的综合水平,指标不宜过高,也不能太低,否则都会失去评价的实际意义。

(二) 制定保教实习评价指标的意义

1. 制定保教实习评价指标是对实习生的保教活动评价的前提和依据

评价指标的制定,可以使评价活动有据可依,这也是对学前教育实习生的实践水平进行价值判断的基础。如果缺乏评价的指标,对于实习活动的评价也就失去了实际的意义,达不到通过实习评价展示学生保教工作能力的目的,更不能真实地反映实习中的真实情况,实习活动就成了走过场,实习就不能很好地为教学服务;学生们也不可能通过实习活动,将书本知识用于教学实践,也达不到提高自己的目的。

2. 制定保教实习评价指标是对实习活动中的保育、教育和班级管理等活动进行客观评价的需要

对于实习活动进行评价必须有一个客观标准,这个标准是在实习活动中学生们应该达到的目标的体现,也就是说能将《幼儿园教育指导纲要(试行)》和《幼儿园教师专业标准(试行)》中的抽象、概括的目标,细化为具体、形象的指标,使得评价具有一定的操作性。虽然保教实习活动在学生的学习活动中只安排两到三次,但是它与其他的教学活动一样,具有一定的复杂性。如果不能制定出实习评价的具体指标,对于实习活动中的一些多角度、多层次的问题,就不能很好地进行全面客观的评价,同样,在评价过程中,就不可避免地带有很强的主观片面性。

3. 制定保教实习评价指标可以使评价活动更具科学性

我们可以在实习过程中,逐项对指标中确定的各项内容进行研究、评价,也就是先对实习中各个具体的部分进行评价,在局部评价的基础上经过分析、综合完成对实习活动的完整评价,这样使学生更好地认识部分和整体的关系。通过对部分、整体,开始、中期以及结束时各项评价指标的分析,逐步使学生既能了解到自己在不同的活动时期、不同阶段掌握的知识是否全面,表现出来的能力是否足够,并在以后的实习中,能够有针对性地扬长补短,又能使得学生对自己的整体实力有清晰的把握,达到《幼儿园教师专业标准(试行)》对幼儿教师的基本要求,不断增强学生从事学前教育工作的信心。利用评价指标对保教实习活动

进行评价,进一步提高保教实习评价的准确性、全面性和科学性。

4. 制定保教实习评价指标可以对实习活动起到导向作用

实习评价指标的建立,可以帮助实习生确立实习的方向。实习生在实习的过程中可以参照具体的评价目标,设计自己的保教实习活动。因为实习指标的确立,是以保教实习的总目标为依据,而且比总目标更为具体。评价指标容易操作的特点可为学生在制订自己的实习计划、安排自己的实习内容、改进自己的实习方案等各方面提供更为方便的、可供参考的标准,为学生在实际工作中完成学前教育的目标任务指明了方向。

5. 制定保教实习评价指标可以实现评价过程中的同一性和公平性

参与到评价过程中的评价者是由不同层次的人组成的,既有实习指导教师、幼儿园的带班教师,也有实习团体中的其他同学,这些成员具有不同的专业技术水平,看问题的角度也有一定的差异,需要和出发点都会有所不同,认识上要想统一起来,就必须要大家共同可以参照的对象。建立保教实习的评价指标使得不同的评价对象采用相同的评价标准,实现了评价过程中的同一性和公平性,使得在评价的过程中人们取得相对一致的意见,使得大家交流起来收获更多。另外,被评价者水平不同,尤其是在进行自评时心理反应不同,会影响到评价的真实性。有了共同认定的评价指标,实习生对于自己的横向水平会有更清楚的认识,避免了被评价者因评价结果的差异而产生的抵触心理,用平和的心态对待评价,保证了评价结果的公开、公正、科学。

二、保教实习评价指标的制定

(一)保教实习评价指标的种类

1. 定量指标和定性指标

定量指标就是用分数作为保教实习评价的指标,可用于客观精确地描述实习生的行为,是在教育评价中的常用指标。例如,对实习生的保育工作评价时,所定的实习成绩,就属于定量指标。

定性指标就是用客观的描述作为保教实习评价的指标。例如,对实习生的教育教学工作评价时,采用优、良、中、差等模糊概念的评语,就属于定性指标。

2. 主观指标和客观指标

主观指标是指在对实习活动研究的基础上,由实习活动指标的制定者从具体的实习活动中抽象出来的、借助评价者的主观认识进行鉴定的一种评价指标。这种评价虽然是基于对实习活动的认识而制定的,但在评价过程中,评价者自身的体会会对评价有明显的影响,不可避免地带有一定的主观性,受评价者自身情绪的影响很大。

客观指标在实习活动中以对实习生的关键行为的描述和观察作为评价的指标。这种评价主要是建立在实习活动的客观基础上,减少了评价者的主观因素。客观指标的编制难度较大,各个学校都在研究、探讨编制适合幼儿园保教实习活动的客观指标。

3. 绝对指标和相对指标

绝对指标是指在实习活动的评价中,对于所有实习生采用完全相同的评价指标。也就是说,在评价的过程中,无论何时、何地、何种条件下,所有的评价都采用一个标准,这样的评价容易忽略实习时的特殊情况,缺乏一定的灵活性和针对性,容易挫伤实习生的积极性。

相对指标是指根据实习生的不同情况、实习场地和实习时间的具体安排而制定的保教实习评价指标。相对指标在评价的过程中可以考虑到评价对象的实际情况,公正、客观,有助于保护学生学习的积极性。如,以实习教师教育活动的平均水平作为基准,来对每位实习教师教育活动的组织与指导进行评价。相对评价的标准来源于实习生群体,也只适用于该群体,常常以群体的平均水平为基点,群体的整体状况决定每个实习生的水平。

(二)制定保教实习评价指标的方法

制定保教实习评价的指标是进行保教实习评价的重要组成部分,编制保教实习的评价指标需要通过分解目标来完成。分解目标也就是在目标和指标之间设置若干环节。保教实习的总目标是比较抽象、概括的,操作性不强。在制定保教实习的评价指标的过程中,我们首先应该对总目标进行分解,将总目标分解为次级目标,再将次级目标层层分解为具体的目标,分解后的目标要具有可测性。保教实习评价的目标分解如表 6-1。

表 6-1　保教实习评价的目标分解

保教实习总目标	一　级　指　标	二　级　指　标
实习生在保育、教育和班级管理活动中的个人表现和完成任务的质量	职业道德和行为规范	实习态度
		组织纪律
		仪容仪表
		语言规范
		团结互助
		尊重老师
		热爱幼儿
		尊重家长
		爱护公物
	保育实习	入　园
		盥　洗
		进　餐
		睡　眠
		户外活动
		协助教学
		清洁消毒
		离　园
	教育实习	教育活动目标
		教育活动设计
		教育活动准备
		教育活动过程
		教育活动效果
		教师语言基本功
		教师教育理念
		教师驾驭能力
		教育活动互动
	班级实习	计　划
		组　织
		工作能力
		常规培养
		生活指导
		师幼关系
		同事关系
		家长工作
		教育环境创设
		效　果

第三节　保教实习评价的内容和方法

一、保教实习评价的内容

（一）实习生的专业理念与师德评价内容

根据《幼儿园教师专业标准》的要求,保教实习评价时,实习生的专业理念与师德应该放在首位。幼儿教师要有正确的职业理解与认识,理解幼儿保教工作的意义,热爱学前教育事业,具有职业理想和敬业精神。认同幼儿园教师的专业性和独特性,注重自身专业发展。要有正确地对待幼儿的态度与行为,正确地对待幼儿保育和教育的态度与行为。同时还必须具备良好的个人修养与行为。

合格实习生专业理念与师德的主要内容如下。

1. 实习态度

牢固树立为幼儿教育事业积极奉献的意识,以认真负责、积极向上的态度对待实习,贯彻党和国家教育方针政策,遵守教育法律法规,具有职业理想和敬业精神,并能提前做好实习前的各项工作,全身心地投入实习活动中去。

2. 组织纪律

认真履行实习职责,自觉遵守幼儿园规章制度和作息时间安排,遵守保育实习纪律,实习期间不请假,不迟到、早退或无故缺席;工作时间做到不会客、不串岗、不离岗、不使用通信工具、不闲谈聊天、不吃零食,不做一切有碍实习工作的任何活动。

3. 仪容仪表

能注意仪表,保持服装整洁、大方得体,不化妆、不戴首饰、不披头散发;具有良好职业道德修养和为人师表的意识,讲文明、讲礼貌,举止端庄等。

4. 语言规范

语言运用准确规范文明,讲普通话,不说脏话,不议论幼儿园和指导教师,不喊同学和学生的绰号。在幼儿面前彼此以"老师"相称呼,使用符合幼儿年龄特点的语言进行保教实习。

5. 团结互助

服从安排,具有团队合作精神,积极开展协作与交流,为人正直,不犯自由主义,不在背后议论其他实习生;能理解他人,用正面鼓励性的语言与他人沟通。

6. 尊重老师

服从园长领导、服从带队老师和班干部的管理,尊重幼儿园所有工作人员;虚心接受指导教师和实习带队老师的检查、指导和批评,以改进自己的教育教学水平;不在幼儿面前品评实习幼儿园的领导和教师。如果对实习学校的工作有意见或合理化建议,可以通过正常渠道向带队教师反映。

7. 热爱幼儿

把保护幼儿的生命和促进幼儿的健康放在第一位,富有爱心、责任心、耐心和细心。特别注意幼儿安全,防止碰撞、跌伤;不在言行上虐待、体罚和变相体罚幼儿;树立正确的教育观、儿童观,尊重幼儿的人格、权利、性格,用发展的眼光看待幼儿;坚持用积极的语言、目光、行为等鼓励帮助幼儿健康成长,建立良好的自信心。

8. 尊重家长

尊重家长,热情接待家长,经常和家长沟通;协助原班老师办好家园联系栏,与家长进行有效沟通合作,共同促进幼儿发展。

9. 爱护公物

爱护幼儿的教科书、参考书、教具等;凡借实习幼儿园的书籍、仪器、教具等均应妥善保管,按期归还,如有损坏,应负责赔偿。

(二)保育实习评价的内容

1.入园

做好入园前的准备工作,开窗通风、准备温开水;配合老师做好接待工作,热情接待家长和幼儿,对幼儿的皮肤、五官、精神状态等方面逐一观察和询问,了解幼儿在家的情况;对患病的幼儿或情绪不好的幼儿要特别关照;指导并帮助幼儿穿脱衣服、鞋帽,做好幼儿衣服、鞋帽等的放置工作。

2.盥洗

做好盥洗前的准备工作,放好肥皂、消毒毛巾和卫生纸等;盥洗时给予幼儿适当的指导和帮助,逐步培养幼儿独立盥洗的能力;注意观察幼儿大小便情况,如有异常要及时记录或向保健老师汇报;提醒幼儿注意安全,保持室内地面的清洁,防止幼儿滑倒。

3.进餐

餐前用消毒水擦干桌子,准备餐具和漱口水;用餐前要稳定幼儿的情绪,培养幼儿安静地等待进餐的习惯;根据幼儿的饭量随时为幼儿添加饭菜,不催促幼儿多吃、快吃;做好餐后的整理工作。

4.睡眠

入寝前,为幼儿创造安静、舒适的睡眠环境;指导幼儿正确地穿脱衣服,并且在脱衣服后将其摆放在固定的地方;随时巡查幼儿睡眠,发现异常情况要及时处理并做好记录。

5.户外活动

活动前,检查场地和运动器械,检查幼儿的服装、鞋子,保证幼儿活动的安全;体育活动时,要备好干毛巾,供幼儿擦汗,对体弱的幼儿要进行个别照顾。注意户外场地和幼儿活动中的安全,防止发生意外事故;做好活动后的整理和安全防护工作。

6.协助教学

提前熟悉教师教育活动计划,并按照教师的要求,协助教师做好教学前的各项准备工作,按要求布置好活动场地,准备好教具、玩具。在教学活动开展前,帮助教师组织好幼儿;在教学中,要提醒并指导幼儿正确地使用教具、学具、玩具,注意安全;教学活动结束后,要迅速收拾好教具、学具、玩具等物品。

7.清洁消毒

做好本班室内清洁卫生工作,保持本班环境清洁整齐、空气新鲜;按制度做好本班儿童生活用品、玩具、教具等物品的消毒工作;能协助保健老师做好幼儿的疾病预防工作。

8.离园

指导和帮助幼儿整理好个人的服饰、文具等;注意要亲手把幼儿交给家长,主动向家长介绍幼儿在园情况,特别是有异常情况的幼儿;有组织地对暂时没有接走的幼儿开展活动;做好幼儿离园后的检查工作。

(三)教育实习评价的内容

1.教育活动目标的评价

教育活动目标的制定,要符合教育大纲、《3—6岁儿童学习与发展指南》和幼儿情感、态度、能力、知识、习惯的发展需要,健康、社会、语言、科学、艺术各领域互相渗透、融会贯通,充分体现教育目标的科学性。

2.教育活动设计的评价

教育活动设计要充分体现短期计划和长远目标结合的原则,努力创设教育方式灵活多样、程序严密、紧凑,动静交替,自然、有序,又能为幼儿接受的宽松教学环境。

3.教育活动的准备评价

应根据幼儿年龄特点、时间季节、物质条件、教学内容,创设与教学目的相适应的教学环境,注意教育活动或者游戏活动的前期准备工作。

4.教育活动过程的评价

教育活动要严格按照事前设定的教学方式进行,以游戏为教学的主要手段,注重游戏的教育性。其教育过程应符合幼儿的学习方式和特点,在游戏和日常生活中进行,尽量支持和满足幼儿通过直接感知、实际操作和亲身体验获取经验的需要。

5. 教育活动效果评价

教育效果评价主要是评价教育活动的方向是否符合教育目标,教育方法是否因材施教,教育环节是否紧凑、流畅,教育形式是否灵活多样,教育内容是否繁简得当,教学效果是否明显、突出。

6. 教师语言基本功的评价

教师对教学内容有较深刻的理解,对知识的把握正确无误;使用符合幼儿年龄特点的语言进行保教工作;教学语言规范、生动、流畅,富有感染力和亲和力。

7. 教师教育理念的评价

教育应面向全体幼儿,注重保教结合,努力营造宽松、活泼、民主、平等、互动的课堂氛围,注重保护幼儿的好奇心,培养幼儿学习的主动性、自信心和独立能力,充分体现以人为本的教育理念。

8. 教育活动管理的评价

教师应及时对幼儿现实需要、兴趣、活动投入度、遇到的具体问题等进行观察,及时发现和赏识每个幼儿的点滴进步,并能通过讲解、示范与评价对幼儿学习过程中出现的突发事件进行处理,有效运用评价结果,指导下一步教育活动的开展。

9. 教育活动互动评价

在评价教师与幼儿之间的互动情况时,主要了解在活动过程中教师对幼儿学习的指导与幼儿主动学习之间的协调关系,了解是否出现了因教师指导不足而影响教育活动目标的达成或者因指导过度干扰了幼儿学习的主动性等现象。

(四) 班级实习评价的内容

1. 班级活动计划的评价

在班级工作实习中,有切实可行的班级活动计划;班级工作计划的评价要结合实习班级的学期计划和实习班级的实际情况。

2. 班级活动组织的评价

实习中严格按照班级计划开展活动,能科学利用幼儿活动的空间;幼儿一日活动的时间、顺序安排合理,活动中能做到动静交替;将活动计划有机地渗透到一日活动中。

3. 班级工作能力的评价

能够做好交接班工作;对突发情况和事故能够妥善处理;对于班级工作能提出建设性的意见;能够落实班内的清洁工作。

4. 生活常规培养的评价

能合理安排和组织一日生活的各个环节,将教育灵活地渗透到一日生活中,即让幼儿明确生活常规要求,能按常规行事,幼儿一日生活既生动、活泼,又规范、有序;保持幼儿自身及衣物用品的干净整洁;提高幼儿的自我服务的能力;能够坚持对幼儿进行良好的生活、学习习惯的培养。

5. 幼儿生活指导的评价

能够了解幼儿正常的生理需要,机动灵活地满足幼儿喝水、如厕等各种生活需要,及时为幼儿提供具体必要的帮助;有的放矢地进行生活指导,帮助幼儿学习生活知识,训练生活技能,养成幼儿良好的生活卫生习惯和自理自律能力。生活指导面向全体,注重个体差异,不强求一律,不强迫幼儿。

6. 师幼关系的评价

常用鼓励性的语言和幼儿交流,积极与幼儿共同活动,耐心回答幼儿的问题;能对幼儿进行个别指导,公正地对待每一个幼儿;能为幼儿提供自我服务的机会,提高幼儿的独立性、自主性;和幼儿的关系亲密,是幼儿喜欢的教师之一。

7. 同事关系的评价

同事关系融洽,能和其他老师主动、正面讨论班级的事情,并能接受合理的意见;能主动关心其他老师,积极协助其他老师搞好班级工作。

8. 家长工作的评价

能够及时准确地向家长传递幼儿园活动的情况;能够真实而巧妙地向家长及时汇报幼儿的情况;热情

接待家长,处理好家长的意见,经常和家长沟通。

9. 班级教育环境创设的评价

能充分利用班级条件创设有助于幼儿成长、学习、游戏的教育环境,建立良好的师幼关系,帮助幼儿建立良好的同伴关系,让幼儿感到温暖和愉悦;活动区域的布置能因地制宜,合理利用各种材料,适合幼儿的特点,具有可操作性和安全性;活动室的布置与教育活动计划相结合,具有教育性和艺术性,适合幼儿的审美情趣。

10. 班级活动效果评价

班级活动的计划得以落实,幼儿在班级活动中情绪愉快,态度积极,参与意识强,各种能力在原有水平上得到提高。

二、保教实习评价的方法

依据不同的评价标准,教育实习评价有不同的分类方法。在保教实习活动中常见的评价方法主要有三种形式,即终结性评价与形成性评价、自我评价与他人评价、定量评价与定性评价。

(一) 终结性评价与形成性评价

按照评价的功能、评价的时间和评价的次数,保教实习评价可分为终结性评价和形成性评价两种。

1. 终结性评价

终结性评价是指在实习活动结束时,针对总体实习效果进行的评价。它是对实习生在实习期间个人表现、能力、知识的运用等各方面的一个总的评定,并为确定实习效果提供依据,这种评价也被称为"事后的评价"。终结性评价主要关心的是实习活动所要达到的效果,即在实习结束后对实习取得的成绩与实习计划的差距进行比较、评价。终结性评价的主体是实习带队教师、幼儿园指导教师、实习组的其他同学和实习者自己。

首先,终结性评价可以为实习工作的效果提供可靠的信息,即能够在实习结束后对实习的效果做出全面的反馈、总结、评价。其次,终结性评价可以使教师通过对实习生的成绩分析,发现实习活动的安排、教学活动中存在的主要问题,为以后的教学活动及实习活动的有效开展提供依据。但终结性评价要到实习结束才进行,所以反馈信息比较慢,对改进本次保教实习活动的意义不大。另外,终结性评价还可以对实习生的个人实习情况进行评定,可以预测实习生在日后幼儿园工作中的情况,可以帮助实习生寻找差距。

终结性评价的实施是在实习结束后对实习生在保育工作、教育工作、班级工作的各个方面按标准进行评分。这种评价方法简单易行,较为客观,是以往保教实习评价的基本方式,但这种评价也有着自己不能克服的缺点:一是对于已经进行过的实习活动帮助不大,主要是为以后的实习活动提供了改进的方向;二是终结性评价只能看到结果,无法对取得结果的方式进行检测,容易让个别实习生为了成绩而使用不妥当的教学方法。还有,这种方法的评价标准是事先确定的,没办法根据实习的具体情况而加以改变,缺乏灵活性,若标准不客观则会影响实习成绩的判定。

2. 形成性评价

形成性评价是指在保教实习的过程中进行的即时性评价。这种评价形式又称为"过程中的评价"。形成性评价可以在实习的过程中不断地获取信息,及时进行反馈,从而不断调整、修改保教实习的活动设计、方法,不断提高实习的效果。形成性评价的主体是实习生,评价方法以实习生的自我评价为主。

形成性评价是一种动态的评价。评价的形式灵活机动,可以对学生实习中的一个环节进行及时的评价,也可以对一天活动进行评价,或者对实习过程分阶段进行评价,如每周进行的实习小总评,随时考察一个环节或活动的组织是否达到设定的目标,预期的教学目标是形成性评价的评定标准。这种评价可以随时帮助实习生把握实习过程中的得与失,为实习生下阶段设计活动和组织幼儿教学活动提供依据。

形成性评价的特点是关注活动的过程,强调的是在实习活动中认清现状、明确方向、发现问题、及时调整。对于没有达到的目标进行及时、有效的调整,即进行补偿性的教育活动,使实习生及时调整自己的活动方式,达到实习目标的要求。但是,形成性评价因为是随时进行的,也使得这种评价的结果零散、缺乏一定的系统性。

终结性评价和形成性评价都有自己的优点和不足,为了提高保教实习工作的效果,应将两种方法有效地结合起来运用。在实习活动中,实习生要主动地进行即时评价,即形成性评价,将评价的结果运用到后面的实习活动中去;在实习结束后,指导教师要组织学生对整个实习活动进行总结和评价,总结个人和集体在实习中的成绩与问题,即终结性评价。这样就可以做到取长补短,充分发挥两种评价手段的优点,使得实习工作取得良好效果,也为以后的实习活动组织者积累翔实的第一手资料。

(二)自我评价与他人评价

按照评价的主体,保教实习评价可以分为自我评价和他人评价两种。

1. 自我评价

自我评价就是评价者对自己在保育、教育、班级管理实习中的活动组织状况进行的总结。比如,实习生在幼儿活动结束后对自己组织活动的自我总结,也包括实习生在实习结束后所做的实习报告、实习总结等。自我评价是实习生对自己生理和心理特征的判断,是自我意识的重要组成部分。自我评价在保教实习评价中是很重要的一种方法,因为在实习过程中,自己的反思对活动的开展有着不可替代的作用。所以说,掌握自我评价的方法对于开展好实习活动非常重要。例如,实习结束时,学校都要求实习生对自己实习期间的工作进行自评。这种评价简便易行,有利于激发被评价者的自信心。但是,自评主观性比较大,易出现评价过高或过低的现象。

自我评价应该避免自我评价中产生的心理误差。在自我评价中,评价者产生心理误差的原因如下。

(1)根据别人对自己的评价来评价自己。当别人对自己的评价不客观时,很容易受到他人评价的影响。他人如果碍于情面或者为了鼓励,所作出的评价高于自己的实际水平时,心理上容易接受,容易失去正确判断的能力;如果他人对自己的评价低于自己的实际水平,又会产生自卑心理,这些评价现象都会影响到评价的客观性。

(2)参照别人的水平评价自己。评价过程中应依据事先制定的客观标准来进行,如果以他人的实习水平作为标准,就会因评价参考对象的水平好坏而影响到自我评价的客观性。

(3)通过自我分析评价自己。自我分析时要注意保持冷静的头脑,不能因为自己在保教实习中取得小小的成绩而沾沾自喜,把自己看得很能干,以为保教工作很简单,盲目乐观,不认真对待保教实习活动,容易使自己骄傲自满;也不能因为小小的挫折,而产生对自己从事学前教育工作能力的怀疑,失去了从事好这项工作的兴趣,从而丧失自信心和开展好保教实习的积极性,只是被动地完成实习任务,这样实习中就很难有实际的收获,最终影响到以后的学习和就业。

为了防止自我评价中心理误差对实习的影响,在保教实习活动中应重视对自己心理的主动调控:坚持科学的态度,进行适当的调控,有效地消除消极因素的影响,化消极因素为积极因素,更好地推动实习工作。具体来说:第一,要正确对待别人对自己的评价,既不要盲目接受,也不要拒之不理,要虚心地吸收别人对自己评价中的合理成分,对于他人评价中不合理的部分,无论是优点还是缺点都能实事求是地对待;第二,参照他人进行评价时,应注意把握别人的水平与实习目标之间的差距,注意类比时的类同点,不滥比,而把类比当作启发自我评价、科学进行自我评价的手段,而不是为了和别人简单地争高低,高于别人的水平就骄傲自满,低于别人的水平时,不客观分析差距所在,而是自暴自弃;第三,对自己的评价应该采取全面、科学、发展的态度,要学会把别人的评价、与别人的类比和自我评价统一起来,进行综合、全面的比较分析,力求客观、公正、科学。要做到这一点,就需要多观察、多学习,提高自己对客观事物和自我的认识水平。因为自我评价的水平依赖于自我认识水平。

总之,在引导学生进行自我评价时应注重这几个方面:承认个体的差异;知道人的心理反应的共性;更要了解公共道德准则及一般的法律要求。在进行自我评价时可以有共同的评价标准,努力从自我挑战、自我完善的过程中获得快乐,努力实现自我分析评价的目的。

2. 他人评价

他人评价是指在保教实习活动中,实习指导教师、幼儿园、实习小组的同学以及实习活动中的其他相关人员,共同对某一个实习学生在保育活动、教育活动和班级管理活动中的实习活动以及实习的成果进行的评价。这种评价的主体是他人,是依据事先制定的评价标准对实习生所做出的评价。

在保教实习他人评价过程中,实习指导教师具有一定的权威性。指导教师在指导实习的过程中,全面地观察、了解、指导实习生开展实习活动,在评价过程中能够客观、公正地对实习生的保教活动作出评价,并以此为依据指导实习生发扬优点、改正缺点,圆满完成实习任务。在实习结束时,实习指导教师要对每一个实习生做出总结性评价,评出实习成绩,加之学生对老师的信任,故指导教师的评价责任重大,评价客观可以激发学生的积极性,相反会引起学生的不良情绪反应,影响正常实习活动的进行。

为了保证评价的客观、真实和全面,要求实习指导教师在对学生进行评价时,应注意以下几方面问题。

(1) 明确评价内容和标准。指导教师对于标准要精确地把握,在对不同学生评价时标准应该是一致的,评价要客观、具体,这样实习生改正错误时就能抓住问题的实质。

(2) 选择并设计评价方法。指导教师要采用合适的评价方法,可以将个别评价和集体评价结合起来。如果是个别学生出现的问题,并不具有普遍性,为了保护学生的自尊心,就可以在活动结束后,单独评价时指出来。对于普遍存在的问题,应该采用集体评价的方式,让每个实习生都能够引起足够的重视,不能简单地一说了之。

(3) 收集分析学生发展过程和结果的资料。指导教师应当对实习生的实习过程和结果及时记录,在总结性评价和给出学生实习成绩时能依据客观事实。

(4) 明确促进学生发展的改进要点和改进计划。指导教师要明确促进学生发展的改进要点和改进计划,以关爱的语气向学生表达教师对学生的评价。在对学生评价时语气应柔和,防止急躁的情绪打击实习生的工作热情,与实习生一起做好保教实习工作。

保教实习评价中的另一主体就是共同参与实习的学生。实习生之间的评价是指在实习活动中,实习生对某活动者或活动小组的评价。这种评价是一种同辈评价,在这样的评价中可以提高评价者和被评价者的实习水平。在指出他人缺点的同时,也可以使得评价者对于自己的实习情况进行反思,共同得到进步,也是其主要的特点。

为了更好地发挥实习生之间的评价作用,要求全体实习生都必须认真参与,实事求是、不讲私情,才能给予正确的判断,使之公平、合理,使同伴评价在整个教学活动中收到更为理想的效果。

(三) 定量评价与定性评价

按照保教实习评价中所用的工具和对评价结果的表述形式,实习评价可以分为定量评价与定性评价。

1. 保教实习中的定量评价

定量评价是用"等级"或"分数"对学生的实习情况进行的评价。也就是对实习的过程和结果以量化的方式进行评定。定量评价是在目前学前教育评价中运用得较多、比较普遍的评价形式。如实习结束时,会用实习成绩来反映学生在实习中的效果。

定量评价形式是通过数据来反映学生的实习情况的,比较简单、容易进行,评价的结果便于进行数据处理,有利于提高评价的准确性,也便于区分出等级。但是,实习活动极具复杂性,有些内容无法量化,而这些内容对教学过程来说又有极大的影响,仅靠定量来做判断是不合理、不全面的。也就是说,想通过简单的数据将复杂的实习情况反映出来,操作起来往往会失去评价的丰富性。而且,对于学生来说,无论是获得好的实习成绩,还是获得的实习成绩不理想,都只能看到简单而枯燥的数字,难以对实习中取得的成绩或者失误有足够的认识,从而影响实习评价的实际效果。

2. 保教实习中的定性评价

定性评价是通过自然的观察,全面充分地对学生在实习中的各种现象进行评价,这种评价一般采用评语的形式表现出来。这样的评价既对学生的实习成绩给予肯定,又可以将学生的问题指出来,显示了学生在实习中的特点,为学生的进一步学习提供了可供操作的依据。

定性评价的形式比较周到、全面,但在评价的过程中受主观因素的影响很大。评价者对于自己认为的好学生往往评价较高,对于自己眼里的"差"学生往往评价较低。这样就容易使评价失去一定的客观性,带有主观色彩。

为了克服两种评价的缺点,新的评价体系要求定量评价和定性评价相结合,我们不能只用分数来评价学生的实习活动,而应该通过分析发现每个学生保教实习的能力,关注每个学生的点滴进步,用分数和评语共同来激励学生,促进学生的全面发展。在对学生进行定量评价时,加进定性评价的内容,增加评价的效度,评语要以鼓励为主,关注实习生的个体差异,评语要有反馈作用。

　　总之,评价结论不管是定量的还是定性的,如果和实际相符合,则评价的结论容易为人们所接受,教育评价的功能也自然会发挥出来。如果评价结论仅凭主观经验或表面现象得出,就不免使评价失去意义。

第七章　早期教育实习

自神经科学从实证的角度证实了早期学习和早期经验的重要性以来,"教育从零岁开始""3 岁前大脑发育决定孩子一生""人才培养的制高点在最初阶段"等观念日益深入人心。0—3 岁婴幼儿的早期教育引起世界各国的普遍关注,成为目前学前教育发展和市场需求的新增长点。

《国家中长期教育改革和发展规划纲要(2010—2020 年)》中指出,要"重视 0—3 岁婴幼儿教育"。2012 年《教育部办公厅关于开展 0—3 岁婴幼儿早期教育试点工作有关事项的通知》提出,"要在全国 14 个地区先行开展 0—3 岁儿童早期教育试点"。2019 年 5 月 9 日,《国务院办公厅关于促进 3 岁以下婴幼儿照护服务发展的指导意见》,提出进一步加强护理、早期教育等高等职业教育教学标准的修订以及加快培养婴幼儿护理相关专业人才等举措。2022 年 11 月 19 日国家卫健委印发《3 岁以下婴幼儿健康养育照护指南(试行)》,从婴幼儿健康养育照护的重要意义、婴幼儿健康养育照护的基本理念、婴幼儿健康养育照护咨询指导内容等方面进行了详尽的阐述。通过早期教育实习,使学生聚焦 0—3 岁关键阶段,了解科学养育照护、亲子活动和健康管理,提高专业能力,加强对专业课程体系的了解与认识,着力促进婴幼儿全面发展。

微课7

第一节　早期教育实习的目标与任务

一、早期教育实习的内涵

(一) 早期教育的定义

早期教育是以促进 0—3 岁婴幼儿身心健康和谐发展为目的,关注婴幼儿的健康、营养、认知、情感,根据其身心特点,遵循身心发育规律,给予科学的支持引导;结合婴幼儿成长特点和规律进行潜能开发,以便提高婴幼儿的专注力、想象力、记忆力、语言表达等综合能力及促进其品格的培养。

(二) 早期教育的特殊性

1. 教育对象的独特性

首先,早期教育是以提高家长科学育儿能力和促进婴幼儿身心健康为目的的教育,既包括了对婴幼儿进行的促使身心健康、开发潜能、培养个性、使婴幼儿的整体素质得到不断提高的教育,又包括了指导家长与婴幼儿建立正向的亲子关系,成为合格称职的好家长的教育。故其教育对象不仅包括0—3岁的婴幼儿,还包括了婴幼儿的家长,这是这一阶段的教育与其他阶段最明显的不同。

其次,0—3岁婴幼儿身体的发育情况使其不具备独立生活或者活动的能力,但是脑科学研究表明这段时间却是大脑变化、补偿的能力尤其显著的时期。在一生学习的过程中,总有一个最佳的阶段或机会特别适合大脑进行某种学习,这就是所谓的"关键期"。在发展的"关键期",神经元能够快速有效地产生神经突触,而人类的绝大多数"关键期"都是从一岁开始的。这也决定了早期教育的重要性和教育对象的独特性。

2. 教育主体的双重性

0—3岁婴幼儿尚不具有自主意识,无法配合教师完成各种不同的教育活动。所以早期教育的主体并不是婴幼儿,而是早期教育指导者和家长。早期教育指导者要组织早教活动,引导家长掌握正确的育儿方式,以保证教育效果在家庭环境中能够得以延续。家长除了要将孩子带到早教中心,根据指导和孩子共同活动外,还要按照早教指导者的要求,在家庭中对孩子进行教育,养成积极教育孩子的习惯,为婴幼儿未来的成长和发展打下基础。

3. 教育方法的适宜性

婴幼儿的身心发展是按照一定的顺序向前发展的,每个年龄阶段的特征各不相同,其身心表现出一定的顺序性和阶段性,早期教育必须明确针对这一阶段儿童的年龄特征,同时,在充分考虑婴幼儿群体发展水平的基础上,也要考虑不同个体之间的差异,使早期教育适宜于活动中的每一位孩子的发展。

4. 教育内容的针对性

从教育内容来看,早期教育主要是从生理和心理两方面系统出发,潜移默化地影响婴幼儿。生理方面的教育主要包括喂养、卫生、保健等,心理方面的教育则主要包括语言、动作以及认知等。在教育内容上,这两个方面缺一不可,必须"养"和"教"并重,在具体实施的时候,要做到"科学养育,教养结合"。

(三) 早期教育实习的定义

早期教育实习是一种实践性的学习活动,主要包括0—3岁婴幼儿托育照护实习和0—3岁婴幼儿早期教育活动实习两个模块。

1. 0—3岁婴幼儿托育照护实习

根据婴幼儿发展的年龄特点和个体差异,实习生在托育机构(全日托、半日托、计时托、临时托、幼儿园托班等)直接或间接为3岁以下婴幼儿提供生活照护、安全看护、平衡膳食和早期学习机会,掌握和应用婴幼儿照护的理论知识和技能,为家庭和社区提供科学育儿指导服务,促进婴幼儿身体和心理的全面发展。

2. 0—3岁婴幼儿早期教育活动实习

亲子活动实习是一种将早期教育理论应用于实际亲子活动场景的实践学习方式。实习生将参与并协助组织、执行亲子活动,以深入了解亲子关系的重要性,学习如何有效地促进亲子间的互动和沟通,以及掌握设计和实施亲子活动的相关技能。

(四) 早期教育实习的机构

1. 托育机构

托育机构(包括全日托、半日托、计时托、临时托、幼儿园托班)指对3岁以下婴幼儿提供集中保育和照护服务的机构,旨在确保儿童身体健康、饮食营养,保护他们免受威胁,并通过互动给予感情上的支持和响应,为他们提供早期学习的机会。一般分为乳儿班(6—12个月)、托小班(13—24个月)和托大班(25—36个月)。

2. 早教中心

早教中心是专门为婴幼儿的父母或家人提供早期教育培训指导和帮助的服务机构。早教中心的主要服务对象是孕妇和0—6岁孩子的父母和家人。

3. 亲子园

亲子园是为满足父母或家人带孩子一起参加活动的需求提供亲子群体之间进行交流、活动的场所。

它既是孩子成长学习的乐园,又是家长的课堂,在早期教育的方式方法上,给予父母具体、专业、系统的指导。一方面增进父母和孩子的情感,另一方面让父母更加了解自己孩子的年龄特点,以便有针对性地进行教育。

4. 社区嵌入式托育点

社区嵌入式托育服务是指通过社区(小区)的公共空间嵌入功能性设施,提供家门口的托育服务,形式包括为婴幼儿提供全日托、半日托、计时托、临时托等多种形式的照护服务。

二、早期教育实习的目标

早期教育实习的目标就是为了让婴幼儿托育专业、早期教育专业的实习生能够更好地将理论知识与实践相结合,提升自己的专业素养和实践能力,总结经验教训,为未来的教育工作打下坚实的基础。概括起来主要包括以下几个方面的目标。

(一) 态度目标

(1) 品德高尚,具有现代化的儿童观、教师观、教育观和规范保育的思想。

(2) 富有爱心,具有良好师德师风,热爱儿童,尊重儿童权利,平等对待儿童。

(3) 敬业奉献,热爱早期教育事业,有高度的事业心和责任感。

(4) 素质优良,具有主动、认真、严谨和终身学习的职业精神。

(5) 严格遵守实习早教中心、托育园、保育院、幼儿园或社区的各项规章制度和行为规范,遵照实习工作的具体要求。

(二) 认知目标

(1) 体验和理解0—3岁婴幼儿身心发展规律、年龄阶段特征和个体差异。

(2) 熟悉《托育机构质量评估标准》《国务院办公厅关于促进3岁以下婴幼儿照护服务发展的指导意见》《托育机构保育指导大纲(试行)》《托育从业人员职业行为准则(试行)》等托育服务法规与政策。

(3) 掌握婴幼儿早期发展与回应性照护的知识与策略,提升科学保育素养。

(4) 体验和理解亲子活动设计的基本原则、方法、思路、模式和注意事项。

(5) 熟悉早期教育的先进思想及基本理论。

(三) 技能目标

(1) 具备保育工作的基本技能与方法,包括婴儿喂养、卫生照料、体格锻炼、日常生活照料、常用家庭护理与急救技术等。

(2) 具备计划、组织和实施教育教学活动的能力,能够根据婴幼儿发展的需求和特点开展0—3岁的亲子教育活动。

(3) 具有环境创设能力和与婴幼儿建立良好关系的能力。

(4) 具有敏锐的观察力,能够运用所学知识对0—3岁婴幼儿的发展水平进行科学测评,并提供具体详细的测评报告和发展建议。

(5) 具有良好的沟通能力,能运用所学知识对家长进行早期教育的指导和婴幼儿家庭教养指导。

三、早期教育实习的任务

(一) 托育照护实习的任务

1. 卫生保健

卫生与消毒、物品管理、生长发育监测、体格锻炼、心理行为保健、婴幼儿常见病预防与管理、传染病预防与控制、健康信息收集。

2. 生活照料

包括各月龄营养与喂养、进餐照护、饮水照护、睡眠照护、生活卫生习惯培养、出行照护等。

3. 早期发展支持

包括婴幼儿生理和心理发展知识的掌握、婴幼儿个体差异与支持、特殊需要婴幼儿识别与指导、活动设计与组织等。

4. 包括沟通与反思

日常记录与反馈、与家庭和社区沟通合作、家庭和社区科学养育指导、保育实践反思等。

通过完成这些实习任务,实习生能够全面了解婴幼儿照护的各个方面,提升专业技能和素养,为未来的婴幼儿照护工作打下坚实的基础。

(二) 早期教育活动实习的任务

早期教育活动实习的任务主要是有目的、有组织地面对家长及看护人,开展科学育儿的具体指导活动。以下是亲子活动实习中常见的任务。

1. 策划亲子活动

实习生需要积极参与早期教育活动的策划与组织工作,包括确定活动主题、设计活动内容、制定活动流程等。早期教育活动设计应考虑婴幼儿发展目标和不同月龄段发展特点,结合婴幼儿共性问题,选择生活中常见的、熟悉的、感兴趣的内容,围绕主题开展丰富多样的活动。

例如:12 24 个月龄围绕"生活自理能力"设计的亲子活动有"我会坐马桶""我会穿袜子""我会喝水""咬一咬""拉拉链"等,内容贴近婴幼儿的真实生活,亲切自然,互动性强,体验感足。

2. 提供示范与指导

早期教育的亲子活动的完整环节包括:问好活动、教师示范游戏玩法、教师个别指导、教师澄清教育价值和再见活动。各环节设计都以主题为线索贯穿始终,在游戏化的互动中,满足婴幼儿全面发展的需要和家长科学育儿成长的需求。

在亲子活动组织时,实习生要对每一个开展的活动环节进行亲子指导,耐心细致地交代活动的玩法、教学具的操作、游戏的参与及指导要求,引导家长积极鼓励孩子参与活动并完成任务。

3. 兼顾个体差异

实习生需要兼顾个体差异,关注两个方面:宝宝的个体差异和家长的个体差异。活动场景的设计、教学具的摆放、活动目标要求以及对宝宝的指导要注意个体差异性;对家长指导也要体现个体差异性。

例如:感觉统合训练游戏"大龙球",考虑到宝宝平衡能力的差别,在活动设计时设置了难易程度不同的游戏场景,这样的设计改变了统一的器械、统一的标准、统一的要求下宝宝缺乏挑战性和体验感的弊端。

4. 揭示教育价值

向家长揭示本次活动的教育价值,让家长意识到0—3 岁是婴幼儿大脑发育、心理发展的黄金期,明白早期教育的重要性;了解早期教育的具体内容和方法,与教育机构形成合力,共同为婴幼儿创造更好的成长环境;明白自己是孩子成长的第一责任人,需要付出更多的时间和精力来陪伴和教育孩子,为婴幼儿的健康成长提供有力保障。

5. 指导活动延伸

早期教育实习还应包括亲子活动结束后的家庭活动延伸设计。亲子活动结束后,实习生不仅要及时总结当日活动的情况,也会引导家长在家里利用生活中随处可见的材料,根据教师的示范与指导,指导孩子回到家里继续开展活动,将游戏活动进行巩固、拓展和创新。

以12—24 个月龄"生活自理"领域的"浇水——照顾植物"课程为例。在亲子活动中,实习教师介绍器具及植物名称,引导幼儿给浇水桶装水,然后带领幼儿走到植物面前,从上方用浇水桶往下倾倒出水。由于早期教育活动时间限制,实习生可以将该活动延伸到家中,请家长和孩子回家后一起在家里种植小植物,观察它们的生长过程,这不仅能培养孩子的耐心和观察力,还能让他们更亲近大自然。

通过完成这些任务,实习生不仅可以提升自己的专业素养和实践能力,还可以为家长和幼儿提供有效的指导和帮助,促进亲子关系的和谐发展。

第二节　早期教育实习的内容与要求

◎ 一、早期教育实习的内容

(一) 托育照护实习的内容

根据《国务院办公厅关于促进3岁以下婴幼儿照护服务发展的指导意见》《托育机构保育指导大纲(试行)》《托育从业人员职业行为准则(试行)》《托育机构质量评估标准》的要求,托育照护实习的内容应包括以下几个方面。

1. 卫生消毒

因托育机构的实际情况和当地卫生部门的规定有所不同,卫生消毒方法和要求也可能不同。在实际操作中,实习生应遵循相关规范和要求,确保卫生消毒工作的有效性和安全性。

(1) 活动室、卧室等室内外环境卫生清扫、检查和预防性消毒,抹布、拖布等卫生洁具的清洗与存放。

托育机构的环境物体表面及物品应以清洁为主,受到污染后应及时进行清洁和消毒。地面应每日清洁1—2次,门把手、水龙头、易接触的墙面等经常接触的物体表面应每日进行清洁消毒,不易触及的物体表面可每周清洁消毒1次。

托育机构的集体活动场所,如感统训练室、游泳馆、音体室等区域,由于婴幼儿活动频繁,接触较多,因此需要特别注意消毒。在无窗情况下,每日应使用消毒灯进行消毒,并确保有排风装置进行空气流通。

(2) 床上用品、玩具、图书、餐桌、水杯、餐巾等日常物品的清洁与预防性消毒。

餐桌使用前20—30分钟应进行桌面清洁消毒。

玩具应以日常清洗清洁为主,每周清洗消毒1次。纸质书籍宜每2周暴晒、消毒一次,以防止细菌滋生。

洗手水池、便器等应保持清洁,每日至少消毒2次。

重复使用的毛巾应一人一巾一用一消毒,被褥至少每月清洗1—2次,并每2周暴晒一次。

此外,实习生还应注重室内环境的通风换气,保持空气流通。同时,加强婴幼儿的个人卫生教育,培养他们良好的卫生习惯,共同维护托育机构的环境卫生。

2. 健康管理

(1) 晨午检及全日健康观察

应做好每日晨检和午检,对婴幼儿进行全日健康观察及巡视,并做好记录。

能从婴幼儿面色、舌色、唇色、腹部、四肢温度及饮食状况,发现婴幼儿亚健康状态,及时处理并完整记录。

(2) 运动和体格锻炼

能为婴幼儿进行抚触。

能为婴幼儿进行日光浴、空气浴、水浴。

能帮助与指导婴儿进行抬头、翻身的练习。

能帮助与指导婴儿进行坐、爬的练习。

能帮助与指导婴幼儿进行站立、行走的练习。

能指导幼儿进行跑、跳、投掷的练习。

能指导婴幼儿进行精细动作的练习。

(3) 健康行为养成

做好婴幼儿的视力保护,2岁以下不宜接触屏幕。2—3岁幼儿在托育机构一日生活中屏幕时间累计不超过半小时,每次不宜超过10分钟,且内容应无暴力等不健康元素。

3. 疾病防控

(1) 发热、呕吐、腹泻、惊厥、上呼吸道感染等常见疾病的识别、预防与护理。做好日常卫生和预防性消毒工作。

对于呕吐的情况,首先要轻轻拍打婴幼儿的背部,帮助呕吐物排出,避免呕吐物呛入气道。其次,及时给婴幼儿补充水分,但量不宜过多,以免加重肠胃负担。如果呕吐情况严重,应在医生的指导下使用药物治疗。

对于腹泻的婴幼儿,需要及时调节饮食,注意食物的选择和烹饪方式。已经添加辅食的婴幼儿,可以选择吃一些容易消化的食物。同时,密切观察病情,如有需要,及时采用药物进行控制。对于风寒诱发的腹泻,还可以进行腹部按摩,帮助调节胃肠道。

对于便秘的婴幼儿,需要调整喂奶习惯,避免过量喂奶。同时,可以给其做胃肠道按摩,刺激胃肠道,加快肠道内容物的分解和吸收。如果便秘严重,可以在医生的指导下使用开塞露或其他调理肠道内菌群的药物。

(2)手足口病、疱疹性咽炎、水痘、流感等婴幼儿常见传染病的识别、报告与隔离。

(3)对患有贫血、营养不良、肥胖等营养性疾病,先心病、哮喘、癫痫等疾病的婴幼儿进行登记和管理,并提供相应的照护。

(4)对药物过敏或食物过敏,患有先天性心脏病、哮喘、癫痫等疾病及心理行为异常的婴幼儿进行登记,协助托育机构督促家长依托社区或妇幼保健机构进行规范管理。

对于过敏的婴幼儿,首先要使之远离过敏原,如粉尘、动物毛发、海鲜等。其次,进行清洁护理,用温水冲洗患处,必要时在医生指导下使用消毒药物。如果过敏情况严重,可以协助托育机构指导家长根据医生的建议使用抗过敏药物。

实习生需要密切观察婴幼儿的健康状况,包括体温、饮食、排泄等,以便及时发现并处理异常状况。同时,还需要了解常见的婴幼儿疾病及其预防措施,如疫苗接种、日常消毒等。

4. 应急管理

(1)窒息、跌倒伤、烧烫伤、溺水、中毒、异物伤害、动物致伤、道路交通伤害等常见伤害的急救技能。

对于异物卡喉的紧急情况,可以使用海姆立克急救法。具体操作为：一手虎口固定婴幼儿头部,使其头低于身体;用掌根叩击婴幼儿胛骨之间,手掌抬起距离背部大约30—40厘米,1秒1次。如果异物仍未吐出,可以将婴幼儿翻转过来,用两个手指放在其胸骨下方,快速按压胸部5次。这两个方法交替进行,直到异物被吐出。对于一岁以上的幼儿,可以从背后抱住,双手放在肋骨正下方,一手握拳,另一只手包住拳头,迅速以45度角向上收紧按压,持续几次直到异物被吐出。

对于烧伤烫伤的应急处理,应迅速用15—25℃的冷水冲洗婴幼儿皮肤,并在冷水中浸泡20分钟,以减轻伤害。

(2)地震等重大自然灾害的逃生流程与演练,火灾、踩踏、暴力袭击等突发事件的预防与应急处理。

无论遇到哪种突发状况,都应保持冷静、安抚婴幼儿,并在必要时,及时寻求专业医疗人员的帮助。在日常生活中应加强对婴幼儿的安全监护,预防各类突发状况的发生。

5. 饮食照护

(1)膳食搭配,辅食添加与喂养方法。

选择和冲调配方奶粉,使用奶瓶喂哺婴儿。

明确辅食添加的目的、原则和顺序。

为婴幼儿做好餐前准备、餐后整理。

辅助婴幼儿进餐(喂食),引导婴幼儿使用餐具。

(2)进餐环境创设,进餐看护与问题识别。

营造安静、整洁、舒适的进餐环境,应避免嘈杂或干扰,以帮助孩子集中注意力进食。

婴幼儿的进餐时间应相对固定,每次进餐的量也应根据孩子的年龄和食欲来合理安排,避免过度喂养或饥饿。

婴幼儿进食过快或过慢,都可能是问题的信号。过快可能导致呛食或消化不良,过慢则可能影响营养摄入。

观察婴幼儿在进餐后是否出现呕吐、腹泻、过敏等身体反应。这些反应可能是食物过敏或不耐受的表

现,需要及时就医检查。

(3)独立进餐、专注进食、不挑食等饮食习惯培养,辅助婴幼儿水杯饮水等。

注意婴幼儿是否出现食欲不振、拒食或偏食等情况。这可能与食物选择、口味偏好或健康问题有关。食物应新鲜、卫生、营养丰富,符合婴幼儿的口味和消化能力。

注意婴幼儿在进餐时是否有边吃边玩、边看电视等不良习惯。这些行为不仅影响进餐质量,还可能对孩子的注意力和专注力产生负面影响。

随着婴幼儿年龄的增长,应鼓励他们逐渐学会自己进食,培养他们的独立性和自信心。

6. 睡眠照护

(1)睡眠环境创设,困倦信号识别,睡眠全过程观察、记录与照护。

确保睡眠的房间温度适宜,一般应保持在 18—22℃。

选择舒适的睡眠床具,如婴儿床、摇篮或婴儿托盘,以提供给婴幼儿一个合适的睡眠空间。

床上要使用适合婴幼儿年龄的床垫,保证硬度适中,避免使用过软的床垫,影响宝宝的呼吸和脊柱发育。

保持睡姿正确,婴幼儿的睡姿对于睡眠安全至关重要。在婴儿 0 至 12 个月龄期间,他们应该仰睡,而不是侧睡或趴睡。仰卧位可以减少婴幼儿突发性猝死综合征(SIDS)的风险。

为了避免宝宝出现呼吸困难或被被子蒙住口鼻的情况,睡眠中应全过程观察。

(2)培养规律就寝、独立入睡等睡眠习惯,对睡眠问题的识别与应对。

建立规律的作息时间、固定的睡眠时间有助于婴幼儿形成规律的睡眠习惯。

睡前喂食对孩子的睡眠质量有着重要影响。在孩子睡前应适当增加喂养量,保证孩子吃饱喝足。但也要避免喂奶后立即放下婴儿睡觉,应保持婴儿直立约 20—30 分钟以助其消化,减少反流引起的窒息风险。

(3)婴幼儿睡眠的个别化照护。

关注个别孩子的情感需求,有的孩子在睡觉前往往会有情感上的需求,需要陪伴和安抚。可以在孩子睡前为其讲故事、放轻柔的音乐或进行其他形式的安抚活动,帮助孩子放松心情,顺利入睡。

7. 清洁照护

(1)刷牙、洗手、洗脸、漱口和擦鼻涕等盥洗的方法。

在婴儿每次进食后都要给他进行口腔清洁,尤其是在睡前。刷牙时间不宜过长,一般控制在 2—3 分钟即可。使用无氟或低氟的牙膏和适合婴儿口腔大小、刷毛柔软的牙刷。在帮助婴儿刷牙时,应让婴儿侧卧或平躺,以便更好地清洁婴儿的口腔。

为婴幼儿进行五官、皮肤及褶皱处、臀部的清洁及护理。

为婴幼儿洗脸、洗头、洗澡(擦浴)。

为婴幼儿修剪指(趾)甲。

根据女婴和男婴的不同的生理结构进行盥洗。

(2)便器的使用方法。

坐骑式的便器适合年龄较小、还不能稳定坐立的婴儿,而座位式的便器则更适合年龄稍大、已经能够坐稳的孩子。

将便器放置在平稳的地面上,然后帮助孩子坐上去。对于年龄较小的孩子,需要扶着孩子的身体以保持稳定。在使用过程中,实习生要注意观察孩子的神态,确保孩子感到舒适和安全。

(3)如厕习惯培养。

婴幼儿如厕习惯的培养是一个需要耐心和细心的过程。需要仔细观察婴幼儿的排便习惯,了解他们通常在什么时间或什么情况下需要上厕所。这有助于制订合适的训练计划。可以使用简单的语言和手势来提示婴幼儿,让他们逐渐将排便与特定的声音和动作联系起来。

开始时,可以在固定的时间让婴幼儿坐在便器上,比如早餐后或洗澡前。随着婴幼儿逐渐适应,可以延长坐便的时间,并鼓励他们在有便意时主动告诉教师,避免在训练初期强迫婴儿。如果婴幼儿不愿意配合,可以暂停一段时间再试。

根据婴幼儿的性别和年龄调整训练策略。例如,对于男孩,可以先教他们坐着小便,然后再教他们站着小便。

(4) 便后清洁的方法,尿布/纸尿裤/污染衣物的更换。

准备工作:清洁前需准备好干净的毛巾、湿巾、盆、温水等,建议使用专门为婴幼儿准备的物品。同时,要注意保暖,特别是在天气较冷的时候,以免婴幼儿着凉。

清洁步骤:首先要打开尿布,用纸巾擦去粪便,之后在婴幼儿屁股下面折好尿布。用湿毛巾或湿巾等擦洗局部,开始时需先擦肚子直到脐部,清洗时从前往后清洗,最后擦拭肛门处。特别是女宝宝,一定要从前往后擦洗,擦拭过一遍的纸巾或毛巾不能再擦拭会阴区,以免造成阴道和尿道口感染。如果是男宝宝,要从内到外擦洗,擦洗过肛门的毛巾或湿纸巾不能再重复擦洗外生殖器及其周围。

后续处理:使用温水洗净之后,需再用干毛巾或纸巾擦干水,之后把婴幼儿包好。针对有红屁股的婴幼儿,实习生可以在清洁后于肛门周围、臀部等处擦上护臀膏。

(5) 婴幼儿大、小便异常的处理。

实习生需要密切观察婴幼儿的大小便情况,注意其颜色、形状、排便频率以及伴随的症状。如果发现异常,应及时记录并咨询医生。

婴幼儿大小便异常可能是由多种原因引起的,针对不同原因需要采取不同的处理方法。以下是一些常见的处理措施。

饮食调整:饮食不当是导致婴幼儿大小便异常的一个常见原因。实习生应注意婴幼儿的饮食卫生,避免其摄入不洁食物。同时,合理搭配食物,避免提供过多油腻、生冷、刺激性食物。

补充水分:如果婴幼儿平时饮水较少,可能会导致尿液浓缩,出现尿液偏黄、排便困难等情况。实习生应鼓励婴幼儿多喝水,保持体内水分充足。

腹部保暖:婴幼儿腹部受凉可能会导致胃肠功能紊乱,出现腹泻、腹痛等症状。实习生应注意给婴幼儿做好腹部保暖工作,避免受凉。

药物治疗:如果婴幼儿大小便异常是由消化不良、肠道菌群失调等引起的,实习生可以协助托育机构建议家长在医生的指导下给婴幼儿服用一些益生菌、消化酶等药物,帮助改善肠道环境,促进消化。

及时就医:如果婴幼儿大小便异常症状持续加重,或者伴随有发热、呕吐等其他症状,实习生应及时协助托育机构联系家长带婴幼儿就医,进行详细的检查和治疗。

(二) 早期教育活动实习的内容

1. 早期教育活动计划的制订

(1) 根据婴幼儿的月龄特点、实际发展情况和个体差异等特点,制订多种形式的活动计划(包括年度、半年、月、周计划等)和明确的发展性目标。活动计划以自由分散活动为主,统一组织的集体活动时间应适合不同月龄段婴幼儿的发展特点,托小班(13—24 个月)每次集体活动时间 5—8 分钟,托大班(25—36 个月)每次集体活动时间 10—15 分钟;内容涵盖动作、语言、认知、情感与社会性等方面,内容全面、相对均衡、贴近婴幼儿生活。

(2) 婴幼儿每日室内外活动时间不少于 3 小时,其中户外活动不少于 2 小时。乳儿班及小月龄段婴幼儿,可酌情减少户外活动时间,寒冷、炎热季节或特殊天气情况下也可酌情调整户外活动时间。提供适宜且充足的材料,开展符合婴幼儿月龄特点的活动,锻炼婴幼儿的精细动作技能。

2. 早期亲子教育活动的设计与组织

(1) 早期亲子教育活动目标的设置具有双向性。

早期亲子教育活动的目标设置应考虑指向婴幼儿和家长两个维度,分别是婴幼儿发展目标和家长指导目标。这样有助于早教教师在指导亲子活动中把准方向。

例如,在组织语言领域的活动时,早教教师针对 0—3 岁婴幼儿年龄特点、语言发展规律、语言学习的特殊性,通过儿歌、手指游戏、故事、早期阅读等多种方式,创设让婴幼儿想说、敢说、愿意说的语言交流环境,让婴幼儿多渠道理解语言、获得语言经验、学习表达。同时指导家长在了解 0—3 岁婴幼儿语言发展水平及特点的基础上,用科学的方法和途径,在日常生活中帮助和促进婴幼儿语言发展。

（2）早期亲子教育活动内容的选择具有针对性。

婴幼儿亲子活动内容的选择应符合婴幼儿实际月龄,重视婴幼儿的发展需求,考虑婴幼儿身心承受能力,适度、适量地安排活动和控制活动时间。并且内容要与婴幼儿的生活密切相关,活动动机要源于婴幼儿生活,又要为其生活服务。

① 适宜 0—6 个月婴儿的活动

亲子按摩游戏:父母可以用温暖的手轻轻按摩婴儿的手脚和身体,这不仅可以刺激婴儿的触觉发展,还能增进亲子之间的情感联系。

声音探索游戏:使用各种发出声音的玩具或日常物品(如摇铃、沙锤等),让婴儿尝试抓握并聆听声音,刺激听觉发展。

② 适宜 7—12 个月婴儿的活动

翻滚与爬行游戏:在安全的环境下,设置一些软垫或障碍物,鼓励婴儿自主探索从躺位变成坐位,从坐位转为爬行,逐渐到扶站、扶走,帮助锻炼他们的肌肉力量和协调性。

简单拼图游戏:使用形状简单、色彩鲜艳的拼图玩具,引导婴儿进行抓取和拼接,锻炼他们的手眼协调能力和认知能力。

语言游戏:引导婴儿使用简单的声音、表情、动作、语言表达自己的需求;向婴儿反复告知生活中常见物品和动作的名称,帮助其逐渐理解简单的词汇;为婴儿选择合适的图画书,朗读简单的故事或儿歌。

认知类游戏:提供有利于视、听、触摸等材料,激发婴儿的观察兴趣;鼓励婴儿调动各种感官,感知物体的大小、形状、颜色、材质等;引导婴儿观察周围的事物,模仿所看到的某些事物的声音和动作。

情感和社会性游戏:引导婴儿理解和辨别高兴、喜欢、生气等不同情绪;创设温暖、愉快的情绪氛围,促进婴儿交往的积极性。

③ 适宜 13—24 个月幼儿的活动

角色扮演游戏:使用玩偶、小家具等道具,让幼儿进行简单的角色扮演,如"妈妈照顾宝宝""医生看病"等,帮助培养他们的想象力和社交能力。

音乐律动游戏:播放节奏明快的儿童歌曲,引导幼儿随着音乐进行简单的舞蹈或动作,锻炼他们的身体协调性和节奏感。

精细动作游戏:鼓励幼儿自己喝水、用小勺吃饭、自己翻书等;提供多种类活动材料,促进涂画、拼搭、叠套等精细动作发育。

语言游戏:培养幼儿正确发音,逐步将语言与实物或动作建立联系;鼓励幼儿模仿和学习使用词语或短句表达自己的需求;引导幼儿学会倾听并乐意执行简单的语言指令,积极使用语言进行交流;提供机会让幼儿多读绘本、多听故事、学念儿歌。

认知类游戏:引导幼儿运用各种感官探索周围环境,逐步发展注意、记忆、思维等认知能力;鼓励幼儿辨别生活中常见物体的大小、形状、颜色、软硬、冷热等明显特征;鼓励幼儿在操作、摆弄、模仿等活动中想办法解决问题。

情感和社会性游戏:引导幼儿用表情、动作、语言等方式表达自己的情绪;培养幼儿愉快的情绪,及时肯定和鼓励幼儿适宜的态度和行为;拓展交往范围,引导幼儿认识他人不同的想法和情绪;引导幼儿理解并遵守简单的规则。

④ 适宜 25—36 个月幼儿的活动

创意绘画游戏:提供安全的绘画工具和纸张,让幼儿自由涂鸦,培养他们的创造力,锻炼手部精细动作能力。

大肌肉动作游戏:为幼儿提供参加走直线、跑、跨越低矮障碍物、双脚跳、单足站立、原地单脚跳、上下楼梯等活动的机会。

语言游戏:指导幼儿正确地运用词语说出简单的句子;鼓励幼儿用语言表达自己的需求和感受;创造条件和机会,使幼儿多听、多看、多说、多问、多想,谈论生活中的所见所闻;培养幼儿阅读的兴趣和能力,学讲故事、学念儿歌。

认知类游戏:引导幼儿运用各种感官反复持续探索周围环境,逐步巩固和加深对周围事物的认识;启发幼儿观察辨别生活中常见物体的特征和用途,进行简单的分类,并感受生活中的数学;培养幼儿在感兴趣的事情上能够保持一定的专注力;通过各种游戏和活动,鼓励幼儿主动思考、积极提问并大胆猜想,激发幼儿的想象力和创造力。

情感和社会性游戏:谈论日常生活中幼儿感兴趣的人和事,引导其通过语言和行为等方式表达情绪情感;鼓励幼儿进行情绪控制的尝试,指导其学会简单的情绪调节策略;创设人际交往的机会和条件,使幼儿感受与人交往的愉悦;帮助幼儿理解和遵守简单的规则,初步学习分享、轮流、等待、协商,尝试解决同伴冲突。

(3)早期亲子教育活动的组织过程具有完整性。

早期教育的亲子活动设计要求环节完整化。基本环节包括走线活动、问好活动、认知活动、语言活动、动作发展活动(粗大动作活动、精细动作活动)、艺术活动(音乐活动、美术活动)和再见活动。各环节设计都以主题为线索贯穿始终,在游戏化的互动中,满足婴幼儿全面发展的需要和家长科学育儿成长的需求。

(4)早期亲子教育活动的家长具有参与性。

早期教育活动中,每一个活动的设计都以亲子游戏为基本组织形式,通过各种情景性的趣味游戏,激发婴幼儿参与活动的兴趣,使其在有规则的游戏活动中,体验成功的喜悦、增强自信、学习交往、增进亲子感情,促进全面发展。

在亲子游戏设计中,对每一个开展的活动环节进行亲子指导,耐心细致地交代活动的玩法、教学具的操作、游戏的参与及指导要求。引导家长积极鼓励孩子参与活动并完成任务,使家长掌握与孩子互动的方法,丰富育儿知识,接纳尊重孩子的发展差异。

(5)早期亲子教育活动的延伸具有指导性。

亲子活动设计还应包括亲子活动结束后的家庭活动延伸设计。亲子活动结束后,早教教师不仅要及时总结当日活动的情况,也会对参与活动的家长提出家庭活动延伸的要求。教给家长如何指导这个年龄段孩子回到家里继续开展活动的方法,引导家长在家里利用生活中随处可见的材料,根据教师的示范与指导,将游戏活动进行巩固、拓展和创新。家庭活动延伸进一步巩固了家长与孩子之间的互动,也是发展良好亲子关系的重要途径之一。

二、早期教育实习的要求

(一) 托育照护实习的要求

托育照护实习的要求涵盖多个方面,包括专业知识和技能、个人素质和职业能力等。

1. 增强规范保育意识

熟悉托育服务相关政策法规:《中华人民共和国未成年人保护法》《中华人民共和国母婴保健法》《中华人民共和国母婴保健法实施办法》《托儿所幼儿园卫生保健管理办法》等相关法律法规;《托育机构质量评估标准》《国务院办公厅关于促进3岁以下婴幼儿照护服务发展的指导意见》《托育机构保育指导大纲(试行)》《托育机构婴幼儿伤害预防指南(试行)》《婴幼儿喂养健康教育核心信息》等相关政策文件。

遵守保育人员岗位职责和基本规范,具备良好的职业道德和专业认同感;树立正确的保育观念,坚持儿童优先,保障儿童权利。

2. 掌握安全保育方法

学习婴幼儿卫生保健、生活照料等保育工作的基本方法和操作规范,掌握保育工作的基本技能与方法,包括婴儿喂养、卫生照料、体格锻炼、日常生活照料、常见疾病的预防和护理,以及基本的急救技能等,切实做好安全防护工作,最大限度地保护婴幼儿的安全和健康。

3. 积极回应婴儿需要

确保婴幼儿在实习期间得到充分的关爱和照顾,用爱和温暖陪伴孩子,以积极的情绪面对孩子,通过温柔的言语、亲密的肢体接触等方式,让婴幼儿感受到关爱和安全。这种情感联系不仅有助于婴幼儿的心理健康,也有助于实习生更好地了解婴幼儿的需求和情绪变化。积极回应孩子发出的信号,具备敏锐的观察力和洞察力,能够及时发现孩子的问题和需求,并采取相应的措施,成为孩子探索世界的安全港湾。

4. 提升科学保育能力

合理安排婴幼儿的生活和活动,具备促进婴幼儿早期发展的能力,满足婴幼儿身体发育和心理发展的需要。0—3 岁婴幼儿处于快速生长和发育阶段,他们的生理需求和心理状态都在不断变化。实习生需要快速适应并理解这些变化,以满足婴幼儿的日常护理需求。例如,婴幼儿的饮食需求、睡眠模式、情感表达等都需要实习生仔细观察和学习。

掌握与家庭及社区沟通合作的技巧,提供科学育儿指导,及时进行专业反思。家长通常对婴幼儿照护有很高的期望,他们希望托育机构等能够提供专业、细致的照护服务。因此,实习生需要具备良好的沟通技巧,能够准确理解家长的需求和期望,并及时向家长反馈保育过程中婴幼儿的情况。

5. 培养反思与总结能力

实习过程中,实习生应不断反思自己的表现,总结经验和教训。在活动结束后,要对活动的效果进行评估,分析活动的优点和不足,提出改进措施。通过反思和总结,不断提升自己的组织能力和专业素养。

综上所述,托育照护实习的要求既包括对专业知识的应用和实践,也包括对职业道德和规章制度的遵守,以及与家庭和社区的沟通能力的培养。通过实习,学生可以更好地了解 0—3 岁婴幼儿保育的实际情况,提升自己的照护能力,为将来的职业生涯奠定坚实的基础。

(二) 早期教育活动实习的要求

1. 早教教师基本素养

早教教师的形象要求清新自然、和谐雅正;着装要求舒适大方、得体适宜;沟通的礼仪要求平等尊重、礼貌待人。

2. 专业知识与技能的运用

实习生需要具备扎实的婴幼儿发展心理学、早期教育等专业知识,并能将这些知识应用于亲子活动中。例如,根据婴幼儿的年龄和发育阶段,设计适合他们的亲子游戏和活动,以促进他们的身心发展。

3. 积极的学习环境的创设

由于 0—3 岁婴幼儿处于身体快速发展的阶段,对环境的适应性较弱,因此实习生需要特别关注活动环境的安全性。确保活动场所的清洁、卫生,避免有尖锐物品、易碎物品等潜在的危险因素。同时,给孩子提供一个有助于游戏进行的实物环境,提供大小、颜色、形状、质地不同的实物,让孩子亲自动手去操作尝试。

4. 亲子互动的引导

亲子活动是家长与婴幼儿共同参与的活动,实习生需要具备良好的亲子互动引导能力。能够指导家长如何与婴幼儿进行有效的沟通、互动,如何通过游戏、音乐、故事等方式增进亲子关系,促进婴幼儿的情感和社会性发展。

5. 观察与记录的能力

在实习过程中,实习生需要仔细观察婴幼儿在亲子活动中的表现,记录他们的行为、情绪等变化,以便分析婴幼儿的发展状况,为家长提供有针对性的指导建议。

6. 沟通与合作的能力

实习生需要与家长、同事等人员进行有效的沟通和合作,能够清晰地向家长解释活动的目的、方法和价值意义,解答家长的疑问;与同事共同策划和组织活动,分享经验和资源,提升活动的质量。

7. 持续学习与反思的态度

亲子活动领域不断更新发展,实习生需要保持持续学习的态度,关注最新的教育理念和实践方法。同时,还需要对自己的实习经历进行反思和总结,不断提升自己的专业素养和实践能力。

总之,实习生在实习过程中应全面考虑上述这些要求,努力提升自己的综合素质和实践能力。

最后,实习生需要按时到达托育机构,按照托育机构的要求着装,注意保护家长和婴幼儿的隐私和不泄露家长和婴幼儿的信息。在实习结束后,需要提交实习报告,总结自己的实习经历和收获,以便为今后的职业发展打下良好的基础。

第三节　早期教育实习的计划

一、学校层面的早期教育实习计划

早期教育专业的实践性教学环节体系应秉持"校内-校外"相结合的原则,为实习生提供多元化的学习机会和视野。

(一) 将实习纳入培养方案

学校要为人才培养建设专业的实践体系,帮助学生更好地融入实践中。将实践融入每个学期的教学中,如第一学年 3 周、第二学年 5 周、第三学年 17 周(毕业实习占 6 周、教育调查 5 周、撰写论文 6 周)等这样的实习安排,为学生带来更大的自主实践空间。在实践内容上,也应当包含早期教育调查、卫生保健实习、托育照护实习、早教机构教育教学实习等内容,使得各种实习内容相互补充、层层递进,既有集中实习,也有穿插的分散实习等。

(二) 校内实训基地的建设

"校内"实践性教学环节可以依托校内的早教实训室完成。通过构建早期教育实训室、感觉统合实训室、游戏活动实训室、蒙台梭利教育实训室、奥尔夫音乐教育实训室、微格教室、婴幼儿卫生与保健实训室、心理实验室等仿真化系列实训室等,为学生提供一个真实的、实践性的学习环境。实训室应具备婴幼儿安全防护区、膳食营养区、睡眠照护区、洗漱沐浴区,实训设备有婴幼儿护理箱、婴儿床、抚触台、婴幼儿洗浴和游泳设备、仿真娃娃等。在这里,学生可以接触到与早教相关的各种设备和材料,从而更直观地了解早教工作的实际操作流程。这种环境有助于学生将理论知识与实际操作相结合,提高学习效果。

通过参与实训室的实践活动,学生可以学习如何与婴幼儿互动、如何设计早教课程、如何进行幼儿体格检查日常护理等。如:0—3 岁婴幼儿精细动作发展与训练、粗大动作发展与训练可以在校内早教实训室完成;感觉统合训练演示与指导可以在校内的感统实训室操作和练习;0—3 岁婴幼儿游戏设计、活动及区角游戏等可以在校内的游戏活动实训室模拟;蒙台梭利教学法与指导可以在校内的蒙台梭利教育实训室进行演示;奥尔夫音乐教育活动设计则可以在校内奥尔夫音乐教育实训室实施等。

学生通过在实训中心的系统训练,缩小了与实际操作的差距,确保较快适应毕业实习和就业上岗要求,满足用人单位和社会的需求。

(三) 校外资源的整合和利用

"校外"早期教育实习、社会实践可由学校组织在早教机构、托育机构、亲子园或早教中心开展完成。主要实训实习包括:暑期专业自主实践、0—3 岁婴幼儿照护见习、0—3 岁婴幼儿早期教育活动见习、0—3 岁婴幼儿照护实习、0—3 岁婴幼儿早期教育活动实习等。

学校可以通过与用人单位签订人才培养和使用的协议或合同,有计划地、定期地组织用人单位的优秀教师与学前教育专业的学生进行交流与沟通;或者请用人单位为学前教育专业学生提供一系列实地锻炼的机会,让学生深入行业一线,参加考察学习、大型实践活动观摩研讨等,让校外教师对学生进行现场的实践指导。这样不仅能培养学前教育专业学生较高水平的专业技能,增加学前教育专业学生对实践的了解;还有利于高等院校引入最前沿的知识和方法,更新课程内容,能够更好地满足早教机构的需求。

(四) 校外实习"双导师制"

实习过程实行双师指导为主的管理方式,学院教师与早教中心(托育机构、亲子园、社区嵌入式托育点等)教师密切合作,对学生进行有针对性的实习指导。在托育实习中,导师可以通过组织交流和分享等活动提升实习生专业能力、增进实践经验。也可以提前根据实习生的实际需求和实习阶段的特点来确定每次交流和分享活动的目标和主题,比如围绕"如何有效减少婴幼儿分离焦虑""托育机构中的日常卫生保健工作"等主题展开。同时设计多样化的分享形式,例如,可以采用小组讨论、角色扮演、案例分析、经验分享会等方式,让实习生能够充分表达自己的想法和体验。通过以上方式,导师可以有效地组织托育实习中的交流和分享活动,帮助实习生更好地学习和成长。同时,也能够增进实习生之间的相互了解和合作,促进

整个实习团队的凝聚力和向心力。

实习结束采取验收总结、汇报、展示、成绩评定的办法进行。教师要合理规划实习岗位,使学生深入了解早教中心(托育机构、亲子园、社区嵌入式托育点等)所需要的专业技能和专业素质,为自己今后的就业、创业明确努力的方向。

二、个人早期教育实习计划

(一) 明确早教实习目标

(1)掌握早期教育的基本理论知识和先进的思想。

(2)深入了解儿童身心发展特点,提高与儿童沟通的能力。

(3)扎实自己的婴幼儿托育照护技能和婴幼儿科学测评的能力。

(4)亲自组织并执行所设计的亲子活动,包括现场布置、家长和幼儿的引导、活动的具体执行等。

(5)培养团队合作意识和解决实际问题的能力。

(6)为将来从事早期教育工作和考取"高级育婴师"奠定坚实基础。

(二) 观摩与记录

在实习期间,深入幼儿园的各个班级,观察婴幼儿在日常生活和学习中的表现,记录他们的兴趣爱好、行为特点和发展水平。同时,关注教师的婴幼儿照护方法和流程,了解他们的照护理念和经验。

(三) 婴幼儿托育照护

婴幼儿照护是指对婴幼儿的照料、看护,是促进婴幼儿健康成长的重要保障,也是"育婴师"技能操作考核的重要项目。所以在实习期间,实习生应积极参与卫生消毒、健康管理、疾病防控、安全防护、饮食照护、睡眠照护、清洁照护等托育照护工作。

(四) 课程设计与实施

在导师的指导下,参与制订早期教育课程计划,根据婴幼儿的年龄特点和兴趣爱好,设计有趣且富有挑战性的教学活动。在实施课程过程中,关注婴幼儿的学习情况和反馈,及时调整教学策略,确保教学活动的顺利进行。

(五) 组织亲子活动

根据婴幼儿的兴趣和发展需求制定合理的活动计划和组织课程,体验与婴幼儿进行互动,开展婴幼儿语言启蒙、音乐启蒙、开发运动能力的游戏等,发展每一位婴幼儿个性,使每一位婴幼儿都得到援助性的指导。

(六) 参与教研活动

在实习期间,积极参与早教中心、亲子园等的教研活动,与老师们一起探讨早期教育的热点问题,分享教学经验,提高自己的教育教学水平。

通过早期教育活动的实习,在实践中不断学习和成长,为将来成为一名优秀的早期教育工作者打下坚实的基础。

第四节 早期教育实习的过程

一、早期教育实习的准备阶段

早期教育实习的准备阶段,是实习生为即将开始的实习生活做好充分铺垫和规划的关键时期。以下是准备阶段的主要任务。

首先,深入了解实习单位。早教的实习单位呈现多元化的状态,有可能是早教中心、亲子园、托育园、保育院、幼儿园托班、社区托育点甚至家庭托育点等,实习生需要通过查阅相关资料、与实习单位进行沟通等方式,对实习单位的教育理念、特色课程、教学设施等有一个全面的了解。这有助于实习生更好地融入实习环境,明确自己的实习目标和任务。

其次,复习和巩固理论知识。实习生需要回顾并巩固早期教育相关的理论知识,包括婴幼儿保健与护理、婴儿动作潜能开发、婴儿语言启蒙等早期教育的相关理论,以及婴幼儿身心发展规律、婴幼儿发展引导、婴幼儿教育活动设计与实施等知识。这将为实习生在实际操作中提供理论支撑,帮助他们更好地理解和应对各种教育情境。

再次,准备实习所需材料。实习生需要整理好个人简历、实习申请表等必要材料,并按照实习单位的要求进行提交。同时,还可以准备一些教学辅助工具,如课件、教具等,以便在实习期间使用。

同时,调整心态和预期。实习生既要保持积极、乐观的心态,对实习生活充满期待,又要对实习中可能遇到的困难和挑战有所准备,以便更好地应对和解决。

最后,建立联系和沟通。实习生可以主动与实习单位的导师或负责人建立联系,了解实习的具体安排和要求。这有助于实习生更好地规划自己的实习生活,确保实习的顺利进行。

二、早期教育实习过程的实施阶段

早期教育实习的过程是一个综合性、实践性极强的学习经历,它要求实习生将所学的理论知识与实际操作相结合,以深入理解早期教育的实际运作。以下是早期教育实习过程的一般步骤。

首先,观察与学习阶段。在实习初期,实习生主要以观察和学习为主。他们需要观察导师或教师的教育教学活动,了解他们的教学方法和策略,以及学习如何处理幼儿的各种情况。此外,实习生还需要了解早教中心、亲子园、托育园、保育院等的日常工作流程,包括婴幼儿一日生活的安排、家长沟通等。

其次,实践操作阶段。在熟悉了实习环境和工作流程后,实习生可以开始参与到实际的教育教学活动中。他们可以在导师的指导下组织游戏、设计课程、进行课堂管理等。在这一阶段,实习生需要注重实践中的反思和总结,不断调整和优化自己的教育方法和策略。

三、早期教育实习过程的总结阶段

实习结束后,实习生需要对自己的实习过程进行总结和反思,包括实习中的收获、遇到的困难以及解决的方法等。同时,他们还需要向导师和实习单位提交实习报告,以展示自己的实习成果。实习单位也会对实习生的表现进行评价和反馈,帮助他们了解自己的优点和不足,为未来的职业发展提供指导。

在整个实习过程中,实习生需要保持积极的学习态度,主动与导师和同事交流学习,不断提升自己的教育技能和专业素养。同时,他们还需要关注0—3岁婴幼儿的发展需求,以爱心和耐心为孩子们提供优质的早期教育服务。

各章参考文献

第一章

[1] 步社民.给幼教实习生的101条建议[M].南京：南京师范大学出版社,2007.

[2] 袁爱玲,何秀英.幼儿园教育活动指导策略[M].北京：北京师范大学出版社,2006.

第二章

[1] 顾敦沂.教育实习指导书[M].北京：人民教育出版社,2006.

[2] 周德义,王嘉德,王荣德.师德修养与教师专业成长[M].北京：科学出版社,龙门书局,2006.

[3] 黄人颂.学前教育学[M].北京：人民教育出版社,1989.

[4] 高铁,陈喜庆.幼儿园实习指导(第二版)[M].北京：高等教育出版社,2001.

第三章

[1] 高铁,陈喜庆.幼儿园实习指导[M].北京：高等教育出版社,1995.

[2] 万钫.幼儿卫生保育教程[M].北京：北京师范大学出版社,1999.

[3] 黄欣欣.托幼机构园长及保健、保育、炊事人员工作实用手册[M].南京：南京大学出版社,2005.

[4] 麦少美,孙树珍.学前儿童健康教育活动指导[M].上海：复旦大学出版社,2005.

[5] 唐淑,虞永平.幼儿园班级管理[M].南京：南京师范大学出版社,1999.

第四章

[1] 许高厚.教育实习[M].北京：人民教育出版社,2001.

[2] 刘初生,等.教育实习概论[M].长沙：湖南教育出版社,2001.

[3] 高铁.幼儿园实习指导[M].北京：高等教育出版社,2006.

[4] 汝茵佳.幼儿园环境与创设[M].北京：高等教育出版社,2006.

[5] 步社民.给幼教实习生的101条建议[M].南京：南京师范大学出版社,2007.

[6] 唐淑,虞永平.幼儿园班级管理[M].南京：南京师范大学出版社,1999.

[7] 幺丹彦,方燕.让环境和材料与幼儿对话[M].北京：北京师范大学出版社,2002.

第五章

[1] 叶翔.论教师专业化背景下的幼师教育实习[J].学前教育研究,2005(5)：50-51.

[2] 唐淑,虞永平.幼儿园班级管理[M].南京：南京师范大学出版社,1999.

[3] 张燕,邢利娅.幼儿园组织与管理[M].北京：北京师范大学出版社,2002.

[4] 林崇德.发展心理学[M].北京：人民教育出版社,1995.

[5] 吴雨明.如何制定实习计划[J].职教通讯,1997(8)：42.

[6] 吕海波,杨军平.工程地质野外实习地点选择[J].广西大学学报(自然科学版),2006(A1)：36-38.

第六章

[1] 高铁,陈喜庆.幼儿园实习指导与作业(第二版)[M].北京：高等教育出版社,2001.

[2] 顾敦沂.教育实习指导书[M].北京：人民教育出版社,2006.

[3] 朱绍禹.教育实习全程解说[M].太原：山西教育出版社,2005.

[4] 霍力岩.学前教育评价[M].北京：北京师范大学出版社,2000.

第七章

［1］ 国家卫生健康委.托育机构质量评估标准.国卫通〔2023〕13号.(WS/T 821-2023)

［2］ 国家卫生健康委关于印发托育机构保育指导大纲(试行)的通知.国卫人口发〔2021〕2号.

［3］ 国务院办公厅关于促进3岁以下婴幼儿照护服务发展的指导意见.国办发〔2019〕15号.

［4］ 国家卫生健康委办公厅关于印发托育从业人员职业行为准则(试行)的通知.国卫办人口函〔2022〕414号.

［5］ 龙明慧.师范院校0—3早期教育专业人才培养的探究［D］.湖南师范大学,2011.

［6］ 张晓茹,胡晓伶,彭丽.高职早期教育专业"教医结合"人才培养模式的创新与实践［J］.教育科学论坛,2023(30):35-39.

［7］ 张敏.高职院校早期教育专业课程设置存在问题及解决对策——以H校为例［J］.陕西学前师范学院学报,2016,(4):38-42.

图书在版编目(CIP)数据

幼儿园保教实习指导/王长倩,王晶主编.--4版.
上海:复旦大学出版社,2025.7.
ISBN 978-7-309-17873-9

Ⅰ.G615-45

中国国家版本馆 CIP 数据核字第 2025FF1207 号

幼儿园保教实习指导(第四版)
王长倩 王 晶 主编
责任编辑/谢少卿

复旦大学出版社有限公司出版发行
上海市国权路 579 号   邮编:200433
网址:fupnet@ fudanpress.com   http://www.fudanpress.com
门市零售:86-21-65102580   团体订购:86-21-65104505
出版部电话:86-21-65642845
上海华业装潢印刷厂有限公司

开本 890 毫米×1240 毫米   1/16   印张 13.25   字数 376 千字
2025 年 7 月第 4 版第 1 次印刷

ISBN 978-7-309-17873-9/G · 2662
定价:48.00 元

幼儿园保教实习指导

（第四版）

学　　　　校：＿＿＿＿＿＿＿＿＿＿

班　　　　级：＿＿＿＿＿＿＿＿＿＿

实习生姓名：＿＿＿＿＿＿＿＿＿＿

实习幼儿园：＿＿＿＿＿＿＿＿＿＿

实 习 班 级：＿＿＿＿＿＿＿＿＿＿

指 导 老 师：＿＿＿＿＿＿＿＿＿＿

复旦大学出版社

CONTENTS 目 录

第一篇 幼儿园保育实习工作手册

第二篇 幼儿园教育实习工作手册

第一篇
幼儿园保育实习工作手册

实习生守则

1. 实习目的明确,实习态度端正。自觉遵守学校和实习幼儿园的各项规章制度,认真完成实习的各项具体任务,服从学校指导教师、幼儿园领导和老师的指导。

2. 严格保证实习时间。实习生请假必须经过实习指导教师、原任老师和园长的批准。不经同意不能离开实习岗位。因急病、急事不能亲自请假时,应及时请人转告幼儿园原任老师。请假一天或一天以上须经过学校教务处批准。保育实习期间,无故离岗超过两天者,取消实习成绩。

3. 尊重双方指导教师和幼儿园其他工作人员,虚心接受他们的指导,对实习幼儿园工作的意见和建议,必须通过带队老师反映,不得随便议论。

4. 严格遵守考勤制度,不迟到、不早退、不旷工,按时上下班。上班时间不做私事,不因私事打电话,不会客,不随便离园,也不得将其他人员带入幼儿园。晚上未经批准,不得外宿和超时回园或回校。

5. 严格遵守师范生行为规范,尊敬师长,礼貌待人,仪表端庄,发型大方,衣着整洁、朴素。不化妆,不戴首饰,不穿高跟鞋。言谈举止为人师表。

6. 实习生之间要加强团结,互相支持,相互配合,齐心协力,争取圆满完成实习任务。

7. 见习期间,不能影响保教人员的正常工作和幼儿正常的活动。

8. 见习期间,不能长时间离开观察现场,不准看书报,不准闲聊天,不准吃零食,不准玩幼儿园的大型玩具等。对幼儿不能偏爱,不能随便议论。

9. 爱护幼儿园公物,各种物品用后放回原处,保持幼儿园环境的整洁。凡借幼儿园或学校的用具、资料、材料等,应如期归还,如有损坏或遗失应按有关规定赔偿。

一、幼儿活动常规与教师管理要求

1. 幼儿"来园活动"常规与教师管理要求

年龄段	幼儿来园活动常规	班级教师职责
小班	1. 衣着整洁,愉快入园,有礼貌地和老师、小朋友见面; 2. 有礼貌地和家长告别; 3. 主动接受晨检,插放晨检标记; 4. 能快乐地与同伴一起投入晨间活动	1. 开窗通风,(教室与午睡室)做好清洁工作; 2. 接待幼儿,与家长做好交接手续; 3. 观察幼儿情绪,舒缓幼儿不安的情绪,做好个别幼儿工作; 4. 做好晨间活动的准备工作; 5. 帮助、指导幼儿进行晨间活动; 6. 清点人数,做好点名记录
中班	1. 衣着整洁,愉快入园; 2. 有礼貌地和家长告别; 3. 主动接受晨检,插放晨检标记; 4. 学习将外衣、帽子放在固定的地方; 5. 学习擦桌椅,并摆放整齐	1. 开窗通风,(教室与午睡室)做好清洁工作; 2. 接待幼儿,与家长做好交接手续; 3. 观察幼儿的情绪,舒缓幼儿不安的情绪,做好个别幼儿工作; 4. 做好晨间活动的准备工作; 5. 帮助、指导幼儿进行晨间活动; 6. 清点人数,做好点名记录
大班	1. 衣着整洁,愉快入园; 2. 有礼貌地和老师、小朋友见面,和家长告别; 3. 将衣、帽放在固定的地方; 4. 进行简单劳动,如擦桌椅、照料自然角; 5. 积极投入晨间活动	1. 开窗通风,做好清洁工作; 2. 接待幼儿,与家长做好交接手续; 3. 观察幼儿身体状况; 4. 提醒幼儿进行简单劳动; 5. 指导幼儿记录气象; 6. 清点人数,做好点名记录

2. 幼儿"点心活动"常规与教师管理要求

年龄段	幼儿点心活动常规	班级教师职责
小班	1. 知道并养成饭前、便后洗手的习惯,洗手时能按秩序认真地洗,不玩水,洗好后用毛巾擦手; 2. 有秩序地倒开水; 3. 能安静地吃点心,知道把食品包装袋扔进垃圾桶	1. 指导、帮助幼儿按顺序洗手,洗完后用毛巾擦干,不弄湿地面; 2. 为幼儿分发点心; 3. 对幼儿进行良好的饮食习惯教育; 4. 整理、收拾桌子
中班	1. 逐步养成饭前、便后洗手的习惯,洗手时能按秩序认真地洗,不玩水,洗好后用毛巾擦手; 2. 有秩序地倒开水; 3. 能安静地吃点心; 4. 学习收拾桌子	1. 指导、帮助幼儿按顺序洗手,洗完后擦干,不弄湿地面; 2. 为幼儿分发点心; 3. 对幼儿进行良好的饮食习惯教育; 4. 和幼儿共同收拾、整理桌子
大班	1. 养成饭前、便后洗手的习惯,洗手时能按秩序认真地洗,不玩水,洗好后用毛巾擦手; 2. 能自觉、有秩序地倒开水; 3. 能安静地吃点心,懂得爱惜食物,不浪费; 4. 主动整理桌面,保持干净	1. 指导幼儿按顺序洗手,使幼儿知道正确的洗手方法; 2. 与幼儿一起制订简单的盥洗、取水规则,避免发生混乱; 3. 和幼儿共同分发点心; 4. 对幼儿进行良好的饮食习惯教育; 5. 和幼儿共同收拾、整理桌子

3. 幼儿"午餐活动"常规与教师管理要求

年龄段	幼儿午餐活动常规	班级教师职责
小班	1. 安静愉快地进餐,能正确使用勺子吃饭; 2. 逐步养成文明进餐习惯,细嚼慢咽,吃饭时不发出响声,不用汤泡饭,不挑食; 3. 餐后知道要漱口擦嘴	1. 指导幼儿进行正确的盥洗; 2. 餐前组织安静活动; 3. 指导、帮助幼儿正确用餐; 4. 向幼儿介绍饭菜,让幼儿不挑食; 5. 餐后组织安静、轻松的活动
中班	1. 安静愉快地进餐,坐姿自然; 2. 正确使用餐具,学习收拾碗筷; 3. 逐步养成文明进餐习惯,细嚼慢咽,吃饭时不发出响声,不用汤泡饭,不挑食; 4. 吃好饭菜后离开座位,餐后漱口擦嘴	1. 指导幼儿进行正确的盥洗; 2. 餐前组织安静活动; 3. 指导幼儿正确用餐; 4. 向幼儿介绍饭菜,让幼儿不挑食; 5. 餐后组织安静、轻松的活动
大班	1. 正确使用筷子吃饭,左手扶住碗,喝汤时两手端碗,培养独立进餐的习惯; 2. 养成细嚼慢咽、不挑食、不浪费,吃饭时不弄脏桌面和衣服等行为习惯; 3. 用筷子将饭桌上的饭粒、残渣夹进碗里,摆放好椅子,送回餐具; 4. 餐后漱口擦嘴	1. 指导幼儿进行正确的盥洗; 2. 餐前组织安静活动; 3. 和幼儿一起做好餐前准备工作; 4. 指导幼儿正确用餐; 5. 向幼儿介绍饭菜,让幼儿不挑食; 6. 指导幼儿餐后收拾餐具; 7. 餐后能够自主进行安静、轻松的活动

4. 幼儿"午睡"常规与教师管理要求

年龄段	幼儿午睡常规	班级教师职责
小班	1. 安静就寝,睡姿正确,不蒙头睡觉; 2. 学习穿脱衣裤、鞋袜; 3. 能将脱下的衣裤、鞋袜放在固定的地方	1. 提醒幼儿睡前如厕; 2. 组织幼儿有序地上下梯子; 3. 指导帮助幼儿穿脱衣裤; 4. 帮助幼儿盖被子,纠正不正确的睡姿; 5. 巡视睡眠情况,安慰入睡困难幼儿; 6. 检查幼儿起床后衣着,帮助个别幼儿整理
中班	1. 安静就寝,睡姿正确,不蒙头睡觉; 2. 学习独立有序地穿脱衣裤、鞋袜; 3. 能将脱下的衣裤、鞋袜放在固定的地方; 4. 能认识左右鞋,会系鞋带; 5. 学习整理床铺	1. 提醒幼儿睡前如厕; 2. 组织幼儿有序地上下梯子; 3. 指导帮助幼儿穿脱衣裤; 4. 帮助幼儿盖被子,纠正不正确的睡姿; 5. 巡视睡眠情况,安慰入睡困难幼儿; 6. 检查幼儿起床后衣着,帮助个别幼儿整理
大班	1. 不带小玩具上床,迅速铺好被子,闭上眼睛,安静入睡; 2. 养成正确的睡眠姿势,按时起床,按顺序穿衣服; 3. 学习自己整理床铺	1. 提醒幼儿睡前如厕; 2. 指导幼儿穿脱衣裤,折叠后放在固定地方; 3. 帮助幼儿盖被子,纠正不正确的睡姿; 4. 巡视睡眠情况,安慰入睡困难幼儿; 5. 检查幼儿起床后衣着,帮助个别幼儿梳理及整理床铺

5. 幼儿"晨间锻炼活动"常规与教师管理要求

年龄段	幼儿晨间锻炼活动常规	班级教师职责
小班	1. 乐意与老师一起进行韵律活动和早操活动； 2. 乐意与同伴一起进行体育活动,轻拿、轻放玩具材料； 3. 活动中注意自身安全,不伤害伙伴	1. 准时到场,不拖延时间； 2. 教师精神饱满,与幼儿共同锻炼；并能提供安全的自制体育玩具； 3. 锻炼前后及进行中,提醒幼儿增减衣服； 4. 时刻注意幼儿安全,进行自我保护； 5. 清理场地,并把活动器械放回原处
中班	1. 乐意与老师一起进行韵律活动和早操活动； 2. 乐意与同伴一起进行体育活动,轻拿、轻放玩具材料； 3. 活动中注意自身安全,不伤害伙伴； 4. 活动后学习整理活动器材	1. 注意活动场地和运动器械安全,做好活动前准备工作(自制玩具)； 2. 准时到场,不拖延时间； 3. 教师精神饱满,与幼儿共同锻炼,并能提供安全的自制体育玩具； 4. 锻炼前后及进行中,提醒幼儿增减衣服； 5. 时刻注意幼儿安全,进行自我保护； 6. 根据幼儿身体素质、季节特征,掌握幼儿运动量； 7. 指导幼儿收拾玩具,清理场地,并把活动器材放回原处
大班	1. 在老师的带领下精神饱满地进行韵律活动和早操活动； 2. 积极参加各种体育活动,轻拿、轻放玩具材料； 3. 活动中注意自身安全,不伤害伙伴； 4. 活动后学习整理活动器材	1. 注意活动场地和运动器械安全,做好活动前准备工作； 2. 准时到场,不拖延时间； 3. 教师精神饱满,与幼儿共同锻炼,并能提供安全的自制体育玩具； 4. 锻炼前后及进行中,提醒幼儿增减衣服； 5. 时刻注意幼儿安全,进行自我保护； 6. 根据幼儿身体素质、季节特征,掌握幼儿运动量； 7. 指导幼儿收拾玩具,清理场地,并把活动器械放回原处

二、保育员应知应会

1. 幼儿园班级每天消毒工作

名　　称	消　毒　方　法	消　毒　要　求
活动室、寝室	紫外线灯或臭氧消毒灯照射,经常开窗通风	每周消毒一次,呼吸道疾病流行期间每天一次
地面门窗、椅子	含有效氯的消毒液擦洗	每天一次
便　器	含有效氯的消毒液浸泡	小便器每天两次消毒,大便器用后随时消毒
拖　把	含有效氯的消毒液洗泡	每天消毒一次
厕　所	清水冲洗或消毒液清洗	清水随时冲刷,含氯消毒液每天1～2次冲洗
玩　具	消毒液洗泡,不宜洗的放口光下暴晒或消毒柜消毒	每周清洗消毒一次,传染病期间每天消毒一次
医疗器械	医疗器械,敷料用高压蒸汽或消毒柜消毒	每周一次
茶杯、擦手毛巾、餐具、餐巾	消毒柜消毒 蒸汽法：水开后 30 分钟； 煮沸法：水盖过物品,水开后 15 分钟； 毛巾、餐巾也可消毒液浸泡5～10分钟	茶杯和擦手毛巾每天清洗消毒一次,餐具和餐巾是每餐消毒。喝豆浆或牛奶后茶杯要再消毒一次,餐具最好不用消毒液浸泡消毒
被　褥	日光暴晒或消毒灯照射	每两周一次,传染病期间每周两次
枕套、床单	一般清洗	每月一次

名　　称	消　毒　方　法	消　毒　要　求
席子、枕席	热水擦洗或含氯消毒液擦洗	每天一次(夏季)
茶杯箱、毛巾架	含氯消毒液擦洗	每周一次
厨房用具	按食品卫生要求	每天餐前高温消毒一次
环境卫生	清扫、湿抹	每天小扫,每周大扫
病儿呕吐物及剩余食物	倒入含有效氯的消毒液搅拌	倾倒
手	肥皂流水清洗	饭前或便后肥皂洗手
体温表	75%乙醇浸泡消毒5分钟	每次用前用干棉球擦干净

2. 怎样给幼儿喝水? 应注意什么? 茶杯应该怎样消毒?

应在幼儿进班前把消毒好的茶杯放入茶杯箱,并准备好保温桶内幼儿的饮用水,随时给幼儿喝水,注意:

(1) 保温桶内的开水水温要符合幼儿安全,以滴在成人手背上不烫为好;

(2) 茶杯、茶杯箱、茶杯桶要按规范进行消毒;

(3) 放茶杯时,手要洗干净,手抓杯把,不能用五个手指伸入杯内去抓,并检查茶杯箱上幼儿的姓名或标签是否清楚;

(4) 茶杯箱应用清洁布帘罩起来。

茶杯的消毒:

(1) 如果茶杯只用于喝水,不喝牛奶或豆浆,每天只需消毒一次。如果还用于喝牛奶或豆浆,则必须在吃完后立即清洗消毒或备两套杯子替换;

(2) 消毒方法:先彻底清洗,后消毒。

① 消毒柜消毒;

② 蒸汽法:水开后30分钟;

③ 煮沸法:水盖过物品,水开后15分钟。

3. 使用什么消毒液？怎样使用？

(1) 84 消毒液：1∶500 或 1∶200(传染病流行期)，即 1 ml 消毒原液兑水 500 ml 或 200 ml。

注意：兑水配制时水温要低于 30℃，另外，浓度在 1∶200 时要戴薄手套操作以免损伤皮肤。入口的东西尽量不用化学消毒剂进行消毒，如餐具、茶杯。

使用：餐具、饮具，1∶500 浸泡 5～10 分钟（ 原则上不允许使用）。

水果、蔬菜，1∶1 000 浸泡 15 分钟。

课桌面、玩具，1∶500 或 1∶200 擦拭。

空气，1∶1 000 喷洒。

(2) 漂白粉液：浓度为 1％～5％，即一份(5 ml)原液兑水 100(500)ml，刷厕所、浸泡痰盂 1％，搅拌呕吐物 5％。

注意：漂白粉液对金属有腐蚀性，要放在瓷器或塑料桶里浸泡物品，并要加盖，防止挥发；用时还要搅拌一下，以免沉淀；夏天每天更换，冬天 2～3 天更换一次。

4. 怎样照顾幼儿进餐？餐前餐后管理的重点是什么？

餐前管理：保育员在每日进餐前 30 分钟开始餐前准备。

(1) 配制好擦桌等用的消毒液，将餐前准备桌、餐盘消毒好。

(2) 取回餐具放在餐前准备桌上。

(3) 餐前 10 分钟开始抹桌(先消毒水再清水)。

(4) 擦完桌子后，在每张桌上放一个消毒好的餐具，里面放上本桌就餐人数的筷子或小勺。

餐时管理：

(1) 配合老师为孩子打饭菜，注意必须站在餐前准备桌后面，面对孩子打饭菜。如果幼儿园实行幼儿自主用餐，要注意在过程中给予指导。

(2) 照顾好体弱儿及吃饭慢的幼儿，可安排他们先吃。

(3) 盛饭菜时要注意量和质的分配，第一碗米饭要多盛一点，基本满足量。鼓励幼儿添饭，并用诱导性的语言刺激幼儿的食欲："今天的饭菜真香，连老师都想吃了。""时间很多，别急，慢慢吃。"

餐后管理：

(1) 保育员要事先准备好餐后擦嘴的餐巾，可放在茶杯箱上或餐前准备桌上；

(2) 餐后卫生由保育员负责，但必须等最后一个幼儿吃完后再进行。

5. 怎样照顾幼儿洗手? 盥洗当中应注意什么?

养成幼儿在手脏、进食前、大小便后肥皂流水洗手的习惯。

应注意:

(1) 洗手时教幼儿怎样卷袖子,冬天时或年龄小的幼儿要帮着卷;

(2) 应流水洗手,并指导幼儿怎样洗手;

(3) 给幼儿盥洗时动作要轻柔,语气要温和;

(4) 盥洗结束时,清洗消毒,拖干净地面的水渍,摆齐物品。

6. 怎样照顾幼儿午睡? 卧室中应配备哪些东西?

照顾幼儿睡眠:

(1) 睡眠前,首先调节好室温;

(2) 为幼儿安排合适的睡床、被褥、枕头,并随季节变化及时更换;

(3) 午睡一般安排在饭后 30 分钟,不早于 12:30,睡眠时间不少于 2 小时;

(4) 午睡时应脱去外衣裤;

(5) 睡通铺的要求一人一枕一被,头对脚分隔睡眠;

(6) 睡叠床的要注意安全,经常检查脚蹬架是否牢固等,防止幼儿坠落;

(7) 幼儿睡眠时,保教人员不能大声说话、喧闹,应进行巡视,发现异常情况及时报告;

(8) 午睡后由保育员负责整理床铺,开窗通风。

卧室中应配备:

专用睡床(一人一床)、窗帘、被褥、枕头、地垫、风扇(空调)等。

7. 幼儿户外活动时应该注意什么?

户外活动中运动量要适宜,根据运动量大小及气温的变化随时增减幼儿的衣服,认真观察幼儿在活动中的变化,对不适者应停止活动,对体弱儿应给予特殊照顾,并注意安全保护,防止意外损伤。

8. 保育员的一日工作安排有哪些?

6:45~7:15	室内外卫生打扫,茶杯消毒并放入茶杯箱,准备好保温桶内的开水;
7:15~8:00	协助教师进行晨间接待;
8:00~9:00	协助教师户外活动、体格锻炼;
9:00~9:30	准备幼儿早点,负责餐桌消毒、早点发放;

9:30～10:30　早点后的茶杯清洗、消毒及环境打扫等;

10:30～10:50　午餐前准备,消毒液配制,餐车或餐前准备桌、餐盘消毒;

10:50～11:00　清洁消毒桌子,摆放幼儿餐具,准备好餐巾;

11:00～11:50　给幼儿打饭、添饭,帮助托班幼儿喂饭;

11:50～12:20　餐后教室的整理打扫,自己午餐;

12:20～12:30　协助午睡;

14:00～14:30　餐后清洗消毒,准备下午的开水,活动室空气消毒;

14:30～14:45　协助教师帮幼儿起床,并进行床铺整理;

14:45～15:20　午点准备,并给幼儿分发点心;

15:20～16:30　常规清洁卫生保育工作;

16:30～17:10　协助做好幼儿离园工作,清洗保温桶及湿拖走廊等日常卫生工作。

9. 保育员在职责范围内应做哪些工作?

(1) 在园长领导下,严格遵守园内生活作息制度,做好本班保育工作。

(2) 认真做好清洁工作,保证房舍、环境等洁、齐、美。

(3) 做好幼儿生活、饮食、大小便、睡眠、穿衣、户外活动等护理工作。

(4) 在保健老师的指导下,严格执行各项安全制度,防止意外事故发生。

(5) 熟练掌握并认真执行托幼机构常用物品清洁及消毒常规。

(6) 妥善保管好本班各种物品,负责本班的饮水工作,不使用幼儿物品。

(7) 对幼儿态度和蔼、动作轻柔,钻研业务,不断提高保育质量。

10. 怎样做好班级体弱幼儿的管理和全日观察?

体弱儿管理:在保健老师的指导下,掌握本班体弱儿的情况,并根据体弱儿的具体情况在一日生活中给予不同的照顾和护理。

全日观察:配合教师根据保健老师提出的需要观察幼儿的情况,并根据观察表上的内容进行观察,特殊症状的幼儿根据症状观察,如咳嗽重点观察白天咳嗽情况,哮喘重点观察气喘情况等,一般每日上午、午餐后、下午起床后各填写记录一次,并在生活、饮食、大小便上给予照顾。

11. 给幼儿打饭菜时应注意什么?（参照第 4 点）

12. 园所的安全工作有哪些?

(1) 安全检查制度,定期检查有无安全隐患存在。

（2）保教人员工作时坚守岗位，不聊天，不干私活。

（3）护理幼儿时态度和蔼，动作轻柔，不体罚。

（4）各种物品应放在固定安全的位置，特别是消毒物品、热水瓶等有可能伤害幼儿的物品。

（5）严格执行交接班制度，特别要清点幼儿人数，防止走失。

（6）自行车等交通工具放在安全指定位置。

13. 怎样照顾幼儿吃点心？

早点：

（1）大中班幼儿早点可以不用桌子，小班、托班幼儿须放在桌上吃，如果晨间打扫时桌子已消毒过，而且没有弄脏，吃早点时桌子可以不用抹；

（2）由保育员负责倒豆浆或牛奶，必须到每个幼儿位子上去倒，决不允许站在讲台前让孩子端杯子来倒，量以杯子的 1/2 为好，并注意再次添加；

（3）吃完早点，由保育员负责收拾整理，只有一套杯子的要及时清洗消毒，两套的及时更换。

午点：保育员负责午点的准备，吃自制点心的同午餐，干点心的同早点。

14. 幼儿的衣着怎样才合理？

一般情况下，应和成人穿得差不多，冬季略比成人多穿一件，只要手脚暖和就好。如果穿得过多，有时反而手脚冰凉，那是因为穿多了活动不便引起血液循环不畅所致。注意随时给幼儿增减衣着，主要是在户外活动、锻炼、进餐及午睡时。

15. 肥胖儿童的饮食应该怎样管理？

体重超过标准的 20％，就称为肥胖儿。

（1）同家长配合控制饮食，限制甜食、零食，高热量、高脂肪食物的摄入。

（2）控制精制米、面等食物，适当增加一些瘦肉，为满足孩子的食欲，可多食体积大、能量少的水果、蔬菜等。

（3）适当增加孩子的体力活动，宜选择在午餐后。

（4）心理治疗，给孩子说明肥胖的危害，增强减肥的信心。

16. 咳嗽、哮喘幼儿在班上应怎样护理？

加强对咳嗽、哮喘幼儿的护理，根据气候变化，适当增减衣服，睡觉时应避开窗户，避免受凉，衣着不宜穿得过多，可和成人差不多。发病期间，注意休息，不宜剧烈活动。

17. 怎样配合幼儿教师做好教养工作?

教养工作贯穿在孩子的一日生活之中,保育员要配合幼儿教师从幼儿入园开始,即在饮食、睡眠、盥洗、游戏等各个方面教养幼儿,如饮食方面培养幼儿不挑食、独立吃饭等能力;盥洗方面学会饭前、便后流水洗手,认识自己的擦手毛巾等;睡眠方面,按时睡眠;等等。

18. 怎样培养幼儿良好的卫生习惯?

良好的卫生习惯包括饮食、睡眠、盥洗、大小便及生活自理与互助等。根据不同年龄段幼儿的神经和心理发展特点,采用示范法、结合法、反复练习法、定位法、督促检查法等方法,适当提前训练幼儿,使之养成良好的卫生习惯。

附:紫外线消毒注意事项

1. 紫外线消毒时,室内儿童必须全部离开。

2. 紫外线有效距离较短,一般距照射物不超过 2.5 m。空气消毒时,10～15 m² 面积装一只 30 瓦的紫外线灯每次照射 40～60 分钟;活动室一般为 50～60 m²,一般需 3～4 盏紫外线灯同时进行消毒。桌面、玩具、图书等消毒时,距离为 1 m,时间为 30 分钟。

3. 每两周用酒精棉球轻擦拭灯管表面一次,除去上面灰尘和油垢,以免影响紫外线的穿透效果。

4. 记录每次的使用时间,一般紫外线灯的使用寿命为 1 000 小时,到期应及时更换。臭氧消毒灯也应及时增加臭氧。

5. 房间内消毒时,空气、地面应保持干燥、清洁,否则影响消毒效果。

6. 消毒图书、衣物、玩具等时,要定时翻动,使各个面都得到紫外线的照射。

三、保育实习计划

实习生姓名		班 级		学 校指导教师	
实习班级		幼儿园指导教师		实习时间	
实习计划					

四、个案观察记录

（一）

观察对象		性别		年龄		日期	
特殊原因							
特殊护理	隔离观察□ 打针□ 喂药□ 生活护理□ 其他□						
观察环节	观 察 指 标					备 注	
入 园	情绪状态		体 温		℃		
集体活动	情绪状态		参与情况				
用 餐	情绪状态		用餐量				
午 睡	情绪状态		午睡情况				
大便情况	次 数		质 量				
反馈与建议							

填表说明

1. "情绪状态"：分"好"（愉快、积极）、"中"、"差"（情绪低落，沮丧或哭泣）。

2. "参与情况"：用"积极""被动""消极"等填写。

3. "午睡情况"：用"正常""入睡时间短""不能入睡"填写。

(二)

观察对象		性别		年龄		日期	
特殊原因							
特殊护理	隔离观察□ 打针□ 喂药□ 生活护理□ 其他□						
观察环节	观 察 指 标					备 注	
入　园	情绪状态		体 温		℃		
集体活动	情绪状态		参与情况				
用　餐	情绪状态		用餐量				
午　睡	情绪状态		午睡情况				
大便情况	次　数		质　量				
反馈与建议							

填表说明

1. "情绪状态"：分"好"(愉快、积极)、"中"、"差"(情绪低落,沮丧或哭泣)。

2. "参与情况"：用"积极""被动""消极"等填写。

3. "午睡情况"：用"正常""入睡时间短""不能入睡"填写。

五、幼儿晨间检查和全日观察记录

班级_____ 日期_____

日期	姓名	晨间情况	上午观察								下午观察				处理意见
			精神		食欲		有无发热		有无吐泻		睡眠		精神		
			好	不好	好	不好	有	无	有	无	好	不好	好	不好	

六、幼儿晨间锻炼观察记录

(一)

班　　级			人数		日　期	
安全状况	场地安全□　　玩具材料安全□ 器械安全□　内容安全□　其他□				备　　注	
幼儿反应	疲劳流汗：大部分□　　小部分□　　个别□ 适度出汗：大部分□　　小部分□　　个别□ 不　出　汗：大部分□　　小部分□　　个别□					
特殊儿童 情况记录						
处理意见						

填表说明

1."安全状况"：在相应的"□"内用"√"或"×"分别表示"安全"与"不安全"。

2."幼儿反应"：用打"√"形式在相应的"□"内反映。

3."备注"：写上具体的情况说明。

（二）

班　　级		人数		日期	
安全状况	场地安全□　　　玩具材料安全□ 器械安全□　　内容安全□　　　其他□			备　　注	
幼儿反应	疲劳流汗：大部分□　　　小部分□　　　个别□ 适度出汗：大部分□　　　小部分□　　　个别□ 不　出　汗：大部分□　　　小部分□　　　个别□				
特殊儿童 情况记录					
处理意见					

填表说明

1. "安全状况"：在相应的"□"内用"√"或"×"分别表示"安全"与"不安全"。

2. "幼儿反应"：用打"√"形式在相应的"□"内反映。

3. "备注"：写上具体的情况说明。

七、幼儿园午餐食谱调查

班级_____ 日期_____

内 容	评	价		备 注
用 量	合适□	量多□	量少□	
搭 配	粗细□	荤素□	营养均衡□	
烹 调	色香味□	软硬□	切块大小□	
蛋 白 质	正常□	偏高□	偏低□	
脂 肪	正常□	偏高□	偏低□	
糖	正常□	偏高□	偏低□	
分析与建议				

填表说明

1. 在相应的方框内打"√"。

2. 蛋白质、脂肪、碳水化合物(糖)的比例大概在 1∶1∶(4~5)。

3. 三种营养素所供热量分别占总热量的 11%～15%、25%～35%、50%～60%。

4. 午餐占全天热能的 35%～40%。小班约 500 千卡/人;中班约 550 千卡/人;大班约 600 千卡/人。

八、幼儿午餐观察记录

班　级		日　期	
观察内容	实　　　录		存在问题及改进措施
食谱制订情况			
幼儿用餐情况			
进餐习惯			
幼儿餐后情况			
特殊幼儿饮食管理			

九、幼儿午睡观察记录

班　　级		日　　期	
内　　容	实　　　　录		问题及改进
睡前安全检查			
睡时看护			
保暖降温情况			
生活自理情况			
特殊幼儿的管理			

十、区域活动观察记录

（一）

班　　级		日　期	
内　　容	观　　察　　实　　录		
材料的安全与摆放			
所设区域的利用			
操作常规			
改进建议			

(二)

班　　级		日　期	
内　　容	观　察　实　录		
材料的安全与摆放			
所设区域的利用			
操作常规			
改进建议			

十一、户外活动观察记录

（一）

班　级		人　数		日　期	
安全状况	场地安全□　　玩具材料安全□ 器械安全□　　内容安全□　　其他□			备　注	
幼儿反应	活动秩序	自觉有序□　　能听从指挥□ 无序□　　　　混乱□			
	参与情况	积极投入□　　愿意参与□ 被动参与□　　不愿参与□			
	材料使用	创造性地使用□　　正确使用□ 初步学会使用□　　不会使用□			
特殊 情况记录					
处理意见					

填表说明：在合适的"□"内打"√"或"×"。

（二）

班　级			人　数			日　期	
安全状况	场地安全□　　玩具材料安全□ 器械安全□　　内容安全□　　其他□					备　　注	
幼儿反应	活动秩序	自觉有序□　　能听从指挥□ 无序□　　　混乱□					
	参与情况	积极投入□　　愿意参与□ 被动参与□　　不愿参与□					
	材料使用	创造性地使用□　　正确使用□ 初步学会使用□　　不会使用□					
特殊 情况记录							
处理意见							

填表说明：在合适的"□"内打"√"或"×"。

十二、幼儿离园记录

班　　级		日　期	
常规工作	整理穿戴、提醒取回物品、安全卫生检查		
幼儿姓名	特　殊　关　照	遗忘需保管的物品	

十三、幼儿常见的心理卫生问题观察记录

观察时间		对象姓名	
观察地点			

幼儿典型行为描述	原因分析

对策	

十四、幼儿易发生的意外事故调查

亲爱的家长：

　　在您的孩子身上发生过意外伤害事故吗？为了了解并找出孩子意外伤害的原因，确保孩子的健康与安全，请您协助我们填写好以下调查表。

　　如有过以下情形，请在表格相关内容空白处打上"√"。

班级_____幼儿姓名_____

事故原因	受　伤　程　度			备　　　　　注
	严　重	中　度	轻　度	
跌、撞受伤				
刀类划伤				
挤压受伤				
异物入体				鼻□、眼□、耳□、气管□、咽部□
扎刺受伤				
中　暑				
冻　伤				
烫　伤				
电击伤				
动物咬伤				动物名：
其　他				

填表说明

1. "严重"：指有生命危险或能够引起身体部位伤残的伤害。
2. "中度"：指必须到医院处理的伤害。
3. "轻度"：指在家可以处理的伤害。
4. 可以在"备注"处写明导致受伤的物体名称及具体的受伤部位，或在相应的"□"内打"√"。

十五、幼儿常见疾病调查

亲爱的家长：

您的孩子最容易患的疾病是以下哪一种或几种？请在相应的"□"内打上"√"或在( )内填上数据。

班级_____幼儿姓名_____足龄____

疾 病 名 称		病 症 情 况	备 注
上呼吸道感染	□	年发病最多次数为( )次	
腹 泻	□	年发病最多次数为( )次	
龋 齿	□	龋齿数量为 ( )只	
急性结膜炎	□	年发病最多次数为( )次	
弱视、斜视	□	程度：视力为右眼( )左眼( )	
缺铁性贫血	□	血红蛋白( )g/L	
肥胖症	□	最重体重为( )kg	
蛔虫病	□		
蛲虫病	□		
佝偻病	□	枕秃□ 发育迟缓□ 骨骼畸形□	
水 痘	□		
其 他	□		

十六、幼儿园安全工作调查

日期＿＿＿＿＿＿

内　　容	措　　施					预防与教育		
	制度健全	专人负责	定期查看	及时改进	安全无隐患	融入课程	及时	难得
交通安全								
食品安全								
生活安全								
设施安全								
玩具材料安全								
消防安全								
用电安全								
合　　计								

填表说明：在相应空白处打"√"。

十七、保育实习总结

十八、保育工作实习鉴定表

一级指标	二级指标	评 价 标 准	评 价 等 级			
			优秀	良好	合格	不合格
保育工作实习	入园	做好入园前的准备工作;配合老师做好接待工作;指导并帮助幼儿穿脱及放置衣服、鞋帽等				
	盥洗	做好盥洗前的准备工作;盥洗时给予幼儿适当的指导和帮助;提醒幼儿注意安全				
	进餐	准备餐具和漱口水;培养幼儿良好的用餐习惯;做好餐后的整理工作				
	睡眠	为幼儿创造安静、舒适的睡眠环境;指导幼儿正确地穿脱衣服;随时巡查幼儿睡眠情况				
	户外活动	保证幼儿活动的安全;对体弱的幼儿要进行个别照顾;防止发生意外事故;做好安全防护工作				
	协助教学	提前熟悉教师教育活动计划,协助做好教学前的各项准备工作;协助组织幼儿;指导幼儿正确安全地使用教具;活动结束后,收拾好物品				
	清洁消毒	做好室内清洁卫生和物品的消毒工作;做好幼儿的疾病预防工作				
	离园	指导和帮助幼儿整理好个人物品;亲手把幼儿交给家长;做好幼儿离园后的检查工作				
	师德	遵章守纪,工作认真积极,热爱幼儿,尊重老师与家长,团结同事				
总体评价						
评语						

_____幼儿园(盖章)

第二篇
幼儿园教育实习工作手册

一、实习生须知

（一）教育教学工作计划

根据时段来分解,幼儿园教育、教学工作计划主要包括"学期工作计划""每周工作计划""一日工作计划"以及一日活动中所涉及的具体的游戏或教学活动计划。

1. 学期班级工作计划

学期班级工作计划包括:班级幼儿情况分析、工作目标、教育教学的主要内容与措施三个部分,各部分所包含的内容如下。

（1）班级幼儿情况分析。

主要包含人员基本情况(人数、男女比例、家庭背景、幼儿发展等),存在的优势与问题,个别教育等。

（2）工作目标。

1）班级管理目标:环境、幼儿常规、家长、特色等工作目标。

2）幼儿发展目标:使用主题或领域教材的,可从"语言、身体动作、社会性、认知能力、审美"等来考虑,可按照《幼儿园工作规程》中"体(身心)、智、德、美"等方面要求来归纳;使用多元整合教材的,可用"八大智能"来归纳制定目标。或者,也可以从制定课程目标的角度来反映本学期的教育目标。

（3）教育、教学主要内容与措施。

包括以下六个方面:生活习惯、思想品德、教学内容、游戏活动、环境创设、家长工作。"教学内容"要具体写明:选择使用什么教材;为了完成《幼儿园教育指导纲要(试行)》的教育内容与要求,主要选用哪些主题;或者结合实习园特点,在教学内容上,重点要突破哪些方面。使用领域课程的,可附具体的教学进度安排表。以上内容应当按年龄段要求来制定,并提出具体措施。

2. 周活动计划

幼儿园"周活动计划"主要包含以下内容(见周活动计划表)。

（1）周工作要点:依据学期、月工作安排写。包括课程实施(主题)、主要工作、活动安排等。

（2）来园活动:除了包括常规的接待、值日、活动要求外,可以结合教学内容做一些安排和提一些要求。来园活动内容不能一成不变,要依据"学期计划""月计划",有所侧重。

（3）体育锻炼:主要写出每天有变化的游戏内容或要求。

（4）教学活动:写出每天的教学内容(后面可用括号注明重点领域)。如有变动的可用不同颜色笔或记号表示。

（5）区域活动:主要结合教学内容(主题)写出一周中各主要活动区域材料投放情况及活动内容、要求等。

（6）上午游戏:包括区角游戏、娱乐游戏、专用室活动等需要重点指导的内容。

(7) 下午游戏:区角游戏或与课程有关的规则游戏、参观和观察活动、做做玩玩等内容。

关于游戏,要注意上下午游戏内容安排的均衡性(不雷同、动静交替),并要保证幼儿每天有自主游戏的时间。

(8) 户外活动:除午间操外的自选体育活动内容安排或新投放材料的使用。要明确动作发展要求(可以在备课上反映)。

(9) 日常生活:主要结合教学内容(主题)或周工作重点,利用幼儿散步、餐前等一些日常生活来安排的一些活动内容。

(10) 环境与社区:结合教学目标、办园特色、课题研究所作的环境布置内容及社区活动安排。

3. 一日活动计划

一日活动计划通常都体现在教师的"备课本"上。主要包括周活动计划中所涉及的一日活动的几个环节。包括"来园活动""体育游戏""教学活动设计""区域活动""自主性游戏"等。实习生可根据周计划所制订的具体内容来进行具体的活动设计。

"来园活动"环节可根据当前或当天教育教学的主要目标来安排。计划的重点可有所不同。如有的可以放在"谈话"环节的设计上;有的可以放在区域活动安排上;甚至可以因为教学需要,计划放哪一段音乐上。"体育锻炼"环节主要写明要玩的体育游戏(或者玩具材料)的名称、目的、玩法。"上午游戏"和"下午游戏",主要写明具体的游戏安排和目的。一般每天至少要考虑安排一次自主性的区域游戏活动。游戏计划内容可单独列表,不在备课上体现。

(二) 教学活动设计

在每一次教学活动前,实习生都要对教学活动进行设计,也就是通常说的写教案。教学活动设计主要包括教学内容、年龄班、重点领域、教学目标、教学准备、教学过程等环节。

1. 认真解读分析教材

(1) 分析教材的教育价值。拿到教材后,首先要分析教材所包含的教育因素有哪些,其次是对所有的价值进行分析判断,找出最适合幼儿教育的一些因素来组织活动。

(2) 明确切入的重点领域。使教学的目的性更加具体明确,也更易于实习生组织实施教材。

2. 找准、写明教学目标

(1) 找准:一是指目标的适合性,即目标是否适合该年龄段的本班儿童的身心发展需要;二是指目标的可持续性,即目标必须"既符合幼儿的现实需要,又有利于其长远发展"。

(2) 写明:施教者必须明白本次活动应该做些什么? 做到什么程度? 不要把一次的活动目标定成幼儿某一阶段的发展目标或者任何活动都能套用的笼统的目标。

(3) 表述:一是从幼儿角度提出发展目标,一般多用"体验""感受""喜欢""乐意""学习(会)"等词汇;二是从教师的角度提出培养目标,一般多用"引导""激发""培养"等词汇。

不管从哪个角度来提,实习生都应该考虑其与完成总目标的匹配,考虑到幼儿长久的发展需要,并应该注意在目标表述上的统一。

3. 设计教学过程

教学过程是一个双向互动的过程。实习生要抓住"教"与"学"两条线,把教师的主导作用和幼儿的主体作用充分体现出来。在强调幼儿主动学习的今天,不要把关注点过分集中在具体的知识技能的教学上,不要仅仅以学习某个固定的知识点来设计活动,而是应该把目光放在幼儿长远的发展上。即使是离不开教师"教"的知识技能,也应该是幼儿可以终身受益的,而且必须强调有主动获取知识的过程体验,顺应幼儿的主动学习需要。教学设计强调的是"会学"而不是"学会"。

在教学过程的表述上,一般多用简洁的语言表明各环节的主要活动及目标,如小班科学活动"掉下来了"在目标制定上是这样表述的。

(1) 找一找、玩一玩:感受向上抛的物体会往下掉。

(2) 学一学、说一说:说出不同物体掉下时的不同状态并用身体动作来表现。

(3) 想一想、记一记:学习用不同符号记录物体掉下时的不同状态。

总之,教学过程的设计要使人明白幼儿的活动程序、活动方式及采用什么方法去完成活动目标的。具体细节可以用简洁的语言或提问的形式进行表述,特别是实习生不能省略了重要的提问设计。

同时还要强调的是,备课必定要先备幼儿,包括提问设计,作为一名实习期间的幼儿教师,要学会多角度提问,并要逐渐掌握对幼儿可能出现的答案作出有效互动的策略。

二、教育实习计划

实习生 姓　名		班　级		学　校 指导教师	
实　习 幼儿园					
实习班级		幼儿园 指导教师		实习时间	
实 习 计 划					

三、一日活动观察记录

班级_____　　主班老师_____　　日期_____

观察内容	目的明确	措施有效	关注差异	备　注
晨间活动	微笑接待□ 要求具体□	内容丰富□ 安排有序□	个别交流□ 分层要求□	
晨间锻炼	符合兴趣□ 注意动作发展□ 关注主体□	时间紧凑□ 动静交替□ 参与积极□	保教结合□ 关心体弱□	
集体教学	有获得新经验 或新体验□ 关注全体□ 关注兴趣□	方法、内容适合□ 以幼儿为主体□ 有效互动□ 恰当利用环境 与材料□	分层要求□ 机会均等□	
点心与用餐	关注幼儿情绪□ 重视习惯养成□ 注意用餐卫生□	渗透教学内容□ 供量适中□ 安排紧凑□	关心个别□ 餐量自主□	
游戏活动	自主参与□ 重视合作□	材料丰富□ 参与积极□ 适时引导□ 渗透课程内容□	鼓励参与□ 激励创新□	
区域活动	渗透课程内容□ 引发主动学习□	材料丰富□ 发展全面□	材料分层□ 个别指导□	
分　　析				

填表说明：在"□"中打"√"，可以在备注中进行具体的说明。

四、班级幼儿生活常规评价

班级_____   日期_____

项目	评 价 内 容	会	不会
洗手洗脸	按一定程序认真洗手(挽袖、搓肥皂、手心手背洗)		
	不拥挤、不边玩边洗,节约用水		
	会拧干毛巾,把脸洗干净		
	认识自己毛巾标记,将毛巾挂在固定位置		
如厕	能分清男女厕所;男孩站位,女孩正面蹲位		
	不在便池前拥挤		
	会整理衣裤,或知道请求帮助整理		
	便后洗手		
喝水	知道自己口渴要喝水		
	用自己的水杯接水,不浪费水		
	排队不拥挤		
	认识自己的杯子标记,将杯子放在固定的位置		
用餐	认真洗手、方法正确;能排队轮流不拥挤		
	安静进餐,坐姿良好		
	会自己使用餐具进餐		
	不挑食,吃饭不拖拉,能保持桌面干净		
	餐后自己放餐具,摆放椅子,擦嘴		
	饭后进行安静的活动		
午睡	有秩序地如厕		
	安静进入寝室		
	按顺序脱鞋袜、衣服,并折叠好放在固定的位置		
	安静入睡,改正不良睡姿,不带玩具上床		
起床	按时起床,不喧哗		
	迅速正确地进行穿戴		
	被子、拖鞋摆放整齐		
	有秩序地如厕、喝水		
其他	将外衣、帽子、书包等叠放整齐,放在固定的地方		

填表说明:请在相应的栏目中打"√"。

五、个案观察分析记录

表 1 基本情况

幼儿姓名、性别及代号		观察日期				
		观察时段				
观察地点		观察形式				
观察内容	观察记录	评析项目	评析指标			
			好	较好	一般	较差
角色游戏 □ 教学活动 □ 点心或午餐 □ 午睡 □ 区角活动 □ 其他 □		语言发展				
		动作发展				
		自理能力				
		遵守常规				
		主动性体现				
		创造力发展				
		专注、持久性				
		合作协商能力				
		解决问题能力				
		评价自己能力				
		评价他人能力				
观察目的与 具体安排						

表 2　第 1 次过程观察记录

对　象		性别		足龄	
地　点				时　间	
典型行为描述					
分析与对策					

表 3 第 2 次过程观察记录

对　象		性别		足龄	
地　点				时　间	
典型行 为描述					
分析与 对策					

表 4 阶 段 性 小 结

对　象		性别		足龄	
对象 现状					
已实行 措施					
分析与下 阶段对策					

六、晨间锻炼观察记录

班　级		人　数		日　期	
教师	基本素质	精神饱满 □　动作协调 □ 尊重幼儿 □　穿戴适合 □		备注说明	
	组织能力	面向全体 □　关注差异 □ 安排有序 □　互动有效 □ 材料丰富 □　环境安全 □			
幼儿	发展情况	活动有序 □　动作到位 □ 敢于尝试 □　有所创新 □			
	参与情况	积极投入	缺乏兴趣	不愿参与	
		大部分□ 小部分□ 极个别□	大部分□ 小部分□ 极个别□	大部分□ 小部分□ 极个别□	
反思与建议					

七、教育活动观察记录

(一)

活动名称_____   日期_____

评价对象	评价指标	主　要　指　标	情况记录
教　师	目标定位	1. 活动目标具体明确,符合已有经验和发展需要,能体现领域活动的特征。 2. 有机整合情感、态度、能力、知识技能等方面的发展要求	
	内容选择	1. 贴近幼儿生活,又体现一定的挑战性,有助于拓展幼儿的经验和视野、促进幼儿长远发展。 2. 善于利用和开发教学资源,活动容量合理,突出重点,体现科学性、可行性	
	过程引导	1. 能以亲和的态度和灵活的活动形式构建安全、平等、温馨、丰富的学习环境。 2. 提供充足的活动时间和适宜的活动空间、设施、材料,引发幼儿与环境、材料的积极互动。 3. 教学语言生动活泼,富有启发性和感染力,有利于激发幼儿主动学习的兴趣。 4. 教学思路清晰,环节分明,张弛有度,能恰当运用多元化的教学方法和手段,采用适宜的指导策略,形成有效的互动。 5. 关注幼儿在活动中的表现和反应,能灵活调整活动进程与指导策略。 6. 尊重幼儿的个体差异,实行因材施教	
幼　儿	活动态度	轻松、愉快、积极、有序,乐于参与活动	
	活动表现	1. 对学习内容、活动环境、活动材料、活动方式有兴趣,会利用环境资源学习。 2. 能主动、积极、专注而投入地参与探索、操作、讨论、表述等活动流程。 3. 愿意与同伴分享,有需要时会与同伴合作	
	活动成效	1. 活动中有自信的表现和成功感。 2. 获得与活动内容相关的新经验和新体验,在经验、能力和情感等方面有所发展。 3. 有属于个体的新收获	
综合		1. 对《幼儿园教育指导纲要(试行)》精神的把握。 2. 正确儿童观的体现。 3. 创新教学的能力	

（二）

活动名称_____　　　　　　　　　　　　　　　　日期_____

评价对象	评价指标	主　要　指　标	情况记录
教师	目标定位	1. 活动目标具体明确,符合已有经验和发展需要,能体现领域活动的特征。 2. 有机整合情感、态度、能力、知识技能等方面的发展要求	
	内容选择	1. 贴近幼儿生活,又体现一定的挑战性,有助于拓展幼儿的经验和视野、促进幼儿长远发展。 2. 善于利用和开发教学资源,活动容量合理,突出重点,体现科学性、可行性	
	过程引导	1. 能以亲和的态度和灵活的活动形式构建安全、平等、温馨、丰富的学习环境。 2. 提供充足的活动时间和适宜的活动空间、设施、材料,引发幼儿与环境、材料的积极互动。 3. 教学语言生动活泼,富有启发性和感染力,有利于激发幼儿主动学习的兴趣。 4. 教学思路清晰,环节分明,张弛有度,能恰当运用多元化的教学方法和手段,采用适宜的指导策略,形成有效的互动。 5. 关注幼儿在活动中的表现和反应,能灵活调整活动进程与指导策略。 6. 尊重幼儿的个体差异,实行因材施教	
幼儿	活动态度	轻松、愉快、积极、有序,乐于参与活动	
	活动表现	1. 对学习内容、活动环境、活动材料、活动方式有兴趣,会利用环境资源学习。 2. 能主动、积极、专注而投入地参与探索、操作、讨论、表述等活动流程。 3. 愿意与同伴分享,有需要时会与同伴合作	
	活动成效	1. 活动中有自信的表现和成功感。 2. 获得与活动内容相关的新经验和新体验,在经验、能力和情感等方面有所发展。 3. 有属于个体的新收获	
综合		1. 对《幼儿园教育指导纲要(试行)》精神的把握。 2. 正确儿童观的体现。 3. 创新教学的能力	

（三）

活动名称_____   日期_____

评价对象	评价指标	主　要　指　标	情况记录
教师	目标定位	1. 活动目标具体明确,符合已有经验和发展需要,能体现领域活动的特征。 2. 有机整合情感、态度、能力、知识技能等方面的发展要求	
	内容选择	1. 贴近幼儿生活,又体现一定的挑战性,有助于拓展幼儿的经验和视野、促进幼儿长远发展。 2. 善于利用和开发教学资源,活动容量合理,突出重点,体现科学性、可行性	
	过程引导	1. 能以亲和的态度和灵活的活动形式构建安全、平等、温馨、丰富的学习环境。 2. 提供充足的活动时间和适宜的活动空间、设施、材料,引发幼儿与环境、材料的积极互动。 3. 教学语言生动活泼,富有启发性和感染力,有利于激发幼儿主动学习的兴趣。 4. 教学思路清晰,环节分明,张弛有度,能恰当运用多元化的教学方法和手段,采用适宜的指导策略,形成有效的互动。 5. 关注幼儿在活动中的表现和反应,能灵活调整活动进程与指导策略。 6. 尊重幼儿的个体差异,实行因材施教	
幼儿	活动态度	轻松、愉快、积极、有序,乐于参与活动	
	活动表现	1. 对学习内容、活动环境、活动材料、活动方式有兴趣,会利用环境资源学习。 2. 能主动、积极、专注而投入地参与探索、操作、讨论、表述等活动流程。 3. 愿意与同伴分享,有需要时会与同伴合作	
	活动成效	1. 活动中有自信的表现和成功感。 2. 获得与活动内容相关的新经验和新体验,在经验、能力和情感等方面有所发展。 3. 有属于个体的新收获	
综合		1. 对《幼儿园教育指导纲要(试行)》精神的把握。 2. 正确儿童观的体现。 3. 创新教学的能力	

（四）

活动名称_____   日期_____

评价对象	评价指标	主要指标	情况记录
教 师	目标定位	1. 活动目标具体明确,符合已有经验和发展需要,能体现领域活动的特征。 2. 有机整合情感、态度、能力、知识技能等方面的发展要求	
	内容选择	1. 贴近幼儿生活,又体现一定的挑战性,有助于拓展幼儿的经验和视野,促进幼儿长远发展。 2. 善于利用和开发教学资源,活动容量合理,突出重点,体现科学性、可行性	
	过程引导	1. 能以亲和的态度和灵活的活动形式构建安全、平等、温馨、丰富的学习环境。 2. 提供充足的活动时间和适宜的活动空间、设施、材料,引发幼儿与环境、材料的积极互动。 3. 教学语言生动活泼,富有启发性和感染力,有利于激发幼儿主动学习的兴趣。 4. 教学思路清晰,环节分明,张弛有度,能恰当运用多元化的教学方法和手段,采用适宜的指导策略,形成有效的互动。 5. 关注幼儿在活动中的表现和反应,能灵活调整活动进程与指导策略。 6. 尊重幼儿的个体差异,实行因材施教	
幼 儿	活动态度	轻松、愉快、积极、有序,乐于参与活动	
	活动表现	1. 对学习内容、活动环境、活动材料、活动方式有兴趣,会利用环境资源学习。 2. 能主动、积极、专注而投入地参与探索、操作、讨论、表述等活动流程。 3. 愿意与同伴分享,有需要时会与同伴合作	
	活动成效	1. 活动中有自信的表现和成功感。 2. 获得与活动内容相关的新经验和新体验,在经验、能力和情感等方面有所发展。 3. 有属于个体的新收获	
综合		1. 对《幼儿园教育指导纲要(试行)》精神的把握。 2. 正确儿童观的体现。 3. 创新教学的能力	

八、幼儿学习状态观察记录

日期_____

班级		课程内容						
状态	表 现 类 型	0～5人	5～10人	10～15人	15～20人	20～25人	25～30人	30～35人
投入型	1. 积极倾听观察							
	2. 有针对性发言							
	3. 主动参与操作活动							
	4. 愿意欣赏别人作品,参与讨论							
	5. 其他							
半投入型	1. 似听非听							
	2. 操作时东张西望、速度慢							
	3. 只顾欣赏自己作品							
	4. 其他							
不投入型	1. 不倾听与观察、无所事事							
	2. 放弃,不进行操作							
	3. 打扰别人							
	4. 无目的摆弄学具或无关物品							
	5. 其他							

九、集体教学互动情况记录

日期_____

互动类型	互动性质	互动行为	观察到的次数				
			幼儿1	幼儿2	幼儿3	幼儿4	幼儿5
师幼互动	上行型互动	1. 请求					
		2. 征询					
		3. 展示					
		4. 汇报					
		5. 寻求帮助和指导					
		其　他_____					
	下行型互动	1. 要求					
		2. 指令					
		3. 提醒					
		4. 约束					
		5. 帮助指导和照顾					
		其　他_____					
	平行型互动	1. 发表个人见解					
		2. 共同游戏					
		3. 提问					
		4. 替教师做事					
		其　他_____					
幼幼互动	被动型互动	1. 讨论、交流					
		2. 帮助他人					
		3. 共同游戏					
		其　他_____					
	主动型互动	1. 讨论、交流					
		2. 帮助他人					
		3. 共同游戏					
		其　他_____					
与环境材料的互动	有意型互动	1. 观察					
		2. 操作					
		其　他					
	无意型互动	1. 观察					
		2. 操作					
		其　他_____					

附：操作定义

互动类型	互动性质	操 作 定 义
师幼互动	上行型互动	幼儿对教师的请求或征询、展示、汇报、寻求帮助和指导等的互动内容
	下行型互动	多是教师对幼儿发出的要求、指令、提醒、约束、帮助指导和照顾的互动内容
	平行型互动	幼儿乐于发表个人见解和教师共同游戏、主动表述客观现象、提问和主动替教师做事等互动内容
幼幼互动	被动型互动	幼儿在教师的要求、指令下,发生的分享、合作、共同游戏等互动内容
	主动型互动	幼儿因自身需求而发生的分享、合作、共同游戏等互动内容
与环境材料的互动	有意型互动	幼儿在活动中为完成任务而发生的有目的、有计划的互动内容
	无意型互动	幼儿在活动中与环境材料发生的无目的的摆弄、操作等互动内容

备注:可用"正"字记录具体的次数。

十、区域活动或游戏活动观察与分析

（一）

班　级		记录日期	
开设区域		说　明	
游戏材料			
观察重点			
观察记录			
分析与对策			

(二)

班　　级		记录日期	
开设区域		说　　明	
游戏材料			
观察重点			
观察记录			
分析与对策			

十一、综合主题半日活动记录

班　级		日　期	
主　题			分 析 评 价
教学内容			内容合适,切合主题 □ 目标全面,定位恰当 □ 动静交替,安排有序 □ 全面发展,内容整合 □ 关注主体,体现差异 □ 热爱孩子,保教结合 □ 主动学习,状态积极 □ 乐意合作,成效显著 □
主要目标			
活动过程			
区域游戏 内容安排		与主题目标 的匹配	好　　□ 较好　□ 较差　□
游戏环 境材料			材料丰富□　环境适合□ 适时引导□　参与积极□ 课程渗透□　内容综合□
主要问题 与建议			

填表说明：可用"√""○""×"符号分别表示"好""中""差"。

十二、户外活动观察记录

班 级		人数		日期	
环境与材料	环境材料安全 □　材料种类数量充足 □ 充分利用环境材料□　材料玩具有创新□			备　注	
幼儿反应	灵活有序 □　积极参与□　合作互助□ 活动量适中□　玩法创新□　有所发展□				
观察重点					
现场实录					
分析反思					

填表说明：可用"√""○""×"符号分别表示"好""中""差"。

十三、幼儿园班级环境创设利用评价表

日期_____

项　目	目　标　要　求	好	较好	一般
墙壁	1. 与课程目标内容紧密结合			
	2. 幼儿参与性强			
	3. 及时更换,体现季节特点等			
	4. 用材创新,布置美观、有特色			
	5. 高低适宜,内容符合幼儿年龄特点			
活动区域	6. 结合课程内容设置区域			
	7. 提供丰富、可操作的材料,并根据课程内容投放新材料			
	8. 材料投放体现层次性			
	9. 充分利用废旧物品			
	10. 有活动区标记			
	11. 充分利用环境条件设置角色游戏区			
	12. 角色游戏环境创设体现幼儿主体			
自然角	13. 内容丰富,包括动物、植物等多样品种			
	14. 体现幼儿的参与性			
	15. 摆放合理美观,符合认识特点,季节性强			
	16. 有幼儿观察记录			
	17. 经常管理			
展示区	18. 有作品展示区(可结合墙饰),布置美观			
	19. 作品展示面广			
	20. 作品及时更换			
家园栏	21. 设计布置美观、新颖			
	22. 保教内容丰富,每月更换一次			
	23. 按时公布月、周目标及教育内容			
整体感觉	充分利用空间,合理、合适,美观、有创意			

填表说明:在相应的栏目中打"√"。

十四、教学活动设计

(一)

执教班级_____

活动目标	
活动准备	
活动过程	

活动延伸	
活动反思	
其他说明	

（二）

执教班级＿＿＿＿＿＿＿

活动目标	
活动准备	
活动过程	

活动延伸	
活动反思	
其他说明	

（三）

执教班级_____

活动目标	
活动准备	
活动过程	

活动延伸	
活动反思	
其他说明	

（四）

执教班级＿＿＿＿＿＿＿

活动目标	
活动准备	
活动过程	

活动延伸	
活动反思	
其他说明	

十五、教育叙事

交代故事发生的时间、地点、人物、起因
选择实际情节,进行细节的描写,凸显焦点,并描述解决问题的结果或效果

十六、教学反思

执教班级＿＿＿＿＿＿ 主题＿＿＿＿＿＿＿＿＿＿

思效	自我评价教学活动的方法、措施、媒体运用、是否达到目标
思得	自我评价教学活动的成功之处,捕捉偶发事件产生的"瞬间灵感"和"智慧火花"
思失	回顾和梳理教学过程,寻找教学过程中的不足之处
思改	通过对各个教学环节得失分析,找到问题症结,提出改进策略

十七、大型活动记录与分析

（一）

范围_____ 参与人数_____

主题	
形式	
效果分析	
改进意见	

填表说明：幼儿园大型活动是指有较大规模、形式多样、有全体幼儿参加或邀请家长一起参加的集体活动。主要包括庆祝节日活动、参观访问、纪念活动、运动会、春游、亲子活动等。

（二）

范围_____　　参与人数_____

主题	
形式	
效果分析	
改进意见	

　　填表说明：幼儿园大型活动是指有较大规模、形式多样、有全体幼儿参加或邀请家长一起参加的集体活动。主要包括庆祝节日活动、参观访问、纪念活动、运动会、春游、亲子活动等。

十八、教育实习总结

十九、教育实习评价表

实习班级_____ 实习生姓名_____

一级指标	二级指标	评 价 标 准	评 价 等 级			
			优秀	良好	合格	不合格
教育实习	师德	实习态度端正				
		组织纪律严明				
		人际交往良好(与幼儿、与家长、与同事)				
	活动组织与实施	活动设计目标明确恰当,过程完整流畅,以游戏为教学的主要手段,符合幼儿年龄特征				
		活动组织符合教育目标,因材施教,教育环节紧凑,重难点突出,形式灵活多样,富有感染力和亲和力				
		及时对幼儿的需要等进行观察,并能对突发事件进行处理,确保教育活动的正常开展				
		活动结束后能及时反思与总结				
	班级工作	计划与组织得当				
		注重常规培养与生活指导				
		教育环境创设适合儿童的特点;活动室的布置具有教育性和艺术性				
		总体评价				
评语						

_____幼儿园(盖章)

填表说明:能达到评价标准者等级为优;较好地达到评价标准者等级为良;基本能达到评价标准者等级为合格;不能达到评价标准者等级为不合格。